Oscar Wilde

Série Biografias **L&PM** POCKET:

Albert Einstein – Laurent Seksik
Átila – Eric Deschodt / Prêmio "Coup de coeur en poche" 2006 (França)
Balzac – François Taillandier
Baudelaire – Jean-Baptiste Baronian
Billie Holiday – Sylvia Fol
Cézanne – Bernard Fauconnier / Prêmio de biografia da cidade de Hossegor 2007 (França)
Freud – René Major e Chantal Talagrand
Gandhi – Christine Jordis / Prêmio do livro de história da cidade de Courbevoie 2008 (França)
Júlio César – Joël Schmidt
Kafka – Gérard-Georges Lemaire
Kerouac – Yves Buin
Leonardo da Vinci – Sophie Chauveau
Luís XVI – Bernard Vincent
Michelangelo – Nadine Sautel
Modigliani – Christian Parisot
Oscar Wilde – Daniel Salvatore Schiffer
Picasso – Gilles Plazy
Shakespeare – Claude Mourthé
Van Gogh – David Haziot / Prêmio da Academia Francesa 2008
Virginia Woolf – Alexandra Lemasson

Daniel Salvatore Schiffer

Oscar Wilde

Tradução de JOANA CANÊDO

www.lpm.com.br

Coleção **L&PM** POCKET, vol. 915
Série Biografias/19

Texto de acordo com a nova ortografia.
Título original: *Oscar Wilde*

Primeira edição na Coleção **L&PM** POCKET: fevereiro de 2011

Tradução: Joana Canêdo
Capa e projeto gráfico: Editora Gallimard
Ilustrações da capa: © Bettmann/CORBIS/Corbis (DC)/Latinstock
Preparação: Elisângela Rosa dos Santos
Revisão: Gustavo de Azambuja Feix

CIP-Brasil. Catalogação-na-Fonte
Sindicato Nacional dos Editores de Livros, RJ

S558o

Schiffer, Daniel S., 1957-
 Oscar Wilde / Daniel Salvatore Schiffer; tradução de Joana Canêdo. – Porto Alegre, RS : L&PM, 2010.
 336p. (Coleção L&PM POCKET; v. 915)

 Tradução de: *Oscar Wilde*
 Apêndice
 Inclui bibliografia
 ISBN 978-85-254-2096-1

 1. Wilde, Oscar, 1854-1900. 2. Escritores - Inglaterra - Biografia. I. Canêdo, Joana. II. Título. III. Série.

10-5743.   CDD: 928.21
                            CDU: 929:821.111

© Éditions Gallimard, 2009

Todos os direitos desta edição reservados a L&PM Editores
Rua Comendador Coruja, 314, loja 9 – Floresta – 90220-180
Porto Alegre – RS – Brasil / Fone: 51.3225.5777 – Fax: 51.3221-5380

Pedidos & Depto. comercial: vendas@lpm.com.br
Fale conosco: info@lpm.com.br
www.lpm.com.br

Impresso no Brasil
Verão de 2011

Sumário

Em nome do pai ou a história de um patrônimo / 9
Mãe coragem e seu filho Oscar / 23
A arqueologia do saber: Portora School e Trinity College / 37
Oxford: os louros do humanismo / 55
Anos de peregrinação: Itália, Grécia e Vaticano / 71
De Londres a Nova York: uma estética em movimento / 92
Um esteta em Paris: dança, cadência e decadência / 116
Um marido não ideal / 133
De Dorian a Bosie: esplendor e miséria de um dândi / 149
Uma ligação perigosa / 172
O processo / 202
A prisão de Reading: *de profundis clamavi* / 231
Fim de jogo: o exílio de Sebastian Melmoth / 252
Réquiem para um gênio sem nome / 277
Post-mortem / 292

ANEXOS

Cronologia / 299
Referências / 306
Notas / 311
Agradecimentos / 325
Sobre o autor / 326

Tratei a arte como a suprema realidade e a vida como uma mera ficção. Despertei a imaginação do século em que vivi, para que criasse um mito e uma lenda em torno da minha pessoa.

OSCAR WILDE,
De profundis[1]

No lugar de tentar esconder o homem atrás de sua obra, seria melhor mostrar primeiro o homem admirável [...] – e então a própria obra torna-se iluminada. – "Coloquei todo o meu gênio na minha vida; nas minhas obras, coloquei apenas o meu talento", dizia Wilde.

ANDRÉ GIDE,
Oscar Wilde[2]

*O homem matara aquela a quem amava
E assim teria de morrer.*

OSCAR WILDE
A balada da prisão de Reading[3]

Em nome do pai ou a história de um patrônimo

> *Os deuses me concederam quase tudo: eu possuía o gênio, um nome, posição, agudeza intelectual, talento [...].*
>
> OSCAR WILDE,
> *De profundis**

A criança que nasceu no dia 16 de outubro de 1854 em Dublin, na Westland Row, número 21, e que o mundo logo iria conhecer como o glorioso Oscar Wilde – tanto por seu gênio literário quanto por suas aventuras mundanas – tinha inicialmente um nome com consonâncias ainda mais prestigiosas: Oscar Fingal O'Flahertie Wills Wilde. Pois foi assim que seus pais, William Robert Wilde e Jane Francesca Elgee – ambos pertencentes à antiga burguesia irlandesa protestante e fervorosos nacionalistas –, chamaram seu segundo filho, batizado com esse patrônimo pelo reverendo Ralph Wilde, seu tio paterno, em 26 de abril de 1855.

De fato, tal nome de batismo traduz toda uma doutrina, enraizada num poderoso contexto histórico. Oscar, na mitologia céltica, é o filho de Ossian, rei de Morven, na Escócia; enquanto Fingal, irmão de Ossian, é um herói do folclore irlandês – em torno do qual James Macpherson criou, em 1760, seu fabulário gaélico**, antes de compor, em 1762, sua série epônima de poemas épicos***. O'Flahertie é o nome genérico dos reis pré-normandos do condado de Connaught, às

---

* As notas numeradas estão reunidas no final do livro, na p. 311.

** *Fragments of Ancient Poetry collected in the Highlands of Scotland* [Fragmentos de poesia antiga recolhidos nas Highlands da Escócia]. (N.T.)

*** *Fingal, an Ancient Epic Poem in Six Books, together with Several Other Poems composed by Ossian, the Son of Fingal, translated from the Gaelic Language* [Fingal, um antigo poema épico em seis livros, seguido de vários outros poemas compostos por Ossian, filho de Fingal, traduzido da língua gaélica]. (N.T.)

margens do lago Connemara, do lado ocidental da Irlanda. Essa genealogia é corroborada – num artigo tardio (1909) dedicado a Wilde – por outro célebre autor irlandês: James Joyce[2]. Quanto ao quarto nome, Wills, trata-se de um dos nomes do próprio pai de Oscar Wilde, descendente de um ilustre e destemido guerreiro batavo. Pode-se imaginar que essa encantadora sucessão de antropônimos – espécie de aliteração poética extemporânea – ressoava no espírito do jovem Wilde como um eco das velhas lendas: histórias das quais a Irlanda sempre se orgulhou, embebidas na memória popular e transmitidas pela tradição oral.

Oscar Wilde, que se mostrou tantas vezes crítico em relação aos ingleses, sempre se considerou um celta, fazendo do nacionalismo dos pais a matriz patriótica de suas próprias origens. "Sou celta, não inglês", declarou ao escritor Coulson Kernahan enquanto fazia a correção das provas de *O retrato de Dorian Gray*, como se quisesse se desculpar por seus eventuais erros de gramática. Foi, aliás, nesse mesmo romance que Wilde colocou na boca de Lord Henry palavras que soam ainda mais mordazes pelo fato de figurarem no que o autor considerava seu principal manifesto de estética: "Dentre todos os povos do mundo, são os ingleses os que possuem o menor sentido de beleza da literatura!".[3] E depois, de maneira menos anedótica, porém ainda mais virulenta: "Nós, os celtas, quer sejamos gauleses, escoceses ou irlandeses, deveríamos [...] nos afirmar e mostrar a esses ingleses [...] o valor de nossa raça e o quanto somos orgulhosos de pertencermos a ela". Em 13 de abril de 1889, nas colunas do jornal *Pall Mall Gazette*, ele denunciava "a incapacidade dos anglo-saxões de governar os celtas" e, julgando explicar os motivos pelos quais seus compatriotas, a fim de escapar ao jugo anglo-saxão, lançaram-se à conquista da América, escrevia: "A inteligência celta foi coagida a atravessar o Atlântico. O exílio foi para os irlandeses o que o cativeiro foi para os judeus".

Foi nesse mesmo continente – onde realizou em 1882 uma longa turnê de conferências – que Oscar Wilde, com apenas 28 anos, dirigiu as palavras mais duras contra os ingleses. E em particular numa palestra pronunciada em Nova York, no dia 9 de janeiro de 1882, quando, ao falar sobre "O Renascimento inglês da arte" diante de uma sala lotada, defendeu com uma rara energia os pintores pré-rafaelitas.

> Ignorar tudo de seus grandes homens é um dos elementos necessários do espírito inglês. [...] Na Inglaterra, então como agora, era suficiente que um homem tentasse produzir alguma obra magnífica, séria, para que perdesse todos os seus direitos de cidadão; e, além disso, a Irmandade dos Pré-rafaelitas [...] tinha em si três coisas que o público inglês não perdoa nunca: juventude, talento e entusiasmo.[4]

E a imprensa americana, liderada pelo popularíssimo *New York Tribune*, apoderou-se logo no dia seguinte dessas palavras que, por mais justificadas que fossem aos olhos do brilhante dândi, não deixavam de ser, do ponto de vista do *establishment* britânico, das mais insultantes. Motivo pelo qual treze anos mais tarde – entre tantos outros pretextos igualmente falaciosos – esse mesmo *establishment*, ofendido, não perderia a oportunidade de realizar sua iníqua revanche por ocasião do processo de Wilde e, enfim, de crucificá-lo.

Mas se a eloquente sequência desses quatro nomes mágicos – Oscar, Fingal, O'Flahertie, Wills – explica, do ponto de vista psicológico, as razões do apego quase visceral à sua terra natal (a Irlanda), assim como o desprezo tão ostensivamente proclamado em relação a seu país de adoção (a Inglaterra), é em seu nome de família – Wilde – que reside o interesse mais manifesto do ponto de vista histórico. Segundo seu filho mais novo, Vyvyan Holland, é a uma origem holandesa, e de modo algum celta, que remonta esse belo e doravante "anglicizado" sobrenome.

Vyvyan Holland revela que seu mais distante ancestral – o primeiro que conseguiu identificar formalmente em terra irlandesa – era um mercenário holandês, o coronel De Wilde, que teria se alistado no exército do rei Guilherme III da Inglaterra. Porém, o mais surpreendente na história é que o enigmático mas intrépido soldado – aventureiro sem um tostão, ávido no entanto por manter seu anonimato por evidentes razões familiares – teria sido filho de Jan de Wilde, o pintor holandês do século XVII.

O estranho coronel De Wilde teria assim participado, em 1º de julho de 1690, da batalha de Drogheda, que aniquilou qualquer possibilidade de os Stuart ascenderem ao trono da Inglaterra. E, para agradecer por sua bravura, Guilherme III lhe teria legado, como recompensa por serviços prestados à realeza, uma vasta extensão de terra no condado de Connaught, a pátria dos O'Flahertie. Foi então que o mercenário assim enobrecido fez desaparecer de seu sobrenome a partícula "De" – bastante comum na Holanda, onde não tem qualquer natureza aristocrática – para se fazer conhecer, à maneira do irlandês a que aspirava se tornar, pelo único nome de "Wilde". A diferença de pronúncia da vogal "i" faria o resto do trabalho para que a troca de nacionalidade fosse completa e discreta.

Tal metamorfose identitária, por mais radical que fosse, não teria sido suficiente se De Wilde, de origem protestante, não tivesse logo desposado uma moça da região. Do casamento rapidamente celebrado nasceram três meninos. O terceiro, Thomas Wilde, futuro médico e avô de Oscar, também teve três filhos homens, dos quais o mais novo, William Robert Wills Wilde, nascido em março de 1815 (a data exata não é conhecida), é o pai de Oscar.

A lenta mas progressiva transformação do nome de Oscar Wilde – que começou por suprimir "Fingal", do qual não queria que seus colegas estudantes tivessem conhecimento, antes de se desfazer de "O'Flahertie", excessivamente carregado de conotações mitológicas a seus olhos – acelerou-se depois de seu fatídico processo. De fato, já no dia seguinte à sua condenação, em 26 de maio de 1895, seu nome foi pura e simplesmente retirado dos cartazes de suas peças de teatro, conquanto elas continuassem sendo representadas e ainda enlevassem a sociedade londrina! Contudo, o golpe fatal lhe foi infligido quando o regime penitenciário atribuiu, ao criminoso que ele se tornara, a anônima matrícula C.3.3, correspondente ao número da cela que ocupava na prisão. Após sua libertação, Oscar Wilde assinou ainda com esse código – para não chocar a sensibilidade do público – as primeiras edições de "A balada da prisão de Reading", publicada em 13 de fevereiro de 1898. Ele ainda não tinha 44 anos e confinara-se na penúria de um miserável hotel parisiense. Restava-lhe pouco menos de dois anos de vida.

E no exílio francês – corroborando de certo modo o trágico e inevitável esvaziamento de sua identidade, senão de sua pessoa – Wilde foi obrigado a se esconder por trás de um estranho nome falso, "Sebastian Melmoth", curiosamente o mesmo patrônimo do enigmático herói do romance de Charles Maturin (marido de sua tia-avó materna): *Melmoth, o viandante.*

Sua própria esposa também foi submetida, durante uma viagem à Suíça em junho de 1895, a uma humilhação não menos cruel. Após ter sido alvo de uma ofensa vinculada ao escândalo que o nome de Wilde provocava na época, foi obrigada a mudar de identidade, voltando a ser – inclusive nos registros de estado civil, e embora nunca tenha pedido o divórcio – a bem-comportada Constance Lloyd (seu nome de solteira) que supostamente teria sido antes de seu desastroso casamento. Seu próprio túmulo – erigido de modo discreto no pequeno cemitério protestante de Steglieno, em Gênova, onde morreu em 7 de abril de 1898 – por muito tempo não mencionou o nome de Wilde, passando a recebê-lo somente quando o escritor foi enfim reabilitado.

Quanto a seus filhos, Cyril e Vyvyan, tiveram seu sobrenome original substituído pelo segundo nome do irmão de sua mãe, Otho Holland Lloyd, homem culto e delicado que, para proteger os sobrinhos de prováveis malevolências, concedeu-lhes de bom grado esse favor... Isso acabou por se mostrar mais um lance paradoxal do destino, visto que um de seus mais antigos e gloriosos ancestrais – o famoso coronel De Wilde – fora, como se o círculo assim se fechasse, holandês!

Poderíamos inferir assim que a progenitura de Oscar Wilde indicou desse modo querer retornar, através desse nominalismo materno, às suas verdadeiras origens? Em todo caso, essa irônica piscadela da história revela-se fascinante do ponto de vista existencial. Pois, que os nomes carreguem um sentido, latente ou manifesto, é uma tese que Lord Henry defende em *O retrato de Dorian Gray* ao afirmar que "os nomes são tudo".

Assim, foi somente após sua morte, ocorrida em 30 de novembro de 1900, quando seu nome foi por fim gravado de maneira indelével em sua lápide, que o genial Oscar Wilde, um apaixonado por paradoxos, recuperou afinal e para todo o sempre sua identidade.

Voltemos ao início da história. Aparentemente, foi então sob os melhores auspícios que Oscar Wilde nasceu. Seu pai, William Wilde, que desposou Jane Elgee em Dublin no dia 12 de novembro de 1851, era um médico com reputação bem-estabelecida em todo o reino. Especialista em doenças dos olhos e dos ouvidos, foi nomeado, graças a seus respeitados conhecimentos médicos, cirurgião-oculista da rainha Vitória. Em 28 de janeiro de 1864, a soberana o distinguiu, permitindo-lhe usar a título pessoal a distinção "Sir", mas sem que a honra fosse hereditária. Foi assim que o pai de Oscar tornou-se, para o grande deleite de sua esposa e de seu filho mais velho (Willie, nascido em 26 de setembro de 1852), Sir William.

Contudo, Sir William não fora apenas um eminente cirurgião. Fora também um dos maiores especialistas em história celta. Foi ele quem redigiu, após intensas buscas arqueológicas, o *Catalogue of the Antiquities in the Museum of the Royal Irish Academy*. Homem de inteligências múltiplas, de grande desenvoltura social e amante dos prazeres da carne, é também a ele que o folclore irlandês deve uma de suas joias literárias: o *Irish Popular Superstitions* que, publicado em 1852, recebeu elogios de William Butler Yeats.

É portanto a esse pai – que sabia contar histórias tão bem como manipulava o bisturi, que se destacava na arte oratória assim como apreciava suas descobertas científicas e que exumava fósseis com a mesma alegre habilidade com que dissecava cadáveres – que Oscar Wilde – cujo prodigioso engenho intelectual e entusiasmo radiante não ficavam nem um pouco atrás – deve seu gosto imoderado, mistura de tino literário e de curiosidade quase infantil, pelos contos fantásticos, tais como *O príncipe feliz e outros contos* (1888) ou *Uma casa de romãs* (1891).

No que se refere às escolhas de sua vida pessoal, Sir William mostrou-se de uma extraordinária perspicácia quando, estabelecida a sua fortuna, comprou uma parte do lote de terra que Guilherme III concedera outrora ao coronel De Wilde para construir a casa de seus sonhos: o esplêndido solar de Moytura (perto de Cong, na região do Mayo). Nessa propriedade familiar e residência de veraneio, o jovem Oscar tinha o hábito de passar a maior parte de suas férias e recessos escolares, feliz e despreocupado, correndo ao ar livre, contemplando a beleza da paisagem, praticando esportes nos vastos campos e pescando num lago adjacente (o Lough Corrib).

Entretanto, a vida não era tão idílica quanto parecia. E as graciosas aquarelas que Oscar executava com talento para aperfeiçoar seus dons inatos de pintor – atividade que abandonou cedo demais para se dedicar com seriedade – nem sempre bastavam para colorir sua existência cotidiana. Nessa época, por culpa do próprio Sir William, os Wilde tiveram de enfrentar um escândalo tão embaraçoso quanto doloroso para toda a família; aliás, o primeiro de uma longa série.

A sórdida história teve início em 1854, no ano em que William Wilde – cuja aparência não era das mais atraentes, mas cuja notoriedade exercia um certo poder de sedução sobre as mulheres – envolveu-se com uma de suas pacientes, a jovem Mary Travers. Embora casado com Jane havia quase três anos, ele convidou a moça diversas vezes à sua casa, apresentou-lhe a família, compartilhou com ela seus interesses, ofereceu-lhe livros e a cobriu de presentes. No entanto, essa excitante relação – meio aberta, meio clandestina – começou a se tornar comprometedora para sua carreira profissional, acabando por enfastiá-lo, de modo que quis dar-lhe um fim. Ofereceu então a Mary – considerando ser essa a melhor maneira de se livrar da moça – uma viagem para a Austrália.

Negócio bastante tentador para uma jovem ávida de conquistar o mundo! Porém, ofendida e sobretudo ainda apaixonada por seu generoso Pigmaleão, ela se melindrou, recusando a proposta contra toda expectativa. Pior: louca de raiva e de ciúme, empunhou sua pluma mais envenenada e pôs-se a escrever uma série de cartas tão injuriosas como vingativas, que fez circular nos meios mais eminentes de Dublin. E esse caso confuso tornou-se realmente incômodo quando a encantadora, porém pudica, Mary insinuou em termos mal velados que em uma de suas consultas William Wilde tentara administrar-lhe clorofórmio a fim de adormecê-la e roubar-lhe a virgindade com toda impunidade. E a bela extravasou afinal sua cólera acerca desse assunto mortificante num panfleto com o título paródico (*Dr and Mrs Quilp*), que assinou afrontosamente como "Speranza", pseudônimo da própria sra. Wilde – ela também escritora apreciada nos meios literários irlandeses. Por mais infundada que fosse, a acusação era grave.

Em maio de 1864, dez anos após o início desse caso lamentável, a esposa de Sir William – que entrementes se tornara Lady Wilde –, persuadida da inocência do marido, empunhou por seu turno a mais vigorosa pena para dizer ao pai de Mary, em termos pouco amigáveis, que a torrente de calúnias que sua indigna filha esforçava-se em despejar sobre eles era tão somente o produto ignominioso de "monstruosas maquinações", sintomáticas de uma mulher frustrada. O velho Travers não respondeu. Era avaliar mal a determinação de sua maliciosa filha. Desafortunadamente, ela ouviu falar da carta e, ofendida em seu amor-próprio, decidiu então, no dia 6 de maio de 1864, ingressar na justiça contra Lady Wilde por difamação.

O processo ocorreu entre os dias 12 e 17 de dezembro de 1864, menos de um ano depois de William ter sido nomeado Sir. A ingrata Mary, por mais encantadora que fosse, não tinha a menor chance de ganhar a causa diante de tal dignitário de

Sua Majestade, especialmente por jamais ter podido produzir prova tangível que fundamentasse sua denúncia. Esta foi então rejeitada, e Sir William em definitivo isentado de qualquer suspeita. Contudo, a honra de Sir William não saiu ilesa do triste caso. Ao contrário, foi profundamente afetada. E ainda que tenha acabado por se reerguer moralmente, sua saúde física piorou com rapidez no espaço de três anos. À sua morte, em 19 de abril de 1876, deixou como herança para a esposa sete mil libras e quatro mil a cada um de seus filhos. Oscar, que tinha apenas 21 anos quando o pai faleceu, dissipou essa quantia – bastante vultosa – em seus dois últimos anos de estudos na Universidade de Oxford*, arrebatado por suas esbórnias estudantis, relacionadas por sua vez a uma igualmente excitante ascensão social.

Qual foi a reação de Oscar Wilde diante dessa história? A criança que ainda era na época do processo (tinha dez anos) nunca acreditou na culpa do pai, esse "homem universal" a quem prestou alusivamente homenagem, pela voz de Lady Bracknell, em *A importância de ser prudente*.

Mas poderia imaginar então, quando mal havia dado os primeiros passos na vida, que pouco mais de trinta anos depois enfrentaria por sua vez um tribunal da mesma espécie, embora por um motivo muito mais inofensivo – a homossexualidade – do que um suposto estupro? Com esta importante diferença: ele nunca se beneficiou da mesma clemência por parte de seus juízes quando enfrentou o marquês de Queensberry! Pode-se todavia notar uma semelhança na dinâmica dos dois processos: a atitude, com frequência altiva e por vezes arrogante, que manifestaram Oscar e Lady Wilde, seguros tanto dos fatos quanto de seus direitos ao longo de suas respectivas audiências. Ora, se com efeito foi do pai – ser jovial e bonachão, embora dotado de um humor cáustico – que Oscar herdou sua eloquência proverbial, foi de sua teatral e sentenciosa mãe, para quem altivez e temeridade nunca faltaram, que recebeu sua não menos famosa propensão à insolência. Essa última – que lhe valeu tantos sucessos legítimos

---

* Iniciados em 1874 e concluídos em 1878.

em suas comédias mais brilhantes – foi-lhe fatal durante seu processo, devido à maneira excessiva como a imprimiu em seu comportamento e em suas réplicas.

Quanto a dizer que Wilde sentiu verdadeira tristeza com a morte do pai – por quem nutria mais respeito do que afeição, ao contrário do que sempre sentiu com relação à mãe –, é algo que não podemos sugerir com segurança. A despeito da profusão de sua obra, é com uma impressionante economia que Oscar fala em seus textos da figura paterna, mesmo que de forma indireta. Num único de seus inúmeros poemas, intitulado "A verdadeira sabedoria", evoca nitidamente sua lembrança, enaltecendo a extensão de sua ciência ao mesmo tempo em que lamenta sua morte inesperada.

Mas talvez, sem se dar verdadeiramente conta disso, tenha preferido não insistir nesse pai cujos aspectos pouco reluzentes de sua pessoa o fizeram sofrer quando estudava no Trinity College. Ali era alvo de piadas de gosto duvidoso por causa das baladas populares que circulavam sobre o pai. De fato, o jovem Oscar – cuja sensibilidade, para não dizer a suscetibilidade, já estava à flor da pele – sentia-se injuriado, mais ainda do que humilhado, como testemunham as brigas memoráveis, às vezes a socos e pontapés, que teve com alguns de seus colegas de escola.

Outras sombras envolviam ainda essa intrigante figura paterna, como as dos três filhos ilegítimos cujo nascimento seria anterior a seu casamento com Jane. Mas são apenas conjecturas, já que não dispomos de nenhuma informação crível para fundamentar tais rumores. A única coisa de que se tem certeza é que o primeiro dos três filhos foi um menino: um garoto chamado Henry, que William Wilde não reconheceu oficialmente. Assim, vítima dos mesmos problemas de identidade, o rapaz nunca usou o nome "Wilde", sendo chamado de "Wilson". Patrônimo completamente fabricado, embora derivasse de um espirituoso jogo de palavras, pois, separando-o em duas partes, *Wil-son*, tem-se, numa tradução literal, "filho de William". No entanto, Sir William ocupou-se do rapaz durante toda a vida com rara solicitude, fazendo dele um de seus herdeiros, da mesma forma que seus dois filhos legítimos.

Contudo, um evento extremamente doloroso veio obscurecer sua vida nesse exato momento. Ele perdeu, em circunstâncias atrozes, duas de suas três crianças ilegítimas: Emily e Mary. Criadas sob a guarda de seu irmão mais velho, o reverendo Ralph Wilde, ambas pereceram queimadas vivas em um acidente ocorrido em 1871. Ele viveu essa dor de maneira ainda mais intensa porque, quatro anos antes, vira a única filha que teve em seu casamento com Jane perder a vida: Isola, nascida em 2 de abril de 1857 e morta em 23 de fevereiro de 1867 (aos nove anos) de um derrame cerebral em consequência de uma febre mal tratada.

Essa assustadora série de mortes violentas, que dizimou metade de sua descendência, não afligiu apenas Sir William. Ela também traumatizou, a ponto de instilar nele uma melancolia que nunca mais o abandonou, o jovem Oscar, que contava apenas onze anos quando morreu sua querida irmã Isola, dois anos e meio mais nova. Teria sido para ela – a quem era muito mais ligado do que a seu irmão Willie, dois anos mais velho – que compôs, em 1877, seu primeiro poema: "*Requiescat*" [Descanse], que só veio a publicar em 1881. Detalhe ainda mais significativo com relação a essa profunda afeição que alimentava pela irmã: quando 33 anos depois ele morreu em seu miserável quarto de hotel parisiense, os raros amigos presentes em seus últimos instantes encontraram, em meio a suas parcas possessões, um pequeno mas precioso envelope colorido contendo, guardada com cuidado, uma mecha de cabelo da saudosa irmã. Após tantas peregrinações e vicissitudes, após uma vida tão desvairada e uma morte tão solitária, essa era a única lembrança concreta, milagrosamente salva, que lhe restava da infância!

Quanto à maneira como o jovem Oscar entendia essa família no mínimo complexa – já que teve muito cedo, além de um irmão (Willie) e uma irmã (Isola), um meio-irmão

(Henry) e duas meias-irmãs (Emily e Mary) –, Pascal Aquien é quem nos dá a melhor descrição:

> O pai de Oscar [...] tinha [...] duas famílias, uma oficial e outra oficiosa, organizadas segundo um princípio simétrico: duas filhas e um filho de um lado, dois filhos e uma filha do outro. O efeito de simetria reforçou-se pelo destino trágico das três filhas, todas mortas muito jovens.[5]

É nessa recorrente e quase obsessiva problemática da identidade que podemos identificar a origem de um dos principais temas da obra de Wilde: o do segredo familiar, pelo viés da ilegitimidade filial, e mais ainda o enigma vivo, inconfessável para a moral vitoriana, que representam os nascimentos fora do casamento. Richard Ellmann expressa isso claramente:

> O interesse de Oscar Wilde pelas crianças abandonadas, pelos órfãos, pelos mistérios do nascimento talvez venha da experiência de observar a família paterna, que crescia quando todos, filhos legítimos e ilegítimos, passavam juntos suas férias de verão.[6]

E de fato: foi de um pai não identificado que nasceu, em *O retrato de Dorian Gray*, Sybil Vane, a bela jovem cujo irmão, James Vane, condenaria a mãe por esse pecado de juventude. Da mesma forma, em *A importância de ser prudente*, o juiz de paz John Worthing (apelidado Jack) é, assim como sua pupila, Cecily Cardew, uma criança abandonada. Quanto aos outros personagens centrais que são Lady Windermere, de *O leque de Lady Windermere*, e Gerald Arbuthnot, de *Uma mulher sem importância*, eles também são órfãos nascidos de mães desconhecidas.

Na peça *Um marido ideal*, Wilde critica a atitude por vezes irresponsável dos pais em relação a seus filhos:

> Os pais não deviam nunca deixar-se ver nem ouvir. É a única base aceitável para a vida familiar. As mães são diferentes. As mães são queridas.[7]

Seguindo a mesma linha sarcástica em *A importância de ser prudente*, Jack não diz outra coisa:

> Afinal, o que importa se um homem tem ou não um pai ou uma mãe? Uma mãe, é claro, é muito bom. [...] Um pai chateia [...]. Não conheço ninguém no clube que fale com o pai.[8]

Ao que o igualmente cínico Algernon replica, como se evocasse a reputação por tanto tempo maculada de Sir William: "Sim, nos dias de hoje os pais são um tanto malvistos".[9] A menos que seja uma advertência dirigida de maneira tácita, e por antecipação, a si mesmo, visto que Oscar Wilde, embora pai amoroso e cheio de atenções para com os filhos, Cyril e Vyvyan, foi injustamente destituído de seus direitos paternos após seu processo. Assim, do primeiro dia na prisão até seu último suspiro de vida, ainda teve de sofrer – como se os dois terríveis anos de cárcere não tivessem sido suficientes para puni-lo por seu hipotético delito – este castigo supremo: a proibição de rever os filhos.

Voltando aos imbróglios familiares e a outras carências genealógicas, à arte do segredo que ensaios como "A decadência da mentira" ou "A verdade das máscaras" tentaram circunscrever com uma precisão conceitual ainda maior, esse foi o tema literário que Wilde dedicou-se a concretizar em seus dois textos mais importantes, ou pelo menos os mais apreciados pelo público: num gênero cômico em sua peça de teatro *A importância de ser prudente* e num gênero trágico em seu romance *O retrato de Dorian Gray*. Muito mais: foi essa ambivalência existencial, prerrogativa do dandismo, que um ser tão completamente ávido de transgressão como Oscar Wilde, paradigma vivo da insondável profundeza da alma, expressou, cultivando-a a cada instante de sua própria vida, no mais alto nível de sua perfeição, fazendo dela uma das belas-artes! É assim que se esclarece, e ganha pleno sentido, a reflexão-chave de Wilde em *De profundis*, texto redigido enquanto apodrecia na prisão:

> Os deuses me concederam quase tudo: eu possuía o gênio, um nome, posição, agudeza intelectual, talento. Fiz da arte uma filosofia e da filosofia uma arte.[10]

Esse "nome" que diz ter recebido dos "deuses", Wilde, consciente do desperdício, lamentou tê-lo "desonrado para sempre" mais ainda do que tê-lo perdido, como reconheceu, consentindo em um lampejo de lucidez, no mesmo *De profundis*:

> Minha mãe [...] e meu pai me deixaram como herança um nome que haviam tornado nobre e honrado não apenas na literatura, na arte, na arqueologia e na ciência, mas na própria história do meu país. Aquele nome, eu o desonrara para sempre, fizera dele objeto de zombaria entre a gente mais reles, arrastara-o pela lama, lançara-o às bestas [...] e aos tolos [...]. Nenhuma pena pode descrever, nem papel algum registrar, o que sofri então – e o que ainda hoje sofro.[11]

Mãe coragem e seu filho Oscar

> *Todas as mulheres chegam a parecer-se com suas mães.*
> *É a tragédia delas . Os homens não. É a tragédia deles.*
>
> Oscar Wilde
> *A importância de ser prudente*[1]

De todos os seres que povoaram a infância de Oscar Wilde, foi sua mãe quem exerceu sobre ele a influência mais determinante.

Nascida em 27 de dezembro de 1821, Jane Frances Elgee não era uma mulher comum, em razão tanto de sua personalidade quanto de suas qualidades. Porém, um grande defeito caracterizou-a por toda a vida: uma absurda propensão para a megalomania, a qual, temperada com um toque de esnobismo, contribuía para aumentar seu narcisismo. Assim, esforçando-se para fazer as pessoas à sua volta acreditarem que tinha prestigiosas ascendências toscanas, florentinas para ser mais exato – e igualmente obcecada pela importância dos nomes –, não tardou a mudar seu nome de "Frances" para "Francesca", que achava mais chique. Quanto a "Elgee", seu nome de família, ela afirmava que vinha de "Algiati", uma deformação fonética de "Alighieri" (o mesmo de Dante), de que era nada menos do que a forma celta!

Embora fosse apaixonada pela Itália, a verdade é que fazia questão de conservar, assim como seu marido Sir William, suas origens irlandesas. E por um bom motivo: a militante que foi por toda a vida sempre reivindicou, com rara convicção, um nacionalismo de conotações independentistas, chegando a proferir altos discursos no meio da multidão para defender suas ideias revolucionárias.

Como pseudônimo, inventou um nome de *pasionaria* latina com uma sonoridade perfeitamente grandiosa, Speranza, que acrescentou à divisa inscrita em seu papel de carta. Inspirada nos hinos patrióticos e em outros cantos guerreiros do épico de James Macpherson, foi com esse belo apelido que assinou seus primeiros poemas, todos centrados no que ela imaginava ser as premissas de uma revolução que só estava esperando seu talento para se pôr em movimento!

Ela enviou esses poemas inflamados, com tons intensamente heroicos, a Charles Gavan Duffy, redator-chefe da *The Nation* – revista político-literária fundada em 1842 que exaltava, para profundo desagrado das autoridades britânicas, a independência da Irlanda. Duffy, que apreciou o conteúdo dos textos, acabou por se tornar seu primeiro editor. Contudo, é interessante notar outra curiosidade quanto a essa correspondência, ainda mais reveladora da interferência nos nomes que sempre encantou os Wilde. A exaltada Speranza – jovem cujo "porte majestoso, os olhos negros brilhantes, os traços heroicos pareciam pertencer ao gênio da poesia ou ao espírito revolucionário"[2] – enviou seus escritos acompanhados de uma carta de apresentação que assinou como John Fanshaw Ellis (eco linguístico de Jane Frances Elgee), preferindo confinar-se num anonimato masculino.

Essa grande jovem – que media mais de um metro e oitenta e gostava de desfilar pela sala de casa como uma diva no palco de um teatro – tinha um gosto todo especial, que inculcaria em seu filho Oscar, pela encenação. A cômica e enfática Speranza adorava "causar sensação", assim como confessou, de modo grandiloquente e sem cerimônia, ao matemático William Hamilton.

Porém, foi ao se tornar – ainda que de maneira indireta – a heroína de um dos primeiros grandes processos políticos da história da independência irlandesa que Lady Wilde mostrou-se mais decisiva na influência que sempre exerceu sobre o jovem Oscar.

Esse acontecimento retumbante – capital mesmo, uma vez que orientaria toda a atitude de Oscar Wilde durante o seu próprio processo – ocorreu em dois momentos.

O primeiro episódio aconteceu quando Duffy foi preso pelas autoridades inglesas por atividades secessionistas. Então, arrebatada por uma impetuosidade que a tornava às vezes ainda mais inconsequente, Speranza não encontrou nada melhor a fazer, para defender seu mentor, do que redigir em sua ausência, em dois números sucessivos da revista, editoriais enunciando com todas as letras o que ele não ousara expressar até ali senão de forma muito prudente. Assim, em "The Hour of Destiny", artigo publicado em 22 de junho de 1848, ela proclamava que "a guerra com a Inglaterra havia começado". E, uma semana mais tarde, reincidia num artigo chamado "*Alea Jacta Est*". Embora se encontrasse na prisão, os dois apelos à sedição foram imputados pelo governo inglês ao próprio Duffy. Vexada com o fato de que seu talento não tivesse sido reconhecido de imediato, Speranza armou-se de coragem e foi dizer ao procurador da Coroa que era ela a autora dos textos, exigindo que essa acusação fosse retirada da denúncia contra Duffy. Diante de tanta combatividade da parte de Speranza, a Corte absolveu o redator-chefe!

Moral da história? Foi essa eficiente e salutar intervenção pública de Speranza – o único ato positivo em meio aos três grandes casos judiciais nos quais os Wilde se viram envolvidos – que levaria Lady Wilde, 47 anos mais tarde, ainda confiante na justiça de seu país, a persuadir seu filho a não fugir, enquanto ainda podia, do processo que o marquês de Queensberry movia contra ele. Tendo por base sua própria experiência de jovem revolucionária idealista, ela acreditava sinceramente que o filho também poderia, seguindo seu exemplo, triunfar contra a adversidade. A história provou o contrário.

Mortificada, a mãe de Oscar nunca mais se perdoou. Quando vieram lhe anunciar certa manhã – sem maiores delicadezas diante de seu coração debilitado ou de tudo o que já passara na vida (a morte de sua filha Isola permanecendo uma lembrança ainda forte) – a recusa definitiva da administração penitenciária de libertar seu filho sob fiança, sabendo que não voltaria mais a vê-lo, doente e acamada, quase moribunda, ela se virou para a parede do quarto e expirou, com os olhos cheios de lágrimas e a cabeça ardente de desespero, em 3 de fevereiro de 1896, aos 75 anos de idade.

É portanto no ápice dessa tragédia humana que ganha todo o seu sentido dramático esta reflexão de Oscar Wilde

– lembrando-se de sua mãe e homenageando-a ao mesmo tempo – dirigida a Bosie do fundo de seu cárcere:

> Minha própria mãe, que sob o ponto de vista intelectual pode ser comparada a Elizabeth Barrett Browning e, sob o ponto de vista histórico, a Madame Rolland, morreu com o coração partido ao ver o filho, cujo gênio e a arte ela tanto se orgulhava e a quem considerara sempre como um digno continuador de um nome tão distinto, condenado a dois anos de prisão.[3]

Mas quais eram então – para além de sua mitomania, visto que o próprio Oscar, ao evocar sua calorosa mas atormentada lembrança, atribuía a ela um "nome tão distinto" – as verdadeiras origens da mãe de Oscar Wilde?

Essa dama, Lady Wilde – de estatura imponente e porte altivo, de voz aguda e inflexão peremptória, de temperamento exuberante e aspecto extravagante, de discurso acalorado e ideias subversivas, de sotaque cortante, que tinha por hábito chamar o filho de "Âscar" e não Oscar –, era a filha de um modesto advogado irlandês, Charles Elgee, que nasceu em 1783 e morreu em 1821, no ano em que ela veio ao mundo. Quanto a sua mãe, Sarah Kingsbury, a única posição que ocupou na vida foi a de filha de um pastor puritano muito rigoroso – um certo Thomas Kingsbury, que cuidava de seu rebanho de Kildare e ocupava o posto secular de "comissário de falências".

Em suma, nada de muito notável nesse contexto familiar bastante distante de suas pretensas origens toscanas. A única pessoa interessante que Lady Wilde podia honestamente se vangloriar de contar entre seus ancestrais foi, do lado materno (e ainda assim se tratava apenas do marido de uma tia), o reverendo Charles Robert Maturin, membro influente do clero anglicano, cujo romance *Melmoth, o viandante*, publicado em 1820, fascinou tanto a Oscar Wilde que, assim que foi solto da prisão, durante todo o seu exílio e até a sua morte, tomou emprestado o nome de Sebastian Melmoth, personagem misterioso do famoso livro.

Foi a essa militante que desempenhou um papel central no movimento separatista "Jovem Irlanda" da década de 1840, mas sobretudo a essa mãe que ele venerou durante toda a sua vida, que o jovem Oscar, prestes a completar catorze anos, escreveu a primeira carta que se conservou dele. Ela é datada de 8 de setembro de 1868 e foi redigida na Portora Royal School de Enniskillen (escola da qual foi aluno de 1864 a 1871). Eis seu conteúdo completo, que revela o caráter já bastante forte de Wilde e, em particular, seu gosto marcado por roupas belas e vistosas (as mesmas que mais tarde fariam dele o dândi mais em voga, se não o mais elegante, da alta sociedade londrina):

> Querida Mamãe,
> A mala chegou hoje. Nunca tive uma surpresa tão agradável. Muito obrigado, foi mais do que gentil de sua parte. Por favor, não se esqueça de me mandar a *National Review*. As camisas de flanela que colocou na mala são ambas de Willie, as minhas são uma escarlate e outra lilás, mas é cedo demais para usá-las ainda, com o tempo tão quente. A senhora nunca me contou nada sobre o editor de Glasgow. O que ele disse? E já escreveu para a tia Warren no papel de carta verde?[4]

Por trás de seus ares dramáticos e de sua atitude inutilmente desdenhosa, a despeito da impertinência com a qual interpelava seus adversários ideológicos e afrontava as autoridades políticas, Lady Wilde era não apenas uma senhora de grande coração*, mas também uma mãe carinhosa e afetiva, sempre disposta a enfrentar a sociedade para proteger – por vezes correndo o risco de abalar sua reputação – seus filhos, que amava acima de tudo.

Foi por isso que, preocupada com o bem-estar dos seus, insistiu junto ao marido para que a família se mudasse da pequena, ainda que simpática, casa da Westland Row, 21, onde Oscar nasceu, para se instalar no magnífico solar que Sir William mandou restaurar para ela, com um endereço de muito mais prestígio, situado no requintado bairro residencial de Dublin, no Merrion Square North, 1.

---

* Assim como seu filho pródigo mostrou ser um homem generoso.

Foi ali, no coração da sociedade burguesa irlandesa, mas ao abrigo de seu austero puritanismo protestante, que Oscar Wilde – sempre muito consciente de seu fabuloso destino – passou a maior parte de sua infância e, desfilando como um cometa que atravessa o céu estrelado, os anos de sua adolescência.

Lady Wilde – para quem um dos grandes prazeres consistia em se exibir diante de um público cativo e que, sempre pronta a melhorar a aparência, levava a vaidade ao ponto de esconder sua verdadeira idade, rejuvenescendo constantemente em cinco anos* – foi durante longos anos nessa casa, até a morte do marido, a carismática anfitriã do salão literário mais badalado de Dublin. Ela recebia todos os sábados à tarde, em geral na hora do chá e sempre sob uma luz suavizada, os artistas e intelectuais mais renomados da Irlanda, e às vezes também, para os que aderiam a suas ideias revolucionárias, da Inglaterra.

Frank Harris, amigo e editor de Wilde, ao vê-la pela primeira vez, reinando nesse salão como uma rainha no meio de sua corte, oferece a seguinte descrição:

> Lady Wilde reinava atrás da mesa de chá, parecendo uma espécie de Buda feminino embrulhado em xales – uma mulher grande, com o rosto carregado e um nariz proeminente. Ela se maquiava como uma atriz e preferia naturalmente a penumbra à luz do sol. Seu idealismo se manifestava assim que tomava a palavra. Ser entusiasta era uma necessidade de sua natureza; críticos mais hostis a chamavam de histérica, mas eu prefiro dizer que era bombástica sobre tudo o quanto apreciava e admirava.[5]

Mas é Pascal Aquien quem nos pinta o quadro mais eloquente:

> Outras testemunhas, como [...] Gertrude Atherton [...], ficaram impressionadas com a estranha personagem que ela

---

* Vaidade na qual seu filho Oscar não pôde evitar por vezes de cair, como por ocasião de seu processo.

> compunha, estátua viva e imperatriz improvável: "Dir-se-ia uma soberana concedendo graciosamente uma audiência particular". É verdade que usava um vestido de crinolina, fora de moda havia vinte anos, e que uma mantilha de renda preta presa a um grande pente espanhol lhe enquadrava o rosto. Quando a srta. Atherton se aproximou para cumprimentá-la, a rainha fantasmagórica ofereceu-lhe uma mão ossuda que a visitante se perguntou se deveria beijar.[6]

Retrato que Vyvyan Holland corrobora, caprichando nos pequenos detalhes, em suas memórias publicadas em 1954 sob o título de *Son of Oscar Wilde*. Com efeito, ao evocar a lembrança pessoal de sua avó paterna, conta que ela se vestia "como uma rainha de tragédia, com seu corpete ornado de broches e camafeus".[7]

Nem um pouco surpreendente, portanto, que Wilde revestisse algumas de suas personagens femininas mais emblemáticas com os traços mais proeminentes dessa figura materna. Assim, numa cena de *Um marido ideal*, a sra. Cheveley ordena que Phipps, o criado, disponha velas munidas de quebra-luzes pela sala onde se prepara para encontrar Lord Goring, de modo a atenuar as rugas de seu rosto (que os padecimentos da idade lhe infligiram) e ao mesmo tempo a valorizar sua tez. Num registro mais político, Vera, a heroína de *Vera ou os niilistas*, melodrama no qual essa revolucionária russa, meio idealista meio terrorista, planeja assassinar o tzar a fim de instaurar em seu país um regime democrático, lembra muito sua mãe *pasionaria*.

Quanto a uma tragédia tão sexualmente violenta quanto *Salomé*, que Wilde escreveu em 1893, ela encontra sua primeira fonte, se não nesse delirante imaginário materno, ao menos em um de seus livros mais enigmáticos, *Sidonia the Sorceress* (1849), tradução livre feita por Lady Wilde da demoníaca *Sidonia von Bork*, de Wilhelm Meinhold. De fato, Oscar afirmava que a aterrorizante história dessa feiticeira sádica e necrófila, que sentia prazer dançando sobre caixões, era uma de suas leituras preferidas quando garoto.

Muito mais: foi no salão literário de sua ambiciosa mas querida mãe que Wilde – sempre presente e perfeitamente à vontade – fez seus primeiros encontros importantes na esfera intelectual, pois frequentavam o salão personalidades tão eminentes quanto George Bernard Shaw e William Butler Yeats, ambos futuros Nobel de literatura.

Não há dúvida de que Lady Wilde, mulher de ação e de ideias, desempenhou um papel bastante decisivo tanto na formação filosófica e artística quanto na educação moral e social do jovem Oscar.

O que mais nos ensina essa famosa carta de 8 de setembro de 1868, redigida por um filho em plena puberdade? Coisas bastante edificantes a respeito de sua futura existência adulta.

Assim, se vislumbramos nela o interesse que o jovem Wilde manifestou desde muito cedo pelo engajamento político de sua mãe, é sobretudo em matéria de estética que se revelam claramente seus gostos pessoais e, em especial, o cuidado que sempre dedicou, com toda a meticulosidade de que um verdadeiro dândi é capaz, à sua aparência física. Assim ele pede que a mãe lhe envie camisas de cores tão vistosas como excêntricas (escarlate e lilás) e de uma originalidade que já o distingue bastante nitidamente de seu irmão Willie.

E de fato: é sobre o vermelho, e todas as suas nuances, que sua preferência sempre recairia. Não é, aliás, com uma simbólica "túnica vermelha" – semelhante àquela em que Cristo foi envolvido durante o martírio que lhe infligiram os romanos antes da crucificação – que o condenado de "A balada da prisão de Reading" (um oficial da Cavalaria Real) se encontra de início vestido, nos moldes do uniforme suntuoso que vestia em plena glória, antes que seus carrascos o cobrissem, nos últimos instantes de seu suplício, com uma "rota roupa e cor de cinza"? Pois é assim que começam os primeiros versos:

Já não usava a túnica vermelha
[...].

> Caminhava entre os Homens Condenados
> Com rota roupa e cor de cinza,
> Um gorro de críquete na cabeça.[8]

Porém, eis o mais notável nesse poema: o condenado usa, desafiando todo senso de ridículo, um "gorro de críquete". O que mais mencionava a carta do jovem Wilde, da qual infelizmente a segunda parte se perdeu? Seu interesse justo pelo críquete! Percebe-se assim a extraordinária continuidade que existe na obra de Oscar Wilde, já que lidamos aqui com dois escritos – um do início de sua vida (na época da Portora School) e outro de seu extremo fim (no período em que esteve em Reading) – que pontuam em suas entrelinhas, através das alegrias da infância e das misérias do homem que se tornaria, o próprio sentido de toda a sua vida.

Essa outra cor, o verde, pela qual o jovem Oscar já demonstrava curiosidade na carta, não era a do cravo que os homossexuais daquela época (parisienses sobretudo) tinham o costume de usar na lapela em sinal de adesão mais do que de distinção? Muitos anos mais tarde, seria uma das preferidas de Wilde.

Todavia, será que deveríamos ver nesse amor incondicional pelas roupas mais extravagantes, assim como nessa predileção pelas cores mais vibrantes, os sinais prenunciadores de uma homossexualidade latente? Não necessariamente. Assim como nada autoriza a pensar, ao contrário do que afirma Robert Merle, que essa homossexualidade derivaria do fato que, após o nascimento de seu primeiro filho, Willie, sua mãe desejava ardentemente uma filha e que, desapontada por ter dado à luz a um segundo menino, vestiu-o desde muito cedo com roupas femininas, como testemunha a primeira fotografia de que dispomos dele, quando tinha apenas dois anos. Pois era costume nessa época, nas altas esferas da sociedade vitoriana, vestir crianças muito jovens com vestidos decotados e saias bufantes, tudo isso paramentado com sapatos de verniz e um penteado cacheado.

Para completar esse quadro familiar, temos que falar de Willie, o irmão mais velho de Oscar. Quando se lê com atenção a carta de 8 de setembro de 1868, nota-se um outro elemento de importância fundamental: o afã com o qual o jovem Oscar quer distinguir-se do irmão. Ele reclama por sua mãe ter-lhe enviado simples "camisas de flanela", "ambas de Willie". Como era absolutamente importante marcar a diferença entre ele e o irmão, tanto no nível intelectual quanto humano, Oscar Wilde não cessaria de sublinhá-la ao longo de sua vida, e até mesmo de cultivá-la, às vezes de forma ultrajante, até o desprezo.

Não causa surpresa, portanto, já que desde o início as relações entre os irmãos nunca foram das melhores, que elas tenham continuado a se deteriorar, de maneira irremediável, especialmente a partir do momento em que Oscar conheceu a consagração que sabemos com as primeiras representações, em fevereiro de 1892, no St. James's Theatre de Londres, de *O leque de Lady Windermere*. Enciumado e acovardado ao mesmo tempo, Willie escreveu anonimamente (embora Oscar não se tenha deixado enganar) uma crítica de extrema virulência contra a peça para um número de *Vanity Fair*.

A esse ato ignóbil logo se acrescentaram, com o passar do tempo, outros graves defeitos de Willie. A começar pela mania odiosa de estar sempre pedindo dinheiro a sua velha mãe (o que irritava Oscar profundamente), pois em razão de sua ociosidade nunca tinha um tostão. Em seguida ia beber em sórdidos bares, acompanhado de amigos em geral pouco recomendáveis, antes de voltar para casa, completamente bêbado, e atacar sua mulher – Miriam Folline, com quem se casou em 1891 e de quem se divorciou em 1893 – a golpes de bastão, vociferando insanidades.

Em 1894, contudo, ele se casou em segundas núpcias com Sophie Lees, apelidada Lily, com quem teve no ano seguinte uma filha chamada Dolly. Esta, por sua vez, quando adulta, frequentaria os bares da mítica Paris do Entreguerras, fazendo-se notar em companhia de Natalie Clifford Barney, de quem foi amante. Porém, alcoólatra e com tendências suicidas como o pai, foi acometida de um câncer que a obrigou a retornar a Londres, onde morreu em 1941 aos 46 anos. Quanto a Willie, faleceu consumido pelas drogas e pelo álcool em 13 de março de 1899.

Homem pouco atraente, diga-se de passagem, esse William Robert Kingsbury Wilde, conhecido como Willie, que nem sequer se deu ao trabalho de receber seu irmão na saída da prisão, em 19 de maio de 1897, demonstrando quão pouco se interessava por ele. De modo que Oscar, que nunca o teve em grande estima, serviu-se algumas vezes de seu fantasma para fazê-lo morrer simbolicamente em algumas de suas principais obras. Exemplo marcante está em *A importância de ser prudente*, na qual John Worthing se esforça para "matar" seu irmão fictício, enquanto em *O retrato de Dorian Gray*, Lord Henry pronuncia esta frase terrível: "Ora, irmãos! Irmãos não significam nada para mim. Meu irmão mais velho não morre nunca, e meus irmãos mais jovens parecem uns mortos-vivos".[9] Assim, quando seu amigo Robert Ross anuncia-lhe a morte de Willie, Oscar, indiferente e pouco surpreso, faz apenas um comentário lacônico, no mesmo tom desdenhoso que já manifestara na infância: "Creio que já se esperava por isso há algum tempo. Como você sabe, entre mim e ele havia um enorme abismo. *Requiescat in pace*".[10]

Isso não impediu que a viúva de Willie – a distraída mas boa Lily, que aparentemente também sentiu pouco essa morte, já que se casou logo em seguida com Alexander Teixeira de Mattos – fosse a Paris em 17 de outubro de 1900 para visitar seu ex-cunhado, Oscar, sem demonstrar o menor rancor.

Assim, tendo em vista essa família tão desagregada, as inúmeras desavenças que continuamente a atormentaram e as múltiplas tensões que a desgastaram, vemo-nos no direito de perguntar se a cruel reflexão de Lord Henry em *O retrato de Dorian Gray* – ainda que em forma de troça – não seria compartilhada pelo próprio Wilde.* E, na mesma

---

* Com exceção dos intensos e nobres sentimentos filiais que sempre dedicou à sua mãe.

esteira, pensando na infidelidade extraconjugal de seu pai, bem como nos modos dissolutos do irmão, justificaria esta frase pouco clemente com relação à família em geral: "Não consig[o] evitar de detestar minhas relações, o que talvez se deva ao fato de não conseguirmos, nenhum de nós, suportar que outras pessoas tenham os mesmos defeitos que nós".[11]

No entanto, Sir William e Lady Wilde formavam um casal tão unido como interessante, apesar de suas diferenças de caráter e de estatura, que se manteve junto na felicidade e na adversidade. A tal ponto que foram o alvo prioritário dos jornais satíricos da capital irlandesa. Assim, se vulgares gazetas de fofocas fizeram deles seu prato favorito, foram os caricaturistas mais engraçados de Dublin que, dando livre curso a suas fantasias, traçaram muitas vezes maravilhosos retratos. O jovem Oscar, que se divertia em ver seus pais assim esboçados, nunca se vexou. Muito pelo contrário, sempre disposto a ironizar as qualidades e os defeitos do gênero humano, era com um prazer não dissimulado, às vezes até com o riso convulsivo que o caracterizava quando caía na gargalhada diante de uma cena cômica, que sempre os acolheu. Foi também por essa razão que nunca se mostrou aborrecido diante das várias caricaturas de que ele mesmo foi objeto ao longo de sua existência. O próprio Toulouse-Lautrec, com quem Wilde cruzou no fim da vida em cabarés de Montmartre e bordéis de Pigalle, não foi muito delicado para com aquele que veio a se revelar (quando se dispôs a posar) um modelo agradável e distinto, conquanto já inchado pelo álcool e intumescido pela ociosidade. Wilde, porém, que a despeito de tudo amava estar no centro das atenções, e principalmente no dos maiores artistas de seu tempo, cômico como de costume, afirmou ter ficado "lisonjeado" e, não conseguindo reconhecer-se, até mesmo "agradecido"! Da mesma forma, bom rapaz e sempre indulgente, não perdeu a pose quando – em diversas ocasiões durante o período em que atravessou a América para proferir suas conferências sobre o estetismo, quando usou roupas tão extravagantes que costumava parecer ridículo ao público – foi alvo dos sarcasmos do *Punch*, um dos maiores jornais londrinos de sua época.

É verdade que Wilde tinha frequentado uma bela escola em matéria de tragicomédia, pois quando tinha apenas quatro anos teve de participar, sem dizer uma palavra, da primeira de uma série de cenas burlescas: um batizado católico clandestino. Com efeito, embora nunca registrado de maneira oficial, o menino recebeu o batismo, pela vontade de sua mãe autoritária e sem que seu pai soubesse, de um vigário chamado Fox, capelão que ela encontrara em junho de 1855, quando a família se instalou no Merrion Square, 1.

Foi sem dúvida esse evento esdrúxulo, ocorrido relativamente cedo na vida de Oscar*, que deu origem ao episódio mais picaresco de *A importância de ser prudente*, peça já bastante hilária em seu todo: um batizado planejado a toda pressa com o reverendo Chasuble, a pedido de Jack e Algernon, que lhes permitiria mudar de imediato seus respectivos nomes para "Ernest", sem o que não poderiam desposar Cecily e Gwendolen.

Fica a questão: essa cena teria sido, para além do cômico da situação, uma crítica, ainda que dissimulada e um tanto complacente, dirigida implicitamente à sua mãe? Pois, naquela ocasião, ela pareceu revelar-se mais sensível à beleza do rito católico do que à austeridade da fé protestante, esvaziando assim, como a mulher pragmática que era, esse ato sagrado de seu sentido teológico. Talvez! Em todo caso, foi esse mesmo catolicismo que, desde a sua mais tenra infância, sempre seduziu, mais do que verdadeiramente atraiu, o esteta que era Wilde, nascido e batizado, todavia, no protestantismo. Tanto que, oscilando perpetuamente entre essas duas Igrejas, uma feita de pompa teatral e a outra de rigor ascético, ele não cessaria – durante seus estudos na Universidade de Oxford e sob a influência de John Ruskin, de quem conhecemos a filosofia teocêntrica – de se aproximar da "santa Igreja Romana" a ponto de considerar sua conversão.

---

* Como na de seu irmão Willie, que também foi, no mesmo dia e na mesma hora, vítima inocente.

O batismo católico, Wilde contudo nunca ousou pedir explicitamente. Mas por um motivo mais pecuniário do que doutrinal: Sir William, homem respeitado pela sociedade britânica de seu tempo, ameaçava deserdá-lo caso ele se convertesse ao catolicismo.

Foi portanto oficialmente protestante – apesar dos estratagemas um tanto tresloucados de Lady Wilde em matéria de religião – que Oscar ingressou, em 1864, quando não tinha ainda dez anos, na renomadíssima Portora School de Enniskillen, e que saiu, em 1878, quando tinha pouco menos de 24 anos, do prestigioso Magdalen College de Oxford, isso tudo passando, de 1871 a 1874, pelo não menos reputado Trinity College de Dublin.

Fantástico percurso escolar e igualmente sólida formação intelectual, posto que foi de maneira brilhante – a despeito das esbórnias estudantis e das insolências em sala de aula – que, apoiado por sua mãe e aconselhado por seu pai, Oscar Wilde concluiu estudos fecundos e promissores, preparando-se assim, pensava-se com razão, para um futuro profissional dos mais radiosos.

A arqueologia do saber: Portora School e Trinity College

> *Eu era um produto tão típico da minha época que na minha depravação, e por causa dela, havia transformado todas as coisas boas da minha vida em pecados e todos os pecados em coisas boas.*
>
> OSCAR WILDE
> *De profundis*[1]

Foi como aluno modelo e pensionista exemplar, apesar de algumas brigas com colegas, que Oscar Wilde frequentou, de fevereiro de 1864 a junho de 1871, num período que se estendeu dos nove aos dezesseis anos, o internato da Portora Royal School de Enniskillen, pequena cidade irlandesa situada a uma centena de milhas ao norte de Dublin, no condado de Fermanagh.

Era numa paisagem idílica que se inscrevia com harmonia a escola real de Portora, que a alta burguesia local considerava como o equivalente irlandês do colégio inglês de Eton. Em suma, uma vida que tudo, nesses campos verdejantes, fazia supor de sonho! Ainda mais porque o jovem Oscar não estava sozinho, visto que seu irmão Willie, que tocava piano bastante bem, já frequentava a escola havia dois anos.

Oscar, por sua vez, preferia literatura a música. E especialmente as letras clássicas, das quais, dominando com perfeição o grego e o latim, conhecia os principais textos. Já na Portora o jovem Wilde, cuja cultura da Antiguidade era tão vasta quanto precisa, era capaz de traduzir instantaneamente, em voz alta, Homero, Hesíodo, Sófocles, Eurípides, Aristófanes, Virgílio, Ovídio, Sêneca e Ésquilo, de quem considerava o *Agamêmnon* como "a mais extraordinária de todas as suas peças".[2]

Assim, não é exagero dizer que Oscar – cujos passatempos favoritos consistiam em recitar de cor os poemas de John Keats e ler, nos campos situados à margem do rio Erne, os romances de Benjamin Disraeli – ultrapassou rapidamente, na maior parte das disciplinas e em particular nos cursos ligados às humanidades, seu irmão Willie, que penava de modo vergonhoso onde seu caçula se destacava. Willie já não via a hora de enfim sobrepujar o irmão e procurava obter sua revanche nas disciplinas esportivas, que Oscar relutava em praticar – a não ser, em pequenas doses, as atividades mais nobres a seus olhos, como o tênis, o polo e a equitação. Então, como num ciclo sem fim, feito de rivalidade ininterrupta e de competição com frequência desleal, logo no dia seguinte Oscar se sobressaía mais uma vez na difícil leitura de textos bíblicos que acontecia durante os ofícios religiosos a que os pensionistas do internato eram obrigados a assistir todos os dias. Destacando ainda mais a nítida superioridade intelectual de Oscar, e em paralelo o evidente complexo de inferioridade de Willie, acrescentava-se, no caçula, uma outra vantagem: a de já conhecer muito bem a bela língua francesa, que a governanta do Merrion Square, 1, tentara também ensinar, em vão, ao mais velho, decididamente bastante lento na assimilação de assuntos do intelecto.

Mas acreditar que Wilde teria sido, em Portora, apenas um aluno monomaníaco mergulhado em seus livros seria entender mal a verdadeira natureza de seu caráter. Por mais precoce que fosse do ponto de vista intelectual, também sabia se divertir, brincar e gracejar com os colegas como todas as crianças da sua idade. Dotado de um afiado senso de humor, para não dizer senso do ridículo, adorava dar apelidos aos colegas. Ele mesmo foi alcunhado "Grey-crow" (Corvo Cinza), por conta dos longos cabelos escuros, andar cadenciado, olhar penetrante e nariz aquilino. Da mesma forma, implicante e travesso, achava divertido imitar em público, ressaltando os principais defeitos, alguns de seus professores. Isso quando não parodiava ostensivamente, fazendo poses das mais afetadas, as personagens bíblicas que ornavam, incrustadas em vitrais, as paredes da capela.

Tem-se assim uma ideia do quanto o jovem Wilde já amava o teatro. Mas não qualquer tipo: apenas aquele em que ele mesmo seria o herói, à maneira das encenações caras à sua mãe. É dessa época, mais precisamente do ano de 1870, quando tinha apenas quinze anos, que data a famosa frase, pronunciada numa conversa sobre um dos processos religiosos que estavam acontecendo na Irlanda: fascinado pelo cruel mas nobre destino que a justiça reservara a um padre condenado por heresia, ele declarou querer ser um dia acusado pelo mesmo crime. Declaração retrospectivamente carregada de sentido trágico por todo o seu alcance premonitório, uma vez que – como lembra Merlin Holland em sua apresentação de *The Real Trial of Oscar Wilde* – sua condenação em 1895, 25 anos mais tarde, foi tão somente a dramática realização de um desejo de estudante: ser o herói, ainda que póstumo, de uma causa célebre.

A homossexualidade pela qual foi tão duramente castigado já se revelava implicitamente, de maneira ainda latente nessa idade, na paixão que alimentava então, por meio das letras clássicas, pela cultura grega, já que o amor entre homens – como o dos antigos filósofos em relação aos jovens que pretendiam educar aos prazeres do espírito – era coisa bastante comum e relativamente tolerada pelas leis da Pólis.

A esse respeito, um fato significativo veio perturbar, nessa época de aprendizagem, a tranquilidade sentimental do jovem Wilde. Aconteceu no final do segundo ano, quando seu melhor amigo, com quem, já dotado de uma sensibilidade romântica, gostava de passear para conversas solitárias ao longo das margens do lago, acompanhou-o à pequena estação de trem de Enniskillen para despedir-se. No momento em que o trem apitou para se pôr em movimento, este se precipitou em seus braços, tomou-lhe fervorosamente o rosto entre as mãos e o beijou furtivamente nos lábios antes de correr, envergonhado, para a saída. O gesto perturbou Oscar, que, desconcertado, foi invadido por essa perplexidade que as primeiras emoções costumam provocar em segredo.

Embora vindo de um rapaz, esse foi o primeiro beijo amoroso, ainda que tímido e desajeitado, que Oscar Wilde, então com dezesseis anos, recebeu. O que só podia marcar profundamente – em razão do delicioso prazer culpado que decerto sentiu à ideia de ter experimentado do fruto proibido – o jovem espírito depravado que já afirmava ser. "Eu era um produto tão típico da minha época que na minha depravação, e por causa dela, havia transformado todas as coisas boas da minha vida em pecados e todos os pecados em coisas boas"[3], confessa em *De profundis*, como se quisesse confirmar o quanto o despertar crescente de seus sentidos diante de tabus enfim quebrados, assim como o desejo cada vez mais ardente de colher os frutos por tanto tempo proibidos, acabou por lhe ser fatal.

Para voltar a essa época, na qual o gosto pelo pecado havia-lhe apenas aflorado e o sopro da tentação levemente acariciado, acrescentemos que Oscar, estudioso e aplicado apesar de sua vocação pelas farsas teatrais e alguns tímidos avanços homossexuais, concluiu com brilho seus sete anos de estudos – os mesmos que marcaram a passagem de sua infância para sua adolescência – na Portora Royal School de Enniskillen. Por ter obtido as mais altas notas na maior parte de seus exames e um prêmio de excelência (o prêmio Carpenter) por seu domínio do grego clássico, foi laureado com uma considerável bolsa de estudos que lhe permitia seguir para a próxima etapa de sua escolarização: o ainda mais renomado, conquanto mais rígido, Trinity College de Dublin. Ele ingressou nessa escola no dia 19 de outubro de 1871, três dias após seu décimo sétimo aniversário.

O diploma e a bolsa de estudos não foram, todavia, os únicos sinais de consideração com que Portora o gratificou, pois, deferência suprema, seu nome também foi inscrito em letras de ouro no quadro de honra da venerável instituição. Infelizmente, no fim de maio de 1895, data do último processo do escritor e de sua condenação por atentado grave ao pudor, o novo diretor requisitou, sem pensar duas vezes, que o apagassem o mais rápido possível. As iniciais O. W., que o jovem Oscar Wilde gravara na parede de uma das salas de aula, também foram raspadas de imediato, sob ordens igualmente intempestivas, de modo que desaparecessem para sempre da vista dos novos alunos, seguindo a espécie de maldição que parecia pesar havia já algum tempo sobre o seu patrônimo. Apenas muito mais tarde, quando foi enfim reabilitado na década de 30, seu nome recuperou, nesse mesmo quadro de honra, o antigo brilho de suas letras douradas.

Entretanto, nem tudo eram rosas nesse quadro encantador de Enniskillen e nessa vida aparentemente idílica de Portora, marcada pela glória e pelo sucesso, por brincadeiras irreverentes entre colegas e singelos folguedos amorosos. É dessa época que data a primeira grande dor de Oscar Wilde: a morte, em 23 de fevereiro de 1867, de sua jovem irmã Isola. Oscar não foi o único membro da família a se mostrar afetado por essa separação dramática, pois sua mãe, habitualmente tão cheia de vida, entrou num período de grande morosidade. Ela interrompeu seu salão literário durante três anos, espaço de tempo em que carregou um luto interminável e, deprimida, saía muito raramente de casa, acompanhada apenas do marido, que também estava abalado demais para encontrar forças para se distrair em sociedade. Quanto a Oscar, ele ficou tão inconsolável que seus pais decidiram enviá-lo a Paris por três semanas ao fim do ano escolar, a fim de aperfeiçoar seu francês e respirar novos ares. Data assim de agosto de 1867 a primeira de suas diversas temporadas nessa cidade onde, um pouco mais de trinta anos depois, sua própria vida chegaria ao fim de maneira trágica.

É também dessa época que data o primeiro testemunho registrado, do ponto de vista psicológico, a respeito do caráter do jovem Wilde. O crédito deve ser atribuído ao médico que tentou salvar sua irmã Isola, "a mais talentosa e adorável criança" que já conhecera, como declarou. A lembrança que esse médico guardou de Oscar era a de um "rapaz devotado, gentil, retraído e sonhador, cuja dor solitária e inconsolável levava a visitar o túmulo da irmã, com tocantes efusões poéticas e pueris".[4]

Contudo, a fatalidade parecia se obstinar sobre o jovem Wilde. Assim, três semanas depois de ter ingressado no Trinity College, e logo após celebrar seus dezessete anos, soube que suas duas meias-irmãs, Emily e Mary – às quais dedicara uma grande parte de sua afeição após a morte de Isola –, acabavam de perecer acidentalmente, queimadas vivas pelo fogo de uma lareira que inflamara seus vestidos de crinolina num baile trágico.

Tem-se assim uma ideia do quanto a infância, bem como a adolescência de Oscar Wilde, foi carregada de luto. Como se, dissimulada, a morte tivesse rondado incansavelmente em torno dele antes de abater sua foice sobre seus entes mais queridos!

Portanto, talvez seja nessas experiências dolorosas – ainda mais traumatizantes porque ocorreram em sua primeira juventude – que se deva discernir a origem das diversas mortes violentas que ocuparão, pouco menos de uma década mais tarde, algumas de suas mais belas páginas. Isso se nota sobretudo em seus heróis, como revelam os diversos assassinatos de Dorian Gray e seu suicídio final – sem contar os outros textos também permeados de exalações mortalmente perversas como, no modo fantástico, *O crime de Lorde Artur Savile* ou *O fantasma de Canterville* e como, no modo dramático, "Pena, lápis e veneno" e *Salomé*.

Porém, felizmente para Wilde, tanto para seu equilíbrio psíquico quanto para seu desenvolvimento intelectual, ele não ficou completamente sozinho, nem tampouco completamente abandonado à própria sorte, quando ingressou, com sua bolsa de estudos debaixo do braço, no Trinity College. Pois encontrou ali, além de seu irmão Willie*, dois de seus condiscípulos de Portora: Louis Purser e Edward Sullivan. Foi junto a eles que Frank Harris e Robert Sherard reuniram,

---

* O qual deixou o Trinity logo no ano seguinte, em 1872, para estudar Direito em Londres.

em suas homenagens a Oscar Wilde*, as mais doces lembranças dos tempos ditosos da Portora School e do Trinity College para além dos episódios dolorosos. Assim, embasbacados diante da virtuosidade com a qual o jovem Oscar já manipulava a língua, o talento com o qual contava as histórias mais estapafúrdias e a rapidez com que assimilava os inúmeros livros que lia, confirmam o que Wilde reconheceria alguns anos mais tarde:

> Quando estava na escola, meus colegas me consideravam como um prodígio porque, muitas vezes, eu apostava que leria um romance de três volumes em meia hora com tanta atenção que poderia resumir fielmente a história; depois de uma hora de leitura, eu conseguia contar com exatidão os episódios e os diálogos mais pertinentes.[5]

E completava ainda, um tanto teatral, que era capaz de ler simultaneamente duas páginas de um mesmo livro, conseguindo desvendar a intriga em menos de três minutos.

Seria isso verdade ou simples fruto de bravatas, mais ainda do que de uma rica imaginação? Não se pode afirmar com certeza. Em todo caso, a criança precoce (e ainda assim desenvolta) que foi na escola primária recebeu, como prêmio por seus espantosos conhecimentos das Sagradas Escrituras, um exemplar da *Analogy* de Joseph Butler – o que o dispensou de prestar os exames finais. Esse tratado de Butler, que mesmo adultos ávidos de teologia consideram difícil, Wilde o conservou durante anos em sua casa, juntamente com um exemplar encadernado do *Agamêmnon* de Ésquilo, que recebeu na Portora School como laureado do prêmio Carpenter. Absurdo e cruel golpe da fatalidade: em maio de 1895, foi obrigado a vender por ninharias essas duas obras, raros vestígios de sua infância, para cobrir as enormes dívidas que contraíra durante seu fatídico processo... o que não o impediu,

---

* Respectivamente *Oscar Wilde: His Life and Confessions* (Nova York: Dell, 1960 – também disponível na internet em www.gutenberg.org) e *The Real Oscar Wilde* (Nova York, 1917 – também disponível na internet em www.archive.org). (N.T.)

ironia do destino ainda mais atroz, de ser declarado "falido", em 12 de novembro do mesmo ano, pelo tribunal de Londres e de ter assim seus bens miseravelmente leiloados. Sua medalha de ouro Berkeley, obtida em 1874 no Trinity College, sofreu um destino idêntico: quando Oscar chegou ao auge dos problemas financeiros, foi obrigado a se desfazer também dela, penhorando-a sem nenhuma esperança de poder recuperá-la. Nela, a divisa gravada – "ser sempre o melhor" – aparecia como um voto dos mais paradoxais para o pária, conquanto genial, que ele se tornara aos olhos da sociedade.

Mas voltemos a seus estudos. Se Oscar Wilde foi um aluno brilhante na Portora School, ele se revelou o melhor dos estudantes do Trinity College, onde teve excelentes professores, entre os quais Robert Yelverton Tyrrell, titular da cadeira de Latim, e John Pentland Mahaffy, titular da cadeira de História Antiga, o qual teve uma influência preponderante sobre o rapaz. A importância que esses dois grandes homens tiveram em matéria de letras clássicas no desabrochar intelectual do jovem Wilde é confirmada por Frank Harris:

> Adquiri meu amor pelos ideais gregos e meus íntimos conhecimentos do idioma em Trinity com Mahaffy e Tyrrell. Eles foram Trinity para mim. Mahaffy me foi especialmente valioso na época. Mesmo não sendo tão bom mestre quanto Tyrrell, estivera na Grécia, vivera lá e impregnara-se de pensamento e sentimento gregos. Além disso, deliberadamente estabelecia um ponto de vista artístico sobre tudo, e aquilo começou a se tornar cada vez mais o meu ponto de vista.[6]

Os que duvidarem da autenticidade dessas palavras, considerando o aspecto às vezes impreciso das declarações desse confidente, só precisarão se reportar a uma carta que Wilde escreveu em abril de 1893 a Mahaffy, que acabara de alcançar o apogeu de seu sucesso teatral com *Uma mulher sem importância*. Os ensinamentos do reverendo Mahaffy reforçaram no jovem Wilde bem mais do que uma paixão pelo helenismo, mas um senso aguçado da beleza e um gosto não menos marcado pelos prazeres mais refinados – as premissas de seu futuro dandismo:

> Fico [...] feliz [...] que tenha gostado da minha peça e agradeço sua carta gentil, ainda mais lisonjeira para mim pelo fato de vir não apenas de um homem de cultura elevada e sofisticada, mas daquele a quem devo tanto, de meu primeiro e melhor mestre, do erudito que me ensinou a amar as obras gregas. Permita-me assinar, em testemunho de minha afeição e admiração, seu antigo aluno e velho amigo, Oscar Wilde.[7]

Wilde conheceu Mahaffy no salão literário materno: homem corpulento de 1 metro e 89*, cujo espírito não podia senão impressionar, do alto de seu inigualável prestígio, o público. E foi nessa residência familiar, em que via desfilar toda a sociedade dublinense, que Wilde pôde constatar o quanto seu futuro mentor de Trinity, com quem sua zelosa mãe era toda atenções, gostava de saborear um bom vinho e fumar excelentes charutos, ao mesmo tempo em que não se cansava de admirar a prataria dos ancestrais e os móveis polidos pelo tempo. Lady Wilde sempre esteve ciente da influência positiva que Mahaffy – "o homem mais eminente do Trinity College", como esse imodesto gostava de chamar a si mesmo – tinha sobre seu filho caçula. Mais tarde a mãe zelosa lembraria a Oscar que fora esse estimável Mahaffy quem dera "o primeiro estímulo nobre a [s]ua inteligência" e o havia "afastado [...] dos prazeres vulgares".[8]

Wilde compartilhava o culto que Mahaffy devotava à Grécia antiga, preferindo-a à Roma imperial. Assim, quando Mahaffy escreve, em sua obra intitulada *Social Life in Greece From Homer to Menander*, "o contato com Roma entorpeceu a Grécia e o Egito", Wilde enuncia em seu *Commonplace Book* [Livro do lugar comum], referindo-se ao paganismo religioso, que os romanos "não tinham a imaginação criadora e o poder que os gregos possuíam para dar vida aos ossos secos de suas abstrações". E acrescenta, no ensaio "O crítico

---

* Altura que Oscar já havia atingido aos dezessete anos.

como artista", que "tudo quanto é moderno em nossa vida, devemo-lo aos gregos".[9]

Nessa visão idealizada da antiga civilização grega, permanecia o delicado porém crucial problema da homossexualidade, que as personalidades mais eminentes da rígida sociedade vitoriana qualificavam de "suspeita" e até mesmo de "nociva". Foi a essa crítica que Mahaffy – de quem Wilde seguiu imediatamente os passos sobre essa questão que já o atormentava – aplicou-se a responder, manifestando nesse estudo sobre a Grécia, se não ousadia intelectual, ao menos uma certa coragem moral. Assim, longe de se mostrar chocado – e inclusive reconhecendo, à maneira de Sócrates, uma afeição ideal entre homens –, ele considerava a homossexualidade, arquétipo da amizade sentimental, uma espécie de amor superior, por sua nobreza e sua pureza, ao que sentem indivíduos de sexo oposto. Posição que Wilde, leitor do ensaio de Mahaffy, fez imediatamente sua. Não surpreende, portanto, que o nome de Oscar Wilde figurasse entre aqueles a quem os agradecimentos inclusos no prefácio dessa *Social Life in Greece* dirigiam-se nos termos mais calorosos: "Ao sr. Oscar Wilde, do Magdalen College", por ter "oferecido boas sugestões e correções do início ao fim do livro". Mas é a Wilde, mais do que a Mahaffy, que convém atribuir esta observação, audaciosa para a época, a respeito do suposto aspecto "contra a natureza" da homossexualidade: "Quanto à expressão 'contra a natureza', os gregos responderiam [...] que toda civilização é contra a natureza", anota o final do *Commonplace Book*. O que remete a essa também fundamental distinção estabelecida por Baudelaire nas páginas que consagrou ao dandismo e nas quais privilegia o artificial em detrimento da natureza.

Tem-se assim uma ideia da incompreensível reviravolta a que Wilde foi confrontado quando esse mesmo Mahaffy – que se vangloriara anteriormente de ter "criado" Wilde – recusou-se, de maneira categórica, a assinar a petição que alguns intelectuais de Londres e de Paris fizeram circular em dezembro de 1895 para enviar ao ministro do Interior em favor da liberação de Wilde, que estava na prisão. Ele chegou inclusive a declarar "não mais querer pronunciar um nome que era a única mácula em [s]ua carreira preceptoral"![10]

A atitude pouco admirável de Mahaffy certamente encontra uma explicação no fato de que ele foi também professor do homem que, vinte anos mais tarde, iria crucificar Wilde durante seu processo: Edward Carson, que antes de se tornar o temível advogado da Coroa fora um dos colegas de Oscar no Trinity College de Dublin.

Embora traído por todos os lados, Wilde felizmente conservou intactas, durante toda a sua vida, a estima e a amizade do outro de seus dois mestres espirituais do Trinity: Robert Tyrrell, humanista notório que, mais sensível na ocasião do que seu ilustre porém covarde colega, assinou sem hesitar a mencionada petição em favor da redução da pena.*

Mas quem era Tyrrell, além de um formidável professor de latim e o principal rival de Mahaffy? Homem de grande cultura, com uma erudição infinita em seu domínio, dotado de uma personalidade viva e jovial, também não negligenciava as disciplinas mais especificamente literárias. Assim, foi ele quem publicou os primeiros poemas de Wilde na revista *Kottabos*, da qual era o fundador. Sua mulher – com quem se casou no último ano em que Oscar passou nessa escola – sentia uma verdadeira simpatia pelo jovem prodígio, tanto que não hesitou em declarar, mesmo após sua condenação, que ela e seu marido o viam frequentemente em casa, a sós, pois o achavam "divertido e encantador".

Foi a partir da conjunção desses ensinamentos de grego e latim transmitidos por Mahaffy e Tyrrell que, na época, Oscar Wilde extraiu o melhor de si mesmo. E se a Portora School formou Wilde nas humanidades (a ponto de ele ter recebido, no Trinity, a medalha de ouro de Berkeley graças à excelente nota que obteve com uma dissertação sobre os *Fragmenta comicorum graecorum* [Fragmentos cômicos gregos], de Meineke), foi o Trinity College que desenvolveu seu gosto exaltado pelo que mais tarde chamaria de

---

* Embora, assinalemos, a petição tenha permanecido letra morta.

"estetismo", nova corrente filosófico-artística que esteve na origem de uma moda famosa.

Wilde adquiriu os fundamentos conceituais do amor pela filosofia da arte na "Sociedade Filosófica" do Trinity College, da qual era membro. Dois artistas chamavam particularmente sua atenção: Dante Gabriel Rossetti, o pintor pré-rafaelita, e Algernon Charles Swinburne, o poeta decadente. A leitura de Swinburne foi uma etapa essencial para o jovem Wilde, tanto em seu percurso filosófico quanto para seu futuro literário. Foi o contato assíduo com seus textos que o levaria a descobrir naturalmente, cerca de dez anos mais tarde, a obra dos grandes simbolistas franceses, que leu no original. Entre seus favoritos destacam-se Baudelaire, com *As flores do mal* (1857), e Huysmans, com *Às avessas* (1884).

Todavia, por ora, é num projeto de uma ordem estética completamente diferente que se concentram seus esforços durante algum tempo ainda: um desejo de conciliar, no plano intelectual, seus gostos em matéria de literatura inglesa com sua paixão pela cultura grega. Daí sua tradução, em 1876, de um coro de Eurípides no estilo de Swinburne – uma vez que, deplora Wilde, Eurípides foi "criticado pelos conservadores de seu tempo, como Swinburne pelos filisteus do nosso".[11]

O interesse manifestado bem cedo, desde os dezessete anos, por um escritor tão hermético quanto Swinburne não parou ali, pois antes de completar 26 anos quis conhecê-lo pessoalmente. Swinburne, tendo em vista a reputação também um tanto maldita que Wilde já havia construído com seus próprios poemas licenciosos, aceitou de boa vontade. Assim pode-se ler, no exemplar de *Studies in Song* que o poeta ofereceu a Oscar, a amável embora lacônica dedicatória, escrita pela mão do mestre: "A Oscar Wilde, da parte de Algernon Ch. Swinburne. Amizade e agradecimentos". O entusiasmo, próximo da idolatria, que Wilde sentia pela obra de Swinburne não resistiu contudo ao rancor causado mais tarde pela dolorosa prova de seu cárcere. Em um artigo publicado na *Pall Mall Gazette* de 27 de junho de 1889, Wilde fala em termos pouco lisonjeiros do terceiro volume dos *Poems and Ballads*:

> O sr. Swinburne outrora inflamou seus contemporâneos com um volume de poesia assaz perfeita e venenosa. [...] Ele sempre foi um grande poeta. Mas também tem seus limites, dos quais o principal tem de [...] curioso o fato de consistir na ausência total de qualquer sentimento do limite.[12]

Esse "sentimento do limite", invocado por Wilde para moderar o erotismo desenfreado de Swinburne, seria outro grande artista sobre quem a "Sociedade Filosófica" de Trinity tanto gostava de dissertar que lhe forneceria: Dante Gabriel Rossetti, cujo credo pré-rafaelita iria logo se impor em matéria de estética na Inglaterra da segunda metade do século XIX.

O que caracteriza a estética pré-rafaelita, para a qual o ideal feminino, assim como qualquer representação da beleza, situa-se nos confins de uma sensualidade exacerbada e de uma espiritualidade não menos profunda, não é senão – por meio de uma espécie de santificação do corpo – a sublimação do desejo sexual e, por conseguinte, a sacralização do Eros. Retomando a ideia das "duas postulações simultâneas" expressa por Baudelaire em "Meu coração desnudado", em *De profundis* Wilde falará de "espiritualização do corpo" e "materialização da alma". "A verdade na arte é a união da coisa com ela mesma, o exterior tornando-se a expressão do interior, a alma revestida de forma humana, o corpo e seus instintos unidos ao espírito"[13], acrescenta Wilde, detalhando ainda: "O artista está sempre buscando um modo de vida no qual a alma e o corpo sejam uma coisa só, indivisível [...]".[14] Essa mescla de santidade e perversidade em um mesmo ser, de idealização e profanação da sensibilidade humana, esse equilíbrio entre a elevação à qual o espírito aspira e a degradação em direção à qual os sentidos tendem, essa proximidade entre hedonismo e ascetismo, foi Gérard-Georges Lemaire quem melhor ilustrou na antologia que dedicou aos pré-rafaelitas, cujo subtítulo, *Entre l'Enfer et le Ciel*, é bem claro:

> Os pré-rafaelitas se afastam cada vez mais dos fatos concretos para se fecharem num universo onde [...] o hedonismo está diretamente associado ao misticismo. [...] Todos esses modelos se colocam [...] na ambiguidade de um erotismo santificado. Essa melancolia é a imagem de uma transcendência decadente.[15]

No poema "O Jardim de Eros", Wilde exalta um outro artista pré-rafaelita, entre os mais completos de seu tempo: William Morris, de quem comprou assim que saiu da gráfica, em 1872, em seu segundo ano de estudos no Trinity, um texto de inspiração medieval intitulado *Love is Enough*. Dois anos antes, em 1870, já havia adquirido a primeira coletânea de poemas de Rossetti, à qual o crítico de arte Robert Buchanan, tomado subitamente de um impulso puritano, consagrou um artigo incendiário intitulado ironicamente "The Fleshly School of Poetry" [A escola carnal de poesia], que Wilde não se privou de rasgar em mil pedaços!

A predileção que desde o Trinity College Wilde teve pela estética pré-rafaelita abriu caminho para a afinidade intelectual que sentiu mais tarde, na Universidade de Oxford, por dois de seus professores: Walter Pater, autor de *The Renaissance: Studies in Art and Poetry**, e John Ruskin.

A partir de sistemas filosóficos próprios e de suas respectivas visões de mundo, esses dois grandes estetas exprimem justamente as duas principais vertentes do pré-rafaelismo: o hedonismo, fortemente materialista, de Pater, e o ascetismo, quase religioso, de Ruskin... o que para Wilde era uma síntese ideal de sua própria concepção estética.

Contudo, antes de Oxford, ainda era preciso que o jovem Wilde terminasse no Trinity seus estudos que, conquanto brilhantes, não deixavam de inquietar Sir William. Foi nessa época que emergiram em seu filho os sinais prenunciadores da prodigiosa atração que sempre exerceria, sobre ele, o que os dândis de sua obra literária chamam – em consonância

---

* "Esse livro que exerceu uma influência tão estranha sobre a minha vida", como Wilde confessaria em *De profundis* (L&PM, 2009, p. 86).

com o gosto pelo segredo desenvolvido em ensaios teóricos como "A decadência da mentira" ou "A verdade das máscaras" – de "vida dupla".

Assim, durante seus anos no Trinity College e embora continuasse a gozar da hospitalidade dos pais, Wilde alugou na própria Dublin um apartamento num imóvel chamado Botany Bay. Um lar modesto, mas onde podia se dedicar, em total liberdade, a seus passatempos favoritos, como receber seus amigos, vestido já com muita elegância, com os quais conversava, ria e bebia por horas a fio e, com frequência, quando o álcool ajudava, por toda a noite. É nesse apartamento que dará os primeiros passos em sua vida de artista. No meio do salão, tinha um cavalete sobre o qual colocara um de seus quadros: uma paisagem (o *Lough Corrib*) que, embora inacabada, servia-lhe, diante de seus convidados, de autovalorização narcisista. Essa pintura, oferecida alguns anos mais tarde a Florence Balcombe, seu primeiro amor, Wilde levaria consigo para Oxford, onde ela reinaria, sendo objeto dos mesmos comentários, nos diversos apartamentos que ocuparia naquele período.

No entanto, foi paralelamente ao aluguel desse pequeno recanto que, para o desespero de seu pai, apareceram as primeiras manifestações de sua irresistível inclinação pela vida dupla. A começar pela ideia de se converter ao catolicismo (ele, que nascera protestante), assim como o havia engajado sua mãe por ocasião daquele batizado fictício aos quatro anos de idade. Foi durante os anos de Trinity que aconteceram os primeiros encontros de Wilde com alguns dos padres católicos de sua cidade natal, dos quais o principal foi o cardeal John Henry Newman, eminente prelado nascido anglicano e autor da *Apologia pro vita sua* e do *Ensaio a favor de uma gramática do assentimento*, obras que em razão da prosa lúcida e do pensamento profundo só podiam seduzir o espírito ainda dócil e maleável de um esteta como Wilde.

Esse primeiro flerte com o catolicismo tornou-se um evento crucial na vida de Wilde, pois foi em razão dele que seu pai, protestante convicto, decidiu afastá-lo de Dublin, intuindo um verdadeiro perigo para a fé de seu filho. Aconselhado pelo reverendo Mahaffy, enviou-o à Inglaterra: para Oxford, o baluarte intelectual do anglicanismo.

Em razão de seus sucessos em Trinity, Wilde sentiu-se autorizado a responder ao anúncio da *Oxford University Gazette* de 17 de março de 1874, segundo o qual o prestigioso Magdalen College oferecia, num concurso que aconteceria em 23 de junho do mesmo ano, duas bolsas de estudos de cinco anos de duração, cada uma no valor de 95 mil libras anuais. Ele se apresentou no dia indicado com os documentos requisitados: um certificado de boa conduta e um registro oficial de estado civil atestando, como exigia o regulamento, que tinha menos de vinte anos.* O exame era tão difícil que apenas cinco candidatos tentaram prestá-lo. Wilde foi o primeiro colocado, como de costume! G. T. Atkinson, o segundo colocado, se lembraria, 54 anos mais tarde, de que Wilde pedia continuamente mais papel ao bedel. Como sua letra era "enorme e largada, um pouco como ele próprio", só conseguia escrever quatro ou cinco palavras por linha. Do ponto de vista físico, Atkinson também ficou impressionado com "o rosto pálido e redondo, os olhos pesados, os lábios grossos e o andar cadenciado". Observações que 26 anos mais tarde Edith Cooper confirmaria, pois também anotou, numa carta datada de 30 de novembro de 1900 (o dia da morte de Wilde), que ele tinha "olhos azuis de porcelana", "dentes salientes" e um "rosto que parecia uma fruta cheia, porém sem graça".

Com sua admissão no bolso, Oscar Wilde deixou Dublin rumo a Londres. Lá encontrou seu irmão Willie, na casa de quem sua querida mãe chegara nesse meio-tempo a fim de ajudá-lo a se instalar. Essa foi a primeira temporada de Wilde na capital inglesa, a cidade que Lady Wilde achava "grande e poderosa" e que logo iria fazer e desfazer, até finalmente destruir, sua reputação tanto de homem quanto de escritor.

Foi nessa época que Wilde conheceu, graças às relações que sua mãe tecera, alguns dos maiores escritores britânicos, entre os quais Thomas Carlyle. (De quem, após a

---

* Ele os completaria quatro meses mais tarde.

morte, comprou a mesa de trabalho, que colocaria no escritório de sua casa da Tite Street, 16, para onde se mudaria em 1º de janeiro 1885.)* Esse encontro com Carlyle se revelaria bastante benéfico para Wilde. Graças a ele, Oscar descobre Tennyson e, sobretudo, Goethe, cuja poesia sempre constitui a seus olhos uma espécie de consolação diante das vicissitudes da vida.

Mas, por ora, o jovem e extravagante Wilde, que preferia festejar sua chegada e aproveitar seus primeiros sucessos em Oxford, desfilava em companhia de sua mãe nos círculos londrinos, ficando quase três semanas a admirar, até a se inebriar às vezes, as primeiras centelhas de sua futura celebridade. Em 9 de julho de 1874, viajaram para Paris, onde se hospedaram no Hôtel Voltaire, situado do lado esquerdo do Sena, no próprio Quai Voltaire. Essa foi a segunda vez que Wilde visitou a Cidade Luz. E foi nesse mesmo hotel que Wilde começou a compor as primeiras estrofes do que se tornaria vinte anos mais tarde seu maior poema, o mais original e o mais resolvido: *A esfinge*, inspirado na obra de Swinburne – o que não é nem um pouco surpreendente, tendo em vista suas leituras do momento!

Nesse ano de transição que o viu passar do Trinity ao Magdalen, desdenhando qualquer convenção social, Wilde continuou a ler alguns desses poetas modernos que, apesar da ordem estabelecida, a posteridade consagraria definitivamente: Baudelaire, Keats, Wordsworth, Shelley, Byron, Blake e Théophile Gautier, cujo prefácio a *Mademoiselle de Maupin* constitui um verdadeiro manifesto não apenas da teoria wildiana da "Arte pela Arte", mas também do dandismo em geral.

Foi portanto bem-armado, do ponto de vista filosófico-literário, que Oscar Wilde, cuja ambição social só se comparava a seu vigor intelectual, deixou definitivamente sua Irlanda natal a bordo do *Kingstown* para conquistar o santuário da cultura inglesa que era Oxford e, através dele, o mundo inteiro.

---

* Na época de seu casamento com Constance.

A partida para a Inglaterra foi uma etapa decisiva na vida de Wilde, como confessaria em *De profundis*. Em Oxford, ele rompe definitivamente com sua infância e sua adolescência.

Oxford: os louros do humanismo

> *Os dois momentos decisivos da minha vida foram quando meu pai mandou-me para Oxford e quando a sociedade mandou-me para a prisão.*
>
> OSCAR WILDE,
> *De profundis*[1]

Foi portanto laureado com a medalha de ouro de Berkeley, para a qual o preparara um outro de seus professores de Trinity, John Towsend Mills, e com sua bolsa de estudos do Magdalen College, que Oscar Wilde fez sua entrada em Oxford, onde se matriculou no dia seguinte de seu vigésimo aniversário: 17 de outubro de 1874. Desde o início, o estudante tinha uma nítida vantagem sobre seus colegas, para além de suas qualidades intelectuais. Como a idade média dos recém-chegados era dezoito anos, desde o primeiro ano ele era o mais velho, senão o mais maduro, o que lhe assegurou de imediato uma certa facilidade não apenas em seus estudos e nos relacionamentos privilegiados que estabeleceu com alguns dos professores, mas, de modo mais amplo, na vida social.

Como era seu hábito, Wilde não passava despercebido aos olhos de seu círculo de conhecidos, conquanto fosse mais por sua estatura alta e larga do que por sua extravagância no vestir que impressionava a maior parte de seus colegas, ao menos num primeiro momento. Frank Benson gostava de lembrar de "sua extraordinária força muscular". Essa particularidade física não o impediria, como fizera na Portora School e no Trinity College, de demonstrar um soberano desprezo pelas atividades esportivas. E no entanto, em Oxford, elas eram consideradas como parte das edificantes disciplinas corporais, necessárias inclusive, segundo essa venerável instituição – que simplesmente perpetuava a doxa da Antiguidade grega –, ao pleno desenvolvimento do intelecto.

Ao pouco interesse que Wilde sempre manifestou em relação aos esportes, acrescentava-se uma característica igualmente pouco propícia a essa espécie de exercício: uma enorme falta de jeito. Um outro de seus amigos de então, John Bodley, confirmaria esse fato num artigo que escreveu para o *New York Times* em janeiro de 1882, durante a turnê americana de Wilde. Nele o escritor aparece como um pateta desastrado e predisposto às gafes, que soltava uma atrás da outra em sociedade, dotado de um riso convulsivo quase histérico* e com um forte sotaque irlandês que um leve ceceio vinha destacar.

Foi em Oxford que Wilde fez de tudo – até pagar aulas particulares de dicção com atores de teatro – para perder o sotaque bastante pronunciado: o que conseguiu sem grandes dificuldades. "Meu sotaque irlandês foi uma das várias coisas que abandonei em Oxford"[2], confessou alguns anos mais tarde ao ator Seymour Hicks, o qual confirmou, em meio a outras testemunhas, que não sobrara de fato nenhum resquício. Muito pelo contrário, era com um inglês extremamente elegante e preciso – com frases sempre cinzeladas e palavras escolhidas, em geral refinadas e às vezes raras – que Wilde se expressava com uma voz suave e uma grande variedade de tons, sabendo fascinar ou encantar uma plateia subjugada. Seu amigo Max Beerbohm lembrou-se por muito tempo de sua voz calma e sedutora: uma voz cuidada de "mezzo", dizia ele. Quanto a Yeats, ele também não se cansava de elogiar seu uso majestoso, suave e lírico da língua inglesa: "As frases perfeitas de Wilde pareciam ter sido escritas na véspera com o maior cuidado e ainda assim saíam com espontaneidade".[3] Impressão que Gide compartilhou, embora se referisse ao francês, no relato que fez de seu primeiro encontro com Wilde durante a homenagem póstuma que lhe dedicou em 1902:

> Ouvi falar dele na casa de Mallarmé: diziam-no um homem de grande eloquência, e eu quis conhecê-lo [...]. Wilde não falava: ele contava. [...] Ele contava suave, lentamente; sua voz

---

* O mesmo riso satânico que assustaria André Gide mais tarde!

era maravilhosa. Ele conhecia o francês de modo admirável, mas fingia procurar palavras que queria enfatizar. Quase não tinha sotaque, ou somente o quanto lhe agradava manter, e o necessário para dar às palavras um aspecto levemente novo e estranho.[4]

Wilde conhecia outras línguas estrangeiras além do francês, da qual, com o grego clássico, apreciava a precisão dos conceitos e a riqueza do vocabulário. Poliglota, ele já tinha naquela época uma sólida base de alemão e bons rudimentos de italiano*: o que se revelou bastante útil quando partiu em suas primeiras grandes viagens culturais para a Grécia e a Itália.

Assim, quando mais tarde evoca os anos passados em Oxford, é sempre como um período particularmente feliz de sua vida, o mais sereno e fecundo, que se lembra. Esta descrição repleta de nostalgia, que confessou muitos anos depois a Frank Harris, é testemunha disso:

> Eu era o homem mais feliz do mundo quando entrei no Magdalen [...]. Oxford – a mera palavra é para mim cheia de um charme inefável, indescritível. [...] A mudança, Frank, foi estupenda; Trinity era uma escola tosca, grosseria até. Se não fosse por duas ou três pessoas, teria sido ainda pior no Trinity do que em Portora. Mas Oxford era o paraíso para mim.[5]

E, num tom mais debochado, zombando ao mesmo tempo dos rigores do protestantismo luterano, insistia em como foi ali que, graças a seu grande cuidado em matéria de vestuário, aprendeu a ser o perfeito dândi que conhecemos:

> Foi em Oxford que usei pela primeira vez calças curtas e meias de seda. Quase reformei a moda e tornei o modo moderno de se vestir esteticamente belo; uma segunda e ainda maior Reforma, Frank. Pena que Lutero não entendesse nada de roupas, que não tivesse a menor ideia do que valoriza uma pessoa.[6]

---

* Embora a língua de Molière fosse a que dominava melhor.

Dois anos antes de sua morte, quando já se encontrava no miserável Hôtel d'Alsace, ele pintou este outro quadro idílico de seus anos em Oxford a um de seus jovens admiradores de então, Louis Wilkinson: "Eu o invejo por estar em Oxford: foi a época mais florescente da minha vida".[7] Enfim, Wilde escreveu em *De profundis* que um dos "dois momentos decisivos da [sua] vida" foi, ao lado do dia em que a sociedade o jogou na prisão, aquele em que seu pai o mandou para Oxford![8]

De fato, a partir de seu primeiro trimestre em Oxford, como salienta em sua confissão epistolar, ele fez uma descoberta capital: Walter Pater, que conheceu pessoalmente apenas em seu terceiro ano, mas cujo livro, *The Renaissance: Studies in Art and Poetry**, lançado um ano antes**, exerceu sobre ele, assim como sobre todo o restante de sua vida, "uma influência tão estranha".[9] "Nunca viajo sem tê-lo comigo, mas é sem dúvida a fina flor da decadência"[10], revelou a Yeats em setembro de 1888.

Esse *The Renaissance: Studies in Art and Poetry*, livro fundamental no que se refere à filosofia da arte, Wilde conhecia à perfeição, sobretudo sua célebre conclusão, a qual foi considerada como um verdadeiro manifesto em matéria de estética, subversivo em mais de um aspecto, a ponto de provocar escândalo dentro da sociedade vitoriana. O que preconizava Pater, que estava fortemente impregnado do empirismo sensualista anglo-saxão? Isto: como, à imagem do tempo, a vida é apenas uma sucessão de instantes fugazes e de situações efêmeras, todo ser humano tem o dever de viver o mais intensamente possível cada um desses preciosos momentos passageiros, de modo a colher assim, como preconizava Horácio em seu *carpe diem*, "a experiência em si, e não os frutos da experiência"[10a] – para retomar as palavras de Lord Henry, o qual, em *O retrato de Dorian Gray,* não fazia

---

* "Esse livro que exerceu uma influência tão estranha sobre a minha vida", como Wilde confessaria em *De profundis* (L&PM, 2009, p. 86).

** O título da primeira edição era *Studies in the History of the Renaissance*, mas foi mudado a partir da segunda edição. (N.T.)

outra coisa senão aplicar esse programa. "Eis a que se reduz a realidade de nossa experiência: [...] a breve fulguração de uma impressão, que conserva sob a forma de um traço efêmero o sentimento dos momentos que passaram"[11], escreve Pater. E continua: "o essencial não é o fruto da experiência, mas a própria experiência. [...] O sucesso de uma vida é queimar perpetuamente com essa chama [...], manter o êxtase".[12] Antes de concluir: "Uma tal sabedoria é o privilégio quase exclusivo da paixão poética, do desejo pela beleza, do amor da arte pela arte".[13]

Essa conclusão da obra de Walter Pater é essencial, pois o hedonismo epicurista, um dos dois maiores componentes do pré-rafaelismo, é o âmago de *O retrato de Dorian Gray*. A prova está neste único porém crucial trecho no qual Lord Henry Wotton, mentor de Dorian Gray – como Walter Pater foi o de Oscar Wilde –, exorta seu discípulo a viver e gozar, consciente do valor supremo que representa a juventude diante dos desgastes do tempo, apenas no e para o instante presente:

> É, Sr. Gray, os deuses foram bondosos com você. Mas tudo o que os deuses dão, eles tiram rapidamente. Dispomos de apenas alguns poucos anos para viver com realidade, perfeição e plenitude. Quando a juventude se for, a beleza irá com ela [...]. O tempo tem inveja de você e abre guerra contras seus lírios, suas rosas. Você ficará pálido, as bochechas fundas, de olhos opacos. Você sofrerá horrivelmente... Ah! Perceba a juventude enquanto a tem. Não esbanje os dias de ouro [...]. Viva! Viva a vida maravilhosa que está em você! Que nada se perca em você! Esteja sempre à procura de novas sensações! [...] Um novo hedonismo, eis o que deseja nosso século.[14]

Extraordinário louvor da juventude tanto quanto da beleza, e que não deixa nada a desejar ao *Fausto* de Goethe. Esse mesmo preceito pode ser encontrado na base da teoria wildiana do individualismo, o outro pivô de seu pensamento. Assim, ainda em *O retrato de Dorian Gray*: "O objetivo da vida é o autodesenvolvimento; é perceber, com perfeição, nossa natureza... é para isto que estamos aqui, cada um de nós".[15]

É da conjunção do cristianismo com o socialismo que esse individualismo deveria aflorar, como afirma em *A alma do homem sob o socialismo*, texto curto mas denso, de inspiração anarquista, que Wilde publicou em 1891 – dezesseis anos após a descoberta de *The Renaissance*, de Pater:

> Mas, para que a Vida se desenvolva plenamente no seu mais alto grau de perfeição, algo mais se faz necessário. O que se faz necessário é o Individualismo. [...] Em seu desenvolvimento terá o amparo da Cristandade [...]. É, portanto, por meio do Socialismo, que atingiremos o Individualismo.[16]

E Wilde completa seu raciocínio no último parágrafo do ensaio, o ponto culminante de um idealismo um tanto ingênuo, ao fazer do helenismo – essa cultura filosófica pela qual desde o Trinity College sentia uma verdadeira paixão – o sustentáculo ideológico de sua utopia sociopolítica:

> O novo Individualismo – a serviço do qual [...] está o Socialismo – será a harmonia perfeita. Será o que o Grego buscou, mas não pôde alcançar completamente, a não ser no plano das Ideias [...]. Será o que a Renascença buscou, mas não pôde alcançar completamente, a não ser no plano da Arte [...]. Será completo e, por meio dele, cada homem atingirá a perfeição. O novo Individualismo é o novo Helenismo.[17]

Isso mostra bem como essa "estranha influência" de Walter Pater foi onipresente na obra de Oscar Wilde, conforme indica um texto como *De profundis*. Ainda mais porque essa confissão epistolar, escrita pouco menos de três anos antes de sua morte, também não escapou à influência dele, a despeito das reviravoltas relacionadas a sua tardia mas efetiva conversão ao cristianismo por ocasião de seu encarceramento. Segundo ele, é a figura do Cristo, precursor dos poetas românticos, que encarnava o símbolo por excelência desse individualismo mesclado de socialismo. Assim: "Cristo não foi apenas o supremo individualista, mas o primeiro individualista da História".[18] Paradoxo que um louvor ao altruísmo vem logo em seguida "apagar".

Contudo, as coisas não foram tão simples, como frequentemente acontecia no caso de Wilde, inclusive em sua relação com Pater, pois vemos despontar em *De profundis* um certo distanciamento, que foi recíproco. Prova disso são as críticas que Oscar faz a *Marius, o epicurista*, obra-prima de estilo cirenaico, misto de paganismo estoico com misticismo eclesiástico. De fato, afirma Wilde, não sem condescendência, considerando seu próprio martírio na prisão: "Em *Marius, o epicurista*, Pater tenta reconciliar a vida artística com a vida religiosa [...]. Porém, Marius é pouco mais que um mero espectador".[19] Foi ao ensinamento de uma outra eminente personalidade oxfordiana que Wilde permaneceu mais fiel: John Ruskin, homem mais discreto e elegante, dotado de uma grande elevação espiritual e de uma sensibilidade marcada por um gosto real pela estética.

De fato, Oscar Wilde sempre considerou John Ruskin como um guia espiritual – a quem chamava tanto de "Platão inglês" quanto de "profeta do Bem, da Verdade e da Beleza" –, como atesta esta carta elogiosa que lhe escreveu por ocasião do lançamento de *O príncipe feliz e outros contos* em junho de 1888:

> As lembranças mais caras de meu tempo em Oxford são as dos passeios e das conversas que tive com o senhor – de quem só recebi bons ensinamentos. Como poderia ter sido diferente? O senhor tem um pouco de profeta, de padre, de poeta, e os deuses lhe concederam a eloquência como a nenhum outro.[20]

Carta com o conteúdo tanto mais verossímil que seu colega G. T. Atkinson conta ter ficado impressionado, desde o primeiro ano de estudos no Magdalen College, com a aplicação que Wilde dedicava às lições de estética de Ruskin, cuja eloquência realmente admirava:

Wilde estava sempre presente, apoiando seu corpo grande e indolente contra a porta a nossa direita. Chamava a atenção por algo de insólito em seu modo de vestir, mas principalmente por sua cabeça esplêndida, sua massa de cabelos negros, seus olhos vivos, sua fronte de poeta e uma boca que evocava a de um tubarão por sua disformidade e seu apetite.[21]

Ruskin não foi apenas um retórico. Era também um construtor. Assim, quando as aulas acabaram naquele outono, ele convidou um grupo de estudantes, dos quais Wilde se apressou em fazer parte, para completar com ele um projeto que começara na primavera: a construção de uma bela e larga estrada campestre em Ferry Hinksey, vilarejo não muito distante de Oxford, o qual era servido apenas por uma pequena estrada de terra. Por mais bizarra que parecesse, a ideia agradou a Wilde. Após ter superado sua aversão pelos esforços físicos e ter até mesmo se forçado a levantar ao nascer do sol, ele chegou a vangloriar-se mais tarde, não sem uma certa dose de autoderrisão, de ter tido a honra de encher "carrinho de mão especial" do sr. Ruskin.

Em Oxford, Wilde também foi, como em Portora e em Trinity, um estudante espirituoso, que sabia gracejar e rir de si mesmo quando não colocava seu bom humor a serviço dos trocadilhos mais engraçados e das piadas mais ousadas. Assim, ainda que fosse considerado pretensioso por muitos, foi o primeiro a se divertir com o apelido que seus companheiros lhe deram: "Hosky" – criativa combinação fonética de seu nome com o adjetivo inglês *husky*, que, aludindo à sua estatura, quer dizer "grandalhão"! Em troca, ele apelidara seu amigo David Hunter-Blair, o primeiro a encorajá-lo a se converter ao catolicismo, de "Dunskie", deformação linguística, sob forma de diminutivo, do substantivo inglês *dunce*, cuja tradução portuguesa é "idiota".

Para voltar a considerações menos superficiais, notemos que a construção dessa estrada de Ruskin reforça de maneira definitiva em seu espírito uma convicção íntima: a arte tem um papel importante a desempenhar, tanto no plano estético quanto no político, no crescimento da sociedade.

Muitas discussões entre ele e seus camaradas tinham por objeto o tema então muito em voga do renascimento social da Inglaterra. E não é um acaso que as conferências de sua turnê pela América, no ano de 1882, tenham sido estimuladas pelo exemplo de Ruskin, embora parecessem se inspirar mais diretamente nas lições de Pater.

A questão da função social da arte, Wilde reitera em seu texto programático *A alma do homem sob o socialismo*. "O futuro é o que os artistas são"[22], proclamou após ter enaltecido mais uma vez o individualismo e a anarquia. Wilde acreditava tanto no progresso humano que fez dele o assunto de um de seus primeiros poemas, com um título bastante revelador: *Humanitad*.

Ao fim do primeiro semestre de 1874, Ruskin deixou Oxford por um tempo para viver em Veneza. Foi nessa cidade – onde Byron viveu e Wagner morreu – que entre 1845 e 1850 escrevera a conclusão de sua obra-prima em matéria de filosofia da arte, *As pedras de Veneza* (1851-1853), cuja versão reduzida de 1879, chamada "do viajante", impressionou Wilde a ponto de reforçar nele o desejo, já atiçado por Pater, de visitar a Itália.

Ruskin voltou de Veneza na primavera de 1875. A partir dessa data, passou a se encontrar regularmente com Wilde fora do horário das aulas. Uma certa intimidade se estabelece então entre eles. Como para festejar o reencontro após esse interlúdio veneziano, Wilde escreve um belo poema bucólico intitulado "Passeios em Magdalen".

A relação com Ruskin não foi contudo tão idílica quanto o tom da carta de junho de 1888 faria supor, na qual Wilde censurava a Ruskin sua visão excessivamente teocêntrica do mundo, assim como seu aspecto moralizante.

Durante os quatro anos de estudo no Magdalen College, Wilde continuou a oscilar incansavelmente entre seus dois ilustres mentores, isto é, entre o que eles encarnavam, cada um a sua maneira, tanto sob o aspecto psicológico quanto filosófico: o hedonismo epicurista de feitio materialista caro a

Walter Pater; a ascese estoica de matriz espiritual defendida por John Ruskin.

Dessa forma, é de novo a Pater que Oscar Wilde deve a descoberta da obra de Flaubert, que uma narrativa tão herética como *A tentação de Santo Antônio* (publicada em 1874, no mesmo ano em que Wilde ingressou em Oxford) o marcou profundamente. Treze anos depois ele colocaria na boca de Lord Henry, espécie de mestre de Dorian Gray, este aforismo que ficou famoso:

> A única maneira de nos livrarmos de uma tentação é capitularmos a ela. Resista, e a alma adoecerá na saudade das coisas que proibiu a si mesma, no desejo por aquilo que suas leis monstruosas tornaram monstruoso, ilegal.[23]

E, na mesma esteira, acrescenta de modo ainda mais audacioso, visto que a própria noção de "pecado" se vê aí invalidada: "É no cérebro, apenas no cérebro, que ocorrem também os grandes pecados do mundo".[24]

É precisamente por esse gênero de reflexão, julgada subversiva pela sociedade vitoriana, que os censores de sua época o farão cinco anos mais tarde pagar caro, enviando-o à prisão por dois longos e cruéis anos.

Nos quatro anos que passou em Oxford, Wilde não dedicou todo o seu tempo apenas ao estudo de Pater e Ruskin. Foi na realidade graças à leitura cuidadosa e fértil de um outro grande pensador, um dos maiores filósofos do século XIX, que conseguiu, numa síntese quase ideal, conciliar suas diferentes teorias em matéria de arte. Hegel, de quem conhecia a *Fenomenologia do Espírito* e apreciava a visão clássico-romântica de sua *Estética*, permitiu-lhe diluir suas aparentes contradições graças à famosa dialética. A cultura filosófica de Oscar Wilde era aliás bastante vasta, como testemunha um ensaio como "A origem da crítica histórica", redigido em 1879, no qual cobre dois milênios de história da filosofia, partindo dos gregos e dos latinos até chegar aos modernos.

E os prazeres de Wilde em Oxford não foram apenas cerebrais. Foram também materiais, como para qualquer estudante digno desse nome, segundo conta em seu diário um de seus colegas de universidade, John Bodley. Ele se demora nas distrações que compartilhou com Wilde, os almoços que faziam no Mitre (o refeitório universitário), as algazarras nas salas de teatro, as pândegas e as farras às quais se dedicavam assim que a ocasião se apresentava.

Foi durante uma dessas noitadas épicas, sempre bem servidas de álcool, que Wilde mostrou sua força muscular, quando quatro de seus colegas do Magdalen College tiveram a infeliz ideia de subir para o apartamento daquele que consideravam um charlatão, com a intenção de surrá-lo e vandalizar sua bela e luxuosa residência da Kitchen Stair, 1. Não foram muito felizes. Frank Benson conta que o grande e forte Hosky – que não desdenhava uma briga apesar de seus ares superiores – expulsou o primeiro a pontapés no traseiro, arrebentou com um soco a cara do segundo, fez o terceiro despencar escada abaixo e carregou o quarto pelo cangote até a rua. Satisfeito, voltou calmamente a seu apartamento, sentou-se e, convidando seus amigos, que não perderam a oportunidade de felicitá-lo, a retomar a conversa, pôs-se de novo a degustar as bebidas que lhes servia numa bandeja de prata e taças de cristal da Boêmia.

O diário de Bodley revela-se ainda mais interessante nas páginas que dedicou à iniciação de Wilde na franco-maçonaria, à qual Sir William também pertencia, tendo chegado a "venerável" na loja maçônica de Shakespeare, a mais invejada de Dublin. Em 16 de fevereiro de 1875, durante seu primeiro semestre no Magdalen College, Oscar Wilde foi aceito à loja maçônica de Apolo da Universidade de Oxford para se ver oficialmente recebido com grandes pompas, ainda que por autorização especial*, uma semana depois: em 23 de fevereiro de 1875.

A cerimônia, particularmente suntuosa, não deixou de fascinar o jovem Wilde, cujo senso estético, regado de um gosto imoderado por rituais religiosos, foi perfeitamente satisfeito nessa ocasião, tal como nota Bodley: "Wilde ficou tão

---

* Não completara ainda 21 anos.

impressionado com a pompa da cerimônia quanto estupefato com o mistério que pairava sobre nossa conversa".[25] E por um bom motivo: com suas culotes e seu fraque, sua gravata branca e seus tecidos achamalotados, suas meias de seda e seus sapatos de verniz, o traje maçônico, quase mozartiano, ostentava uma preciosidade à qual Wilde não podia ficar insensível.

O mais cômico – e também o mais inquietante quanto a seu futuro – devia sobrevir um pouco mais tarde naquele mesmo dia. Ocorreu durante o jantar oferecido em sua homenagem que se seguiu à cerimônia. Wilde estava decerto alegre e, como de costume, muito inspirado, fazendo piadas e discorrendo sempre de maneira bastante oportuna. Mas não pôde se impedir de lançar a seus vizinhos de mesa, mostrando-se então um tanto irreverente com relação a essa nobre sociedade, uma frase estranha, tão espirituosa como profética: "Ouvi dizer que são João Batista foi o fundador desta ordem [gargalhadas]. Espero que possamos imitar sua vida, mas não sua morte – quero dizer que devemos guardar a cabeça sobre os ombros."[26] A despeito da incongruência da frase, essa foi a primeira alusão mais direta de Wilde a sua *Salomé*, a bela mas licenciosa peça que lhe valeu, depois de ser censurada pelos responsáveis culturais ingleses, seus primeiros e genuínos dissabores com a justiça.

Os membros da loja maçônica de Apolo, seduzidos pela qualidade de suas boas palavras, por certo não se deram conta, um tanto atordoados diante de tanta eloquência, da gravidade premonitória do comentário. Escalando rapidamente os graus da hierarquia maçônica, Wilde foi nomeado, em 24 de abril do mesmo ano, "companheiro" e, um mês mais tarde, foi proclamado "mestre".

O terrível pressentimento quanto à catástrofe final que se abateria sobre ele, vinte anos depois, Bodley não foi o único a sentir durante os quatro anos que passou a seu lado em Oxford. David Hunter-Blair – um outro de seus grandes amigos da época, que seria ordenado padre e sempre o estimularia a seguir a via do catolicismo –, exasperado com sua recusa a se converter, dirigiu-se um dia a ele com uma linguagem que, por mais fanática que parecesse do ponto de vista doutrinal, não deixava de ser realista do ponto de vista existencial: "Você irá para o inferno! Será condenado porque vê a luz e não quer segui-la!".[27]

No entanto, David Hunter-Blair não foi apenas essa abominável Cassandra, sempre pronta a agourar as piores calamidades em pressságios funestos. Foi ele que, mais de sessenta anos depois, pintou o mais justo e fiel dos quadros sobre a maneira como Wilde passava a maior parte de seu tempo, em Oxford, em companhia de seus colegas, entre os quais Reginald Harding, chamado de "Kitten" (gatinho), e William Ward, apelidado "Bouncer" (fanfarrão). As páginas que dedica a Oscar Wilde em *In Victorian Days*, publicado em 1939, são particularmente comoventes:

> Quando o ponche já havia sido bebido e os cachimbos tinham parado de esfumaçar, as luzes se apagavam, o piano era fechado e os felizes convidados iam embora, não tão tarde assim, seguiam-se uma ou duas horas de que – mesmo sessenta anos depois – ainda posso me recordar bem. Próximos à lareira ficavam Wilde, William Ward [...] e eu. Apenas nós três, e falávamos e falávamos [...]. Oscar era sempre o protagonista dessas conversas noctívagas, despejando uma torrente de paradoxos, proposições insustentáveis, comentários bizarros sobre homens e coisas [...], recitando metros de versos de sua própria autoria ou de seus poetas favoritos, fazendo isso de forma inacreditavelmente boa. Nós escutávamos e aplaudíamos, mas também protestávamos contra algumas de suas teorias absurdas. "Você fala demais de você mesmo, Oscar", dizia Ward, "e sobre todas as coisas das quais gosta. Mas nunca diz o que fará com sua vida. Você tem o dobro de cérebro nessa sua cabeça ridícula do que nós poderíamos ter juntos – o que pretende fazer com isso?" "Deus sabe", respondia Oscar, ficando sério por um momento. "De qualquer maneira, não serei um esquálido deão de Oxford. Serei um poeta, um escritor, um dramaturgo. De uma forma ou de outra, serei famoso e, se não famoso, terei notoriedade".[28]

Premonição surpreendente! Depois de Oxford, e à medida que avançava em sua vida, Wilde efetivamente realizou todas essas ambições. E, além disso, na ordem em que predissera, incluindo seu futuro desastre: o mesmo que, num dia triste e ventoso de outono, o levou, após uma lenta porém inexorável agonia, para seu túmulo!

As memórias de Hunter-Blair guardam muitas outras informações sobre a vida de Wilde durante os anos que passou em Oxford. Revela-se ali, em especial, um episódio que estará na origem de um de seus mais famosos chistes.

Wilde gostava de enfeitar seu apartamento com enormes buquês de flores brancas: em particular o lírio, símbolo dos pré-rafaelitas. Certo dia, Hunter-Blair o acompanhou a uma loja situada na principal rua comercial de Oxford para ajudá-lo a comprar dois grandes vasos para as flores. Mas não qualquer vaso: vasos de Sèvres em porcelana azul. Ao chegar em casa, Wilde encontrou um lugar perfeito para eles. Então, jogado no sofá após tê-los cuidadosamente enfeitado com seus buquês, exclamou, admirando-os: "Acho cada dia mais difícil viver à altura da minha porcelana azul", frase que diz muito sobre como Wilde já havia idealizado a estética em detrimento do real.

É claro que não encontraremos, nem em sua obra nem em sua correspondência, nenhum vestígio escrito desse comentário. Duvidar de sua autenticidade – e crer que seria apenas o prodigioso efeito da lenda wildiana – seria no entanto manifestar um ceticismo excessivo, pois são muitos os que corroboram sua veracidade. Entre eles, George du Maurier, que se apropriou da fala em um dos números da revista *Punch**, ilustrando-a como uma tira satírica. Por seu lado, o *Oxford and Cambridge Undergraduate's Journal*** confirmou em um artigo bastante ácido (intitulado, estigmatizando suas origens irlandesas, "O'Flighty") a realidade da frase.

Contudo, a mais irrefutável das provas reside num evento de alcance bem maior e mais significativo, porque se

---

* Edição de 30 de outubro de 1880.

** Edição de 27 de fevereiro de 1879.

refere ao sermão pronunciado pouco tempo depois pelo pastor anglicano da igreja St. Mary de Oxford, o decano Burgon. Pensando estigmatizar as perigosas implicações que semelhante visão de mundo comportava, ele proclamou, diante de uma plateia incrédula, palavras inquisitórias. Essa foi de fato a primeira vez, mas definitivamente não a única, que Oscar Wilde se viu assim diretamente atacado, em público, por suas ideias!

Não surpreende que Wilde, de quem esse tipo de ataque logo se tornaria o quinhão cotidiano, coloque na boca de Lord Henry esta terrível sentença em *O retrato de Dorian Gray*: "Eu sei que as pessoas na Inglaterra são muito tagarelas. [...] Neste país, basta que um homem tenha distinção e cérebro para que a língua comum faça dele galhofa".[29] Em *A alma do homem sob o socialismo*, Oscar retoma a mesma ideia de maneira ainda mais incisiva: "Na Inglaterra, quase sempre, o artista ganha alguma coisa em ser atacado. [...]. Os ataques, é claro, são [...] desprezíveis. Porém, da mentalidade vulgar e do intelecto suburbano, artista algum espera elegância ou estilo".[30]

Seus dois últimos anos de estudos em Oxford transcorreram sem nenhum outro incidente maior. Wilde pôde assim continuar a decorar à vontade seu apartamento, como comprovam algumas de suas faturas – parte das quais aliás não conseguiu pagar, em particular a da loja de departamentos Spiers –, testemunhas loquazes de seu gosto imoderado pela louça e especialmente pelas taças de licor e de vinho. As bebidas fluíam delas para os amigos que recebia nas noites de domingo. Na mesa de canto, havia sempre duas poncheira cheias, uma à base de gim e outra de whisky. E, para os fumantes como ele, uma série de cachimbos de caulim sempre munidos de tabaco perfumado. Magnânimo nesse universo particular onde tudo era "ordem e beleza, luxo, calma e volúpia", Wilde convidava o organista da capela de Magdalen, Walter Parrott, a se sentar ao piano e, mesclando sagrado e profano, a executar algum noturno de Chopin, uma valsa de Strauss, ou a interpretar, acompanhado do tenor Walter Smith-Dorrien, árias de Mozart, hinos de Haendel e até mesmo, quando a doce atmosfera tornava-se propícia à introspecção, cânticos de Purcell. Quanto a seu criado, apelidado de "Scout", ele o obrigava, nesses instantes de graça, a usar pantufas de feltro – já que o menor estalo do assoalho o "torturava" – e a abrir as garrafas de champanhe no quarto ao lado – para que os presentes não fossem "incomodados" com um barulho tão inconveniente!

Tem-se assim uma ideia do quanto Oscar Wilde inscrevia-se perfeitamente nessa Oxford, da qual um escritor tão culto quanto Henry James exaltou o "ar de liberdade e de amor pelas coisas intelectuais, como uma satisfação, em si, pela razão".[31] Parte integrante desses frutíferos anos de aprendizagem, um ciclo de viagens viria enriquecer ainda mais os estudos de Oxford. Dois países que só podiam entusiasmar Oscar Wilde foram escolhidos: a Grécia – de que conhecia perfeitamente bem, além dos grandes textos da Antiguidade, o imenso universo em matéria de ciências humanas – e a Itália – de que o Renascimento florentino constituía, a seus olhos, um paradigma sem igual na história da arte.

Foi com essas duas expedições culturais – de que participou em junho de 1875 e em março e abril de 1877 – que se completaram, depois que foi nomeado "Príncipe de Rosa-Cruz" da loja maçônica de Apolo, esses quatro anos de estudos no Magdalen College, de onde saiu brilhantemente, coroado com o prêmio Newdigate e munido do diploma de bacharel em Artes, em 28 de novembro de 1878. Wilde acabava de completar 24 anos. Uma radiosa vida intelectual se abria diante dele.

Anos de peregrinação: Itália, Grécia e Vaticano

Os Alpes alcancei; abrasou-se minha alma,
Itália, ó minha Itália, ao ouvir o teu nome.

OSCAR WILDE,
Soneto ao aproximar-se da Itália[1]

Se existia um lugar que Oscar Wilde adorava, tanto pela abundância das riquezas artísticas quanto pela importância dos sítios históricos, era a Itália, a terra "tão cheia de beleza" e "anelo [...] de toda a [sua] vida", de que nunca mais deixaria de falar, "a cismar na maravilha" de sua glória, como escreveu em seu poema intitulado "Soneto ao aproximar-se da Itália".[2] Assim, considerada na época etapa obrigatória em qualquer percurso intelectual digno desse nome, ele desejava visitá-la, como haviam feito alguns dos mais ilustres letrados da Europa, a começar por seus dois mentores de Oxford: Pater – que, entusiasta do humanismo renascentista, adorava Florença – e Ruskin – que, apaixonado pelo espírito do século XVIII, era louco por Veneza.

Não foi porém com nenhum desses dois mestres que Wilde partiu para a Itália em suas primeiras férias de verão de Oxford, mas com seu antigo professor do Trinity College, o inevitável John Mahaffy, o mesmo que outrora persuadira Sir William a afastar o jovem Oscar de qualquer influência católica. Uma terceira pessoa participava da viagem, William Joshua Goulding, filho de um homem de negócios de Dublin cujo rigor protestante constituía aos olhos do pai de Oscar a melhor defesa contra os assaltos da "santa Igreja Romana". Embora repleta de inestimáveis tesouros, a Itália era antes de tudo, para Sir William, o berço do catolicismo, contra o qual sentia uma aversão notória, e o reduto do Vaticano, onde vivia o papa. Três meses antes (em 15 de março de 1875), David Hunter-Blair recebera de Pio IX em pessoa, além de uma bênção pessoal, o título honorário de "camareiro".

Sir William, que pretendia manter sua família fixada no protestantismo, temia que o filho se aproveitasse da passagem pela capital italiana, onde chegaria teoricamente uns dez dias mais tarde, para se converter ao catolicismo. O interesse que Oscar manifestava por essa religião era, aliás, cada vez mais patente, assim como anotou em seu diário Lord Ronald Gower, que foi visitá-lo em Oxford no dia 4 de junho de 1875:

> Conheci o jovem Oscar Wilde [...], um rapaz bastante simpático e alegre, cuja cabeça emoldurada de cabelos longos é repleta de besteiras relativas à Igreja de Roma. As paredes de seu quarto estão cobertas de fotografias do papa e do cardeal Manning.[3]

Wilde, em quem "o perfume da fé", como dizia Frank Harris, não parava de comichar, não fazia de fato nada para esconder sua predileção pela beleza dos símbolos religiosos e outras relíquias pias. Assim, além dos diversos ícones dos ilustres prelados, seu quarto era decorado com uma estátua da Virgem Maria. Melhor: ele tomara o hábito de ostentar em seu anular esquerdo um anel de ametista, como usavam os bispos!

Desde essa época, Wilde fora atraído pela magnificência do rito católico, embora sua independência de espírito – de par com uma irresolução natural – o impedisse de aderir formalmente à essa religião. Isso viria a se confirmar, quinze anos mais tarde, neste fragmento quase autobiográfico de *O retrato de Dorian* Gray, no qual evoca o percurso espiritual e o dilaceramento psicológico do protagonista:

> Correram a respeito dele, certa vez, rumores de que estaria prestes a aderir à comunhão católica romana, e o ritual romano sempre exerceu, na verdade, grande atração sobre ele. [...] Gostava de ajoelhar-se no chão de mármore frio e observar o padre naquela dalmática engomada, florida,

devagar, com as mãos alvas a afastarem, para o lado, o véu do tabernáculo, ou a erguer, ao alto, o ostensório em forma de lampião, ornado em pedras, com aquela hóstia pálida que pensamos, às vezes, resignados, ser o *panis caelestis*, pão dos anjos, ou, vestido nos trajes da Paixão de Cristo, a partir o Pão Eucarístico dentro do cálice, e a bater no peito, pelos pecados. Os turíbulos lançados ao ar, qual flores imensas, douradas, por aqueles garotos sérios em renda e escarlate exerciam sobre ele fascínio sutil.[4]

Oxford – que viu desfilar tantos pensadores combativos em matéria de disputa escolástica, e onde Thomas More tentara outrora conciliar os dogmas da fé católica com as exigências da Igreja anglicana, sem contar as da Reforma luterana – estava então sendo atravessada por intensos debates de ordem teológica. As apostasias históricas e outros anátemas lançados por Henry Edward Manning, o arcebispo de Westminster, contra John Henry Newman, bispo de Trinity, foram particularmente reveladores do clima que ali reinava em razão de sua intransigência doutrinária.

Wilde, a par dessas querelas religiosas, e tendo optado pela flexibilidade de Newman contra o dogmatismo de Manning, embarcou perto do dia 10 de junho de 1875 para o continente, com planos de alcançar a Itália pela França, primeiramente de trem e depois em diligência, através dos Alpes suíços.

A primeira grande cidade artística que Wilde visitou por alguns dias foi Florença, a capital da Toscana, cuja descoberta provocou-lhe um choque tão previsível como decisivo do ponto de vista estético. É claro que admirou os monumentos e museus mais conhecidos. Porém, o que mais o deslumbrou foi a capela mortuária dos Médici, cripta vasta e sombria que, entre outras obras-primas da arte renascentista, abrigava algumas das mais belas estátuas de Michelangelo. De todas as qualidades inerentes à representação artística das coisas deste mundo, foi seu aspecto mórbido, por mais estranho que isso possa parecer numa pessoa tão radiante, o que mais o impressionou durante sua visita a Florença. Como no caso de uma procissão fúnebre que contemplou demoradamente, estupefato, fascinado de ver os monges, vestidos com buréis brancos e dos quais apenas os olhos eram visíveis sob o gorro imaculado, desfilando lentamente ao longo do palácio Pitti com tochas nas mãos.

Visão tão insólita como alucinante... Esse espetáculo fabuloso e intrigante ofereceu de repente à vista do jovem Wilde a materialização (impressionante naquela suave noite de verão mediterrânea) de uma cena que parecia ter saído de um dos romances góticos – daqueles cujos crimes inventados da Igreja Católica faziam estremecer de horror o austero público inglês – que lera na adolescência!

Esse interesse que Wilde mostrou pelo expressionismo mortuário foi reforçado pelo entusiasmo que suscitou sua visita ao Museu Etrusco, cujos sarcófagos, sepulturas e outras urnas funerárias o cativaram a tal ponto que enviou imediatamente pelo correio uma série de croquis rabiscados por ele a seu pai, Sir William, cujo estado de saúde começava a piorar.

Mais uma vez foi em oposição a essa problemática figura paterna – pela qual sempre teve sentimentos ambíguos, feitos de carinho filial mais do que de um real afeto – que Oscar tentou destacar-se nessa ocasião. A paixão tão instantânea quanto efêmera que sentiu pela arte etrusca foi o sinal mais tangível – como testemunha a missiva que lhe enviou cinco dias após sua partida – de um certo distanciamento, senão de uma espécie de rebelião intelectual, em relação ao pai arqueólogo cujos gostos recaíam sobre a civilização egípcia. Deveríamos ver nessa ambiguidade filial, e em particular na vontade de se singularizar, a origem de um texto tão provocante quanto *A esfinge*? Não chegaremos a esse ponto, pois assim ficaria fácil, em contrapartida, reconhecer, no enorme anel ornado de um escaravelho de esmeralda (motivo recorrente na antiga civilização egípcia) que Wilde usou por muito tempo no dedo, uma ligação concreta e incontestável com o pai.

Essa preferência que Wilde demonstrou pela cultura etrusca não se baseou apenas em critérios subjetivos.

Repousava também em argumentos de fundo, conforme estimava de maneira mais objetiva. Ora, o que percebia nesses afrescos, necrópoles e outros objetos de culto que contemplava com tanto fervor cerebral era – afora sua beleza formal, da qual apreciava sobretudo a pureza quase idealizada das linhas – a possibilidade, graças à força vital que emanava dali, de uma vida além da vida: esperança que vinha conjurar, contrastando com sua própria fantasmagoria literária, seu irreprimível medo da morte, para não dizer sua constante pulsão, já nessa época, para a autodestruição!

Contudo, foi num campo completamente diferente que os dons de Wilde manifestaram-se durante essa temporada florentina: o da arte poética. Assim, colocou em versos as impressões que suscitaram nele os lugares que visitava com tanta introspecção e tanto encantamento.

Em 15 de junho de 1875, iniciou assim a composição de seu primeiro poema de inspiração religiosa: "San Miniato", nome do monastério romano que, erguido no meio das colinas toscanas, abrigara outrora Fra Angelico, um dos modelos privilegiados dos pré-rafaelitas. Esses versos, que constituíam originalmente a primeira parte de um poema bem mais ambicioso, a princípio intitulado *"Graffiti d'Italia"*, só foram publicados, numa versão revista, na *Dublin University Magazine* em março de 1876. A segunda parte desses *"Graffiti"*, formada por um outro poema ao qual deu o simples mas sugestivo título de "À margem do Arno", só foi publicada, também modificada, seis anos mais tarde, em 1881, na coletânea *Poemas*.

Por que insistir sobre a história e, principalmente, sobre a maneira como esses dois poemas foram editados? Porque essa posterior embora sutil divisão em duas partes de tamanho igual, porém distintas em conteúdo, revelava de maneira significativa o conflito interior que estava nascendo no mais profundo do ser de Wilde. Se, por um lado, um poema como "San Miniato" exalta uma sensibilidade espiritual, quase mística, por outro lado, é sua vertente material, essencialmente profana, de inspiração romântica e não mais religiosa, que é evidenciada num poema como "À margem do Arno", no qual tudo é tão somente encantamento dos sentidos.

Isso mostra como a concomitância desses dois poemas de Wilde, radicalmente opostos quanto à temática, já refletia no mais alto grau, do ponto de vista literário, o que Baudelaire expressou do ponto de vista existencial em "Meu coração desnudado": as "duas postulações simultâneas" que agem em cada homem!

De fato, é em direção a poemas com um conteúdo cada vez mais erótico que Wilde – cujos prazeres do corpo prevalecerão sobre as virtudes da alma – se orientará dali em diante, como parece indicar a ode "La bella donna della mia mente", que faz da mulher, em conformidade com os textos bíblicos (nos quais Eva é associada ao Mal), um ser "fatal".

É uma imagem ambígua – formada de aspectos positivos e negativos, atração e repulsão, voluptuosidade e dor – a da mulher assim concebida no imaginário poético de Wilde. Disso se levanta a questão de suas próprias escolhas afetivas e tendências sexuais: deveríamos ver aí a origem, consciente ou inconsciente, de sua homossexualidade, até aquele momento apenas latente, já que nada, em nenhum documento existente, deixa pressupor que ele tenha passado ao ato antes disso? Torna-se delicado oferecer uma resposta sem cair em preconceitos demeritórios. No entanto, é dessa época, e sobretudo a partir de seu segundo ano em Oxford, que datam, tal como assinala o diário de seu amigo Bodley, suas primeiras experiências homossexuais. A escapada florentina do verão de 1875 representou possivelmente o prelúdio, visto que a justaposição das palavras "pecado" e "vergonha", como aparece no último verso de seu poema "San Miniato", revela-se uma implícita confissão, parecendo ditada por um sentimento de culpa com relação a esses amores então proibidos.

Wilde deixou a pátria de Dante e de Giotto, e também a cidade favorita de seu mestre Walter Pater, em 19 de junho de 1875. Atravessou então os Apeninos, ainda acompanhado do velho Mahaffy e do jovem Goulding, rumo a Veneza, que tinha pressa de descobrir em razão da indizível beleza que seu outro mentor, John Ruskin, tanto exaltara. De todas as cidades italianas que visitou nessas férias, a Cidade dos Doges foi a que mais o seduziu, como testemunha a longa carta que escreveu, em 24 e 25 de junho de 1875, a sua mãe:

> Pode acreditar, em termos de beleza arquitetônica e cor, Veneza está além de qualquer descrição. É o ponto de encontro das artes bizantina e italiana – uma cidade que pertence tanto ao Oriente quanto ao Ocidente.[5]

Se lhe faltam palavras para descrever os esplendores dessa cidade de atmosfera onírica, quase evanescente, é uma outra qualidade, muito mais importante a seus olhos, que adorna a Sereníssima: o fato de ter conseguido realizar com uma harmonia perfeita a síntese – como a que ele mesmo sonhava a propósito dessa dualidade psicofilosófica que via aflorar em sua própria personalidade – de duas culturas aparentemente opostas que são o Oriente, com seu exotismo sensual, e o Ocidente, com sua estética racional.

Milagre da arte e da civilização, Veneza representa para o jovem Wilde a materialização objetiva de um ideal antes de tudo subjetivo. Percebendo-a e vivendo-a com uma rara intensidade, ele esboçará mais tarde seu perfil. Prova disso é esta reflexão, particularmente representativa da filosofia wildiana (ainda que calcada na teoria das "duas postulações simultâneas" de Baudelaire), que emana da boca de Lord Henry, dândi entre os dândis:

> Alma e corpo, corpo e alma, como eram misteriosos! Havia animalismo na alma, e o corpo tinha momentos de espiritualidade. Os sentidos poderiam refinar-se, e o intelecto, degradar-se. Quem jamais poderia dizer onde cessava o impulso carnal e se iniciava o impulso psíquico? [...] Seria a alma uma sombra instalada na casa do pecado? Ou, como pensava Giordano Bruno, estaria o corpo, de fato, dentro da alma? Era um mistério a separação do espírito da matéria; também um mistério a união de espírito e matéria.[6]

E fazendo referência ao romance *Às avessas*, de Huysmans, e ao sistema de vida preconizado pelo protagonista, Des Esseintes, esteta entre os estetas:

> Pensava em elaborar um novo esquema de vida que conteria filosofia racional e princípios ordenados próprios e, na espiritualização dos sentidos, encontraria sua realização máxima. [...] Sentia a consciência aguçada de quão estéril é toda especulação intelectual quando apartada da ação e do experimento. Sabia que os sentidos, não menos que a alma, têm mistérios espirituais a revelar. [...] Viu que não havia, na mente, estado de espírito sem contrapartida na vida sensual e lançou-se a descobrir as inter-relações verdadeiras.[7]

Concluindo, ao final dessa progressão: "Curar a alma por meio dos sentidos, e os sentidos, por meio da alma".[8]

Este é de fato o "segredo" que Dorian Gray, obedecendo às exortações de Lord Henry, acaba por preconizar antes de realizar, de maneira ao mesmo tempo soberba e trágica, seu fatídico crime final!

É assim que Wilde empreende, anunciando os preceitos de *O retrato de Dorian Gray* que desenvolverá em *De profundis*, seu périplo por Veneza, onde passou alguns dos dias mais felizes de sua vida extasiando-se diante dos tesouros pictóricos da Accademia (da qual considerava a *Assunção*, de Ticiano, "o melhor quadro da Itália").

Depois veio Pádua, onde chegou no meio da tarde, acompanhado de seus inseparáveis companheiros. E ali de novo, na descrição que faz a sua mãe, impressiona a preocupação com o detalhe, tanto literário quanto artístico, embora confesse mais uma vez não dispor de palavras suficientemente precisas para expressar a grandiosidade:

> No meio [...] ergue-se o Batistério, a grande obra de Giotto; as paredes inteiramente cobertas com seus afrescos; [...] uma enorme imagem do Céu e do Inferno, sugerida a ele por Dante [...]. Ficamos mais de uma hora no Batistério, imbuí-

dos de deslumbramento e de reverência, e acima de tudo de amor pelas cenas que ele pintou.[9]

Wilde passou apenas algumas horas em Pádua, de onde partiu, no início da noite, para Verona. Bem a tempo de assistir, na arena, a uma encenação de *Hamlet*, de Shakespeare, que Oscar, especialista em literatura inglesa, julgou "medíocre". Na manhã seguinte, admirou o famoso balcão de Romeu e Julieta antes de vagar pelo mercado, lépido e despreocupado. Essa temporada em algumas das mais belas cidades da Itália revelava-se como um afago no espírito e um encantamento dos sentidos. A etapa seguinte trouxe-lhe, porém, sua primeira decepção. Milão, que Stendhal amava a ponto de considerá-la "uma segunda Paris", não lhe agradou muito. Sua arquitetura austro-húngara, que achou excessivamente solene e austera, desagradou-lhe.

Depois de ter visitado alguns dos mais ricos museus da capital lombarda, Wilde deixou Milão na manhã do dia 25 de junho sem poder ir, como previra, a Roma, cidade que desejava conhecer mais do que qualquer outra. Por não ter se privado de nenhum prazer durante o que deveria ser apenas a primeira parte de sua viagem pela península italiana, e por ter mantido um ritmo de vida superior ao que lhe permitiam seus modestos recursos financeiros, ele se viu rapidamente sem dinheiro, inaugurando assim um mau hábito que nunca perderia. Obrigado a abandonar Mahaffy e Goulding, Wilde dirigiu-se então, contrariado, para Arona, cidadezinha situada à beira do lago Maior, onde, sentindo-se "abandonado", acabou por escrever uma carta à mãe na qual lhe confessava que tomaria, na mesma noite, a diligência que o conduziria, depois de dezoito horas numa estrada terrível, a Lausanne. Pegou em seguida o trem, via Paris, para Calais, onde embarcou para a Inglaterra, até chegar enfim – ao termo do périplo que qualificou de "delicioso" – a sua ilha natal, a Irlanda. E como a Universidade de Oxford estava fechada, passou ali, em companhia dos pais, o resto das férias de verão.

Na propriedade de Moytura, à beira do lago de Connemara, perto do Lough Corrib, onde amava pregar seu cavalete para pintar aquarelas, quando não pescava truta ou salmão, ele comporia sua famosa "Roma não visitada", poema inserido, como suas outras lembranças literárias da Itália, na coletânea *Poemas*. A segunda estrofe faz referência a sua passagem por Arona:

> E aqui volto a face para o lado da pátria
> Pois toda a minha peregrinação acabou,
> Embora, creio, além o sol cor de sangue
> Indique o caminho da Sagrada Roma.[10]

Lamentando de modo melancólico que sua peregrinação tenha acabado tão bruscamente, Wilde evoca a Roma que, por falta de dinheiro, não pôde visitar. Ficaria para uma próxima. Fiel a seus desejos, assim como a suas ambições, acabaria por visitar a Cidade Eterna um pouco menos de dois anos depois, na primavera de 1877, para enfim realizar um de seus sonhos mais antigos.

Enquanto essa segunda viagem para a Itália não acontecia, Wilde foi confrontado com quatro acontecimentos de importância considerável nesse período de transição que representou para ele o ano de 1876.

O primeiro, que não pareceu afetá-lo por muito tempo, apesar da dor que sentiu no momento, foi a morte, em 19 de abril de 1876, de seu pai, Sir William, cuja saúde, desde que perdera as três filhas, não cessara de deteriorar. Os bens que os membros de sua família herdaram estavam longe de ser insignificantes. Willie herdou a residência dublinense do Merrion Square, 1. Lady Wilde, que viveu ali até sua partida para Londres, herdou a propriedade de Moytura. A isso se acrescentava, para sua mulher e seus dois filhos, uma bela soma de dinheiro. Quanto a Oscar, ele recebeu a casa de Illaunroe em partilha com seu meio-irmão, Henry Wilson, que morreu pouco menos de um ano depois, assim como algumas pequenas casinhas na cidade de Bray. As quatro mil libras adicionais permitiram a Oscar – depois de liquidar as dívidas que contraíra em seus dois primeiros anos de estudos em Oxford – financiar sua viagem para a Grécia e sua ida a Roma.

O segundo grande acontecimento foi seu encontro, na primavera de 1876, com Frank Miles, jovem pintor com o qual dividiria, ao sair do Magdalen College no outono de 1879, sua primeira residência londrina. Foi na casa da família de Miles, cujo pai era pastor em Bingham, cidadezinha próspera do Nottinghamshire, que Wilde, após ter passado com sucesso em seus exames finais, foi descansar, alternando discussões teológicas e passeios campestres.

O terceiro acontecimento crucial foi o encontro, em agosto na propriedade de Moytura, com Florence Balcombe, que marcou sua primeira e séria aventura amorosa com uma mulher, embora nunca tenham chegado a uma relação sexual.

Apesar de suas inclinações homossexuais, Oscar foi seduzido fisicamente por aquela a quem chamava, de modo afetivo, de Florrie e a quem ele ofereceu naqueles dias, homenagem suprema, sua pintura *Lough Corrib*. Um ano mais tarde, em maio de 1877, ele confiou a seu amigo Reginald Harding que o rosto da bela Florrie era o mais belo que já vira. Duas odes lhe foram dedicadas, intituladas respectivamente "Chanson" e "A aflição da filha do rei", nas quais associava, em conformidade com um dos fundamentos do pré-rafaelismo, a imagem da jovem amada àquela da Virgem Maria – o que vinha também confirmar o aspecto puramente platônico dessa relação! Desapontada, Florrie não tardou a romper com esse namorado encantador, mas despreparado, e casou-se, em 4 de dezembro de 1878, com Bram Stoker, o autor de *Drácula*. Gesto que por sua crueldade apenas reforçou, no espírito já acautelado do jovem quanto ao suposto maquiavelismo da mulheres, essa imagem não mais, é claro, da "dama amada", mas ao contrário da "mulher fatal"... pretexto definitivo e bem-vindo para a libertação de seu homossexualismo latente!

O quarto e último desses grandes acontecimentos foi a lisonjeira proposta que seu velho mestre do Trinity College, o reverendo Mahaffy, lhe fez, em agosto do mesmo ano: revisar as provas do *Rambles and Studies in Greece*, livro que Mahaffy preparava-se para publicar. Essa tarefa, que Wilde encarou como questão de honra terminar, embora não recebesse qualquer vantagem pessoal, preparava-o ainda melhor para a sua viagem à Grécia.

O trabalho foi apaixonante e fastidioso, tanto que Oscar só retornou a Oxford em outubro. Para remediar um início de fadiga por ter acumulado estudos universitários e trabalho editorial, e acima de tudo querendo distrair-se, Wilde foi passar as férias de inverno em Londres. Ávido por consolidar suas relações sociais, em 16 de dezembro foi ao Lyceum assistir a *Macbeth*, de Shakespeare, cujo papel-título era representado por Henry Irving, ator que reencontraria alguns anos mais tarde quando ele mesmo se teria tornado autor de peças de teatro.

É dessa mesma época que data, além de um convite oficial para a mansão de Lord Gower, em Windsor, sua primeira inscrição em um dos clubes privados da capital inglesa, o St. Stephen's Club, que acabava de aceitar sua candidatura após as verificações de praxe quanto à respeitabilidade desse gentleman. Wilde estava longe de imaginar que seria precisamente num estabelecimento como esse, o Albemarle, seu clube favorito, que encontraria, dezenove anos mais tarde, em 28 de fevereiro de 1895, um cartão endereçado a ele pelo marquês de Queensberry, pai de seu jovem amante Bosie, com a acusação de "passar por sodomita"; essas palavras o levariam, tamanha a ofensa sentida, a intentar o fatídico processo por difamação que precipitaria sua queda.

Isso dá uma ideia do quanto esse ano de 1876 – a partir da morte prematura de Sir William até sua fecunda colaboração com o professor Mahaffy, passando por seu encontro com Frank Miles e seu flerte com Florence Balcombe – constituiu um período decisivo na vida de Oscar Wilde, que contava apenas 22 anos. De um certo ponto de vista, parecia o prelúdio, para o melhor e para o pior, do que sua existência viria a ser a partir daquele momento.

Foi no fim de março de 1877, segundo um bilhete que enviou do Magdalen College a Reginald Harding, que Wilde partiu em sua segunda peregrinação, que deveria conduzi-lo à Grécia e, sobretudo, a Roma, onde esperava contemplar a "cúpula de São Pedro".[11] Dilacerado como sempre entre o gosto pelas badalações mundanas e a aspiração a um destino repleto de espiritualidade, Wilde, que vivia, conforme confessou a um amigo, uma nova "era em [sua] vida, uma crise", continuava atraído pelo catolicismo, do qual Roma era o coração palpitante. A carta que escreveu a William Ward, no início de março de 1877, não deixa nenhuma dúvida sobre esse ponto, apesar da irresolução que o caracterizava e da qual ele mesmo era consciente:

> Estou [...] adorando a franco-maçonaria [...]. Lamentaria muito [...] renunciar a ela caso me separasse da heresia protestante. Falo de religião [...] e, ao mesmo tempo, sou pego na armadilha da Mulher Escarlate. Em suma, é possível que eu passe para o outro lado durante as férias. Sonho em [...] contemplar o Santo Sacramento em uma nova igreja e conhecer em seguida a tranquilidade e a paz da alma. [...] Entretanto, [...] mudo de ideia como respiro e mais do que nunca estou [...] desapontado comigo mesmo. Se pudesse acreditar que a Igreja despertaria em mim um pouco de seriedade e de pureza, abandonaria tudo po ela [...]. Mas duvido que ela me recuperasse. Ora, aderir a Roma seria sacrificar meus dois grandes deuses "Dinheiro" e "Ambição". Sinto-me no entanto tão infeliz, tão miserável e atormentado que, tomado de uma espécie de desespero, estou prestes a procurar refúgio numa Igreja cujo fascínio me cativa literalmente.[12]

Foi então com dificuldade que o protestante escolado que era Mahaffy conseguiu convencer Wilde – que via vacilar perigosamente para o catolicismo – a, antes de visitar Roma, ir à Grécia, onde, auxiliado pela beleza dos sítios helênicos, esperava dissuadi-lo de se converter à religião papal, segundo ele mais próxima do paganismo do que dos céus. E como de costume Wilde cedeu às exortações do reverendo, que – ainda acompanhado do jovem Goulding e dessa vez também de George Macmillan – tomou-o novamente sob sua proteção. Assim, o grupo encontrou-se no último domingo de março de 1877 na estação londrina de Charring Cross, onde pegou o trem, via Paris, para Gênova, na Riviera italiana. Chegaram alguns dias antes da Páscoa, em plena Semana Santa.

Foi ali que Wilde, cuja sensibilidade mística não se atenuara, teve uma revelação e estatelou-se diante do *São Sebastião*, de Guido Reni, que representa um jovem e belo mártir cujo corpo quase nu, preso a uma árvore, é trespassado de flechas.

O que viu, enfim, nessa mescla de graça e devoção, de êxtase e dor, de desejo e pureza, de carne ensanguentada e sopro divino, de sensualidade e cristianismo, senão, à maneira do credo pré-rafaelita, a materialização perfeitamente espiritual, ainda que estetizante, de um erotismo deificado? O mesmo que sua homossexualidade nascente viria reforçar, apoiado pelo incomparável prestígio da arte em sua mais nobre expressão. De fato, é um poema carregado de um lirismo com tons românticos e, ao mesmo tempo, de um ascetismo de teor místico que Oscar Wilde – que entrevia ali uma outra possibilidade de união entre a alma e o corpo, em conformidade com suas próprias fantasias – comporá nessa ocasião: o "Soneto escrito na Semana Santa de Gênova", que publicará em julho do mesmo ano numa revista católica de Dublin, a *Illustrated Monitor*.

Foi somente no final dessa última semana de março de 1877, na Sexta-Feira Santa, que Wilde e Mahaffy deixaram Gênova para Ravena, antes de embarcarem para a Grécia. Em uma carta de 28 de março de 1877, George Macmillan fez um retrato de Oscar Wilde, que ostentava então, como para melhor se mesclar aos tons ocre dessa cidade mediterrânica, um casaco acobreado:

> Muito fino, esteta ao extremo, apaixonado por cores suaves, tons surdos, papéis de parede Morris, capaz de dizer muitas

besteiras sobre esse assunto, mas apesar de tudo um homem bastante sensato, culto e encantador.

Se de Ravena – cidade que lhe inspiraria o poema homônimo graças ao qual conquistaria o prêmio Newdigate – ele se lembra sobretudo dos mosaicos policromados e bizantinos do século IV, um detalhe histórico chamou sua atenção de maneira ainda mais significativa: o fato de as igrejas primitivas cristãs também consagrarem culto à Virgem Maria... descoberta que, infelizmente para Mahaffy, só aumentou sua hostilidade visceral contra o protestantismo!

O tempo, contudo, urgia. Assim, o pequeno grupo permaneceu em Ravena apenas um dia. Em 1º de abril de 1877, domingo de Páscoa, os viajantes partiram para Brindisi, porto situado no mar Adriático, onde na mesma noite embarcaram para a Grécia, extenuados, mas radiantes. Quando acordaram, na madrugada de 2 de abril de 1877, erguia-se diante deles, emergindo em meio à bruma do mar Iônico, a ilha de Corfu.

Mal desembarcou, Wilde compôs o primeiro de seus "poemas gregos". Um soneto intitulado "Santa Decca", cuja temática prenunciava, inspirando-se num texto de Elizabeth Barrett Browning ("The Dead Pan"), o que um outro de seus mais ilustres contemporâneos, Friedrich Nietzsche, anunciaria uma década mais tarde em *A gaia ciência*: a morte de Deus. Mesmo que Wilde fosse igualmente fascinado pelo "pensamento meridional", deplorava acima de tudo o desaparecimento das divindades helênicas.

E, de fato, nesses meses de crise espiritual, Wilde mostra uma sensibilidade que oscila não mais entre as duas igrejas rivais (o protestantismo anglicano e o catolicismo romano), mas entre a fé cristã e a cultura pagã, numa espécie de retorno a seus velhos, porém caros, demônios. Nota-se assim por que o reverendo Mahaffy – que, entre as opções, preferia ainda as realidades do paganismo às mentiras do catolicismo e as delícias de Pã à impiedade do papa – pensava vencer a batalha: Wilde não se converteria ao catolicismo...

Na manhã seguinte, 3 de abril, os quatro viajantes dirigiram-se para a ilha de Zante, mais ao sul, onde Wilde encontrou, no alto de uma colina de vegetação árida, um jovem pastor carregando um cordeiro nos ombros: cena que lhe lembraria a do "bom pastor" no Evangelho e à qual faria alusão em *De profundis*. Dali, eles partiram num barco para o Peloponeso, onde se juntou ao grupo o professor Gustav Hirschfeld, responsável pelas escavações no sítio arqueológico de Olímpia, para onde os conduziu imediatamente. E assim Wilde atravessou a cavalo toda essa região, acompanhado de seus companheiros e de um guia, indo sucessivamente, numa expedição digna dos episódios com os quais tanto sonhara na adolescência, a Katalako, Argos, Náuplia, Epidauro e Micenas.

Foi lá, entre o litoral do Peloponeso e os montes da Arcádia, no coração dessa Grécia antiga para a qual seus estudos clássicos o atraíam, que Wilde redigiu o que permanecerá uma de suas mais importantes obras poéticas, "O refrão de Ítis", cujo tema central não é outro senão o peso simbólico representado pela ancestral "culpa paterna", o caso Mary Travers.

Todavia, o mais interessante no que se refere ao périplo pela Grécia ainda estava por vir: a chegada em Atenas, no dia 13 de abril, após um desvio pela ilha de Egina. Quando a avistou na atmosfera etérea da aurora, Wilde ficou a tal ponto maravilhado que muitos anos mais tarde ainda falaria dela como de uma "nova Afrodite". E, arrebatado por um mesmo entusiasmo, acrescentou a propósito do Partenon que ele era "o único templo tão perfeito, tão pessoal, quanto uma estátua".[13] Wilde não pôde admirar contudo os frisos de mármore, que já haviam sido transportados pelo conde Thomas Bruce Elgin* ao British Museum depois de um vergonhoso saque.

Ainda mais pitoresco: é dessa temporada em Atenas que remonta a famosa foto na qual se vê o pomposo e aprumado Oscar Wilde, cuja extravagância no modo de vestir já era notória, posar orgulhosamente com os trajes nacionais gregos. Saia branca curta, plissada e bufante, que aliás lembra o vestido de

---

* Wilde o chama de ladrão.

renda com o qual sua mãe o ataviava, assim como atesta um outro de seus famosos retratos de quando era bebê!

Mas as férias de Páscoa chegavam ao fim. Era preciso pensar em voltar. As aulas logo reiniciariam em Oxford. Antes de retornar à Inglaterra, Wilde seguiu como previsto para Roma, no dia 21 de abril de 1877, onde chegou na noite do dia seguinte, depois de ter contornado de barco o sul da bota italiana e enfrentado uma tempestade em pleno mar Tirreno ao largo de Nápoles. Lá encontrou David Hunter-Blair e William Ward, que, por influência do primeiro, convertera-se ao catolicismo.

Foi graças à intervenção de Hunter-Blair que Oscar Wilde foi recebido, como solicitara, em audiência particular pelo Santo Padre, Pio IX, o qual aproveitou para exortá-lo a seguir essa via que parecia ter-lhe sido traçada por aquele que designava sob o termo latim de *condiscipulus*. Muito tocado com esse encontro, Wilde, que se esquivou de dar uma resposta, retornou, inebriado de felicidade, a seu chiquérrimo Hotel d'Inghilterra, onde se pôs imediatamente a escrever um soneto de inspiração religiosa no qual glorificava a autoridade divina do pontífice: "Urbis Sacra et Aeterna".

Esses não foram os únicos impulsos místicos de Wilde nesses dias abençoados. Muito pelo contrário: inspirado dessa vez numa *Anunciação* que vira ao visitar os museus do Vaticano, compôs ainda um poema intitulado "Ave Maria Gratia Plena". O cúmulo para esse dândi que, tendo nascido protestante e morrido herético, acabaria imolado na fogueira das vaidades, injustamente incendiado pela sociedade de seu tempo...

Que esse poema, embora religioso, tenha sido o resultado de um certo estetismo, mais do que de um verdadeiro impulso místico, é o que dá a entender o conteúdo repleto de conotações sexuais, que parece estar mais relacionado aos cânones da pintura pré-rafaelita* do que a uma sensibilidade renascentista. Nessa época, bem como durante o resto de sua

---

* Em particular *A anunciação,* de Rossetti (na qual vemos um anjo estender uma flor de lis em direção ao sexo de uma virgem assustada).

vida, Wilde nunca conseguiu privilegiar de maneira definitiva, ao menos até a sua conversão, o catolicismo romano, cujo espírito de mortificação por vezes exacerbado o incomodava. O paganismo grego – e em particular a exaltação dos prazeres terrestres, desde que as delícias do corpo não absorvessem a profundidade da alma – claramente o seduzia muito mais.

Nessa peregrinação a Roma, a visita ao cemitério protestante – onde foi se curvar diante da sepultura de dois de seus poetas preferidos, Keats e Shelley – abalou-o profundamente. Ele lhes dedicou dois poemas: "O túmulo de Keats" e "O túmulo de Shelley". Instrutivo também, desse ponto de vista, é o artigo – igualmente intitulado "O túmulo de Keats" – que redigiu pouco tempo depois para o *Irish Monthly* do padre Russell. Nele evoca a lembrança do poeta que considera "no mesmo nível de Spencer, de Shakespeare, de Byron, de Shelley e de Elizabeth Barrett Browning no grande cortejo dos doces cantores da Inglaterra":

> E de pé, junto do mesquinho túmulo daquele divino adolescente, imaginei-o como um sacerdote da Beleza imolado prematuramente; e a visão do São Sebastião, de Guido, apareceu diante dos meus olhos, tal como o vi em Gênova: um adolescente formoso e moreno, de cabeleira espessa e cacheada, de lábios vermelhos, a quem seus inimigos haviam amarrado a uma árvore e que, mesmo trespassado de flechas, erguia os olhos cheios de divina expressão apaixonada para a eterna beleza dos céus que se abriam.[14]

E Wilde acrescenta no poema "O túmulo de Keats", numa estranha mas prodigiosa ligação de sagrado e profano, erotismo sublimado e idealismo carnal: "Belo como Sebastião e tão precocemente assassinado".[15]

Contudo, isso ainda não era nada comparado à extraordinária sensualidade – temperada na ocasião por um homoerotismo cada vez mais flagrante – que Wilde manifestaria em um de seus poemas seguintes, publicado na revista *Kottabos* na primavera de 1877: "Dias perdidos". Nesse poema, segundo um arquétipo do qual Wilde nunca mais se desapegaria, ele descreve um

> louro e esbelto menino, não criado para a dor deste mundo, com uma cabeleira dourada que cai em grandes ondas em torno de suas orelhas e uns olhos cheios de aspiração, seminivelados por várias lágrimas [...]; umas faces pálidas, onde nenhum beijo deixou ainda sua marca; lábio inferior vermelho, recuado para dentro por medo do Amor, e branco pescoço, mais branco que o peito de uma pomba.[16]

É o futuro retrato de Dorian Gray – e mais tarde de seu amante Bosie – que Oscar Wilde já esboça, sem saber, nessa evocação idealizada do amor, encarnada aqui pela beleza masculina.

O jovem Oscar era, aliás, um rapaz bastante bonito, como observou George Fleming, pseudônimo masculino de Julia Constance Fletcher, que ele conheceria nessa viagem. A prova está na maneira bastante lisonjeira como ela o representará algumas semanas depois, sob os traços de Claude Davenant, em seu romance *Mirage*:

> Aquele rosto era quase um anacronismo. Era como um dos retratos de Holbein; um indivíduo pálido, de rosto largo; uma compleição peculiar, interessante, com uma expressão curiosamente suave e, no entanto, ardente. O sr. Davenant era muito jovem, provavelmente não mais de 21 ou 22 anos; mas parecia ainda mais novo. Seus cabelos, que usava bastante longos, eram jogados para trás, caindo em torno do pescoço como a cabeleira de um santo medieval. Ele falava depressa, num tom baixo, com uma articulação peculiarmente distinta; falava como um homem que estaria fazendo um estudo sobre a expressão. Escutava como alguém acostumado a falar.[17]

Quanto à maneira como descreve algumas das características de seu temperamento, ela se revela igualmente sensata, pois, ressaltando sua dualidade fundamental, fala de um "cristão primitivo adaptado e atualizado"[18] e, mais ainda, de "uma Vênus rebatizada Virgem"![19]

Wilde permaneceu cerca de dez dias na Cidade Eterna, visitando os principais monumentos da Roma imperial. Retornou finalmente a Oxford em 3 de maio, perdendo assim o início nas aulas do primeiro trimestre de 1877, o que desagradou à administração, que o suspendeu por um curto período de tempo. Indignado, Wilde bradaria que fora "expulso de Oxford por ter sido o primeiro estudante a visitar Olímpia". Mas isso não importa. Foi coberto de honras que deixou Oxford em 28 de novembro de 1878, após ter sido condecorado, em 10 de junho, com o prêmio Newdigate, promessa de um glorioso futuro literário.

Entretanto, uma sombra gigantesca e mórbida pairava sobre esse magnífico quadro. Durante seu quarto e último ano em Oxford, entre os meses de fevereiro e março de 1878, numa data pouco precisa, já que preferiu manter o acontecimento em segredo, Wilde contraiu, nos braços de uma prostituta londrina – como parece confirmar o escabroso "Taedium vitae", poema em que diz não querer "voltar àquela áspera caverna de contendas, onde [sua] alma branca beijou pela primeira vez a boca do pecado"[20] – a doença venérea então incurável que, segundo o diagnóstico dado pelo médico durante sua aterradora agonia final, e como confirmariam dois de seus amigos mais íntimos, Reginald Turner e Robert Ross, iria levá-lo naquele funesto 30 de novembro de 1900. A sífilis, que chegara ao terceiro estágio de sua lenta porém implacável progressão, fez repentinamente degenerar uma banal otite numa meningite encefálica, pois a septicemia agravou a doença.

Assim, nem mesmo o estudante insolente e brincalhão do Magdalen College escapou desse mal tipicamente "fim de século" do qual foram atingidos muitos outros "poetas malditos", entre os quais, e nas mesmas circunstâncias tentadoras mas sórdidas, aquele que se assemelhava mais a ele, tanto pela natureza de seus escritos quanto por seu estilo de vida: Charles Baudelaire. Sua morte lembra em muitos aspectos a do poeta francês, pois – ímpio entre os ímpios, com sua vida de libertinagem impenitente percorrida pelas blasfêmias mais graves – o autor de *As flores do mal* também se extinguiu somente depois que um padre católico ministrou-lhe a extrema-unção!

Como a medicina não dispunha de nenhum outro remédio para combater a sífilis além de um tratamento drástico à base de mercúrio, os dentes um pouco salientes do jovem Wilde começaram a esverdear e depois a escurecer irremediavelmente, obrigando-o a colocar a mão diante da boca quando sorria, de modo a esconder a aparência um tanto desgraciosa. Durante dois anos, conforme prescrevia o dr. Jeremy Hutchinson, sumidade mundial nesse tipo de patologia naquele tempo, Wilde não teve nenhuma relação sexual, porque o risco de contaminar o parceiro era grande demais. Daí a longa abstinência que se seguiu até seu casamento, em 29 de maio de 1884, com Constance Lloyd, a quem nunca confessou a existência desse mal do qual se acreditava curado depois que os sintomas desapareceram.

Privado do ponto de vista narcísico – tamanhos os efeitos indesejáveis dessa doença dita "vergonhosa", com devastadores efeitos colaterais – Wilde viveu os seis anos que se intercalaram entre sua saída de Oxford e seu casamento com Constance – época em que teve que permanecer acamado para se tratar em algumas ocasiões – como um período de transição. O que não o impediu de conhecer uma vertiginosa ascensão social na Londres da década de 80, dentro dos meios artístico-literários mais em voga e, na mesma esteira, de oferecer uma retumbante série de conferências sobre o estetismo que o conduziria, nesse início de glória anunciada e durante todo o ano de 1882, aos quatro cantos da América. Em meio a essa dupla consagração, a apoteose foi a publicação, em junho de 1881, de seu primeiro livro de peso: *Poemas*, do qual várias partes haviam sido compostas ao longo do verão de 1875 e na primavera de 1877, durante as semanas de peregrinação na Itália, na Grécia e no Vaticano. Pois foi como poeta, antes de se tornar romancista e depois dramaturgo, que Oscar Wilde, escritor completo, nasceu efetivamente, tal como predissera a seus amigos David Hunter-Blair e William Ward numa noite de *spleen* oxfordiana.

De Londres a Nova York: uma estética em movimento

O segredo da vida está na arte.

OSCAR WILDE,
O Renascimento inglês da arte[1]

Aos 25 anos, um ano depois de deixar Oxford, Oscar Wilde mudou-se durante o outono de 1879 para Londres, cidade que, mais fascinada pela originalidade de sua personalidade do que seduzida pela novidade de suas ideias, iria alçá-lo ao auge da notoriedade com um raro entusiasmo. A essa altura, seus tormentos religiosos tinham se acalmado e suas angústias existenciais estavam apaziguadas, como previra um ano antes o padre Sebastian Bowden, a quem Wilde acabara por confessar, em 15 de abril de 1878, o "estado de sua alma", ou seja, sua homossexualidade nascente. Agora que compreendera tudo sobre a "sociedade do espetáculo", pôs-se a forjar para si, com uma meticulosidade quase maníaca, um personagem público, quase teatral, já que a excentricidade de seus trajes não deixava de surpreender. Nessa época, ele perambulava pelas principais avenidas da capital inglesa com um girassol na mão.

Semelhante exibicionismo não era coisa nova em Oscar Wilde, que tivera a audácia de se apresentar dois anos antes, em 1º de maio de 1877, na inauguração da galeria Grosvernor*, vestido com um casaco cujas costas evocavam os contornos de um violoncelo. E um ano depois, em 1º de maio de 1878, levou a insolência ainda mais longe ao comparecer fantasiado de príncipe Rupert ao Headington Hill Hall, famosa mansão da família Morrell em Oxford.

---

* Rompendo com o conservadorismo da Royal Academy, a galeria causou escândalo ao lançar pintores pré-rafaelitas, dentre os quais emergiriam, além de Dante Gabriel Rossetti e Edward Burne-Jones, William Holman Hunt, John Everett Millais, Ford Madox Brown e William Morris.

Mas nessa idade, em que a impetuosidade da juventude prevalece sobre a sabedoria da maturidade e a exaltação prima sobre a razão, tudo em Wilde era excessivo, como esse nome grandiloquente e mistificador – Thames House – com o qual batizou, pelo único e banal motivo de que era dotada de uma vista sobre o rio Tâmisa, sua primeira residência londrina, situada na Salisbury Street, 13, não muito longe da badalada Strand.

Contudo, será que ele já conseguia apreender – nesses anos de novas iluminações, nos quais as lantejoulas da grande cidade ainda ofuscavam demais seus olhos inexperientes de sonhador louco e o brilho fulgurante mas fútil das modas fazia as vezes de farol privilegiado – a verdadeira natureza do dandismo? Essa estética rara porém sublime na qual hedonismo epicurista e ascese estoica se veem dosados em partes iguais, numa mistura sutil, como definira, dezesseis anos antes, Baudelaire em "O pintor da vida moderna":

> O dandismo não é [...] um gosto imoderado pela maneira de se vestir e pela elegância material. Para o perfeito dândi, as coisas são apenas um símbolo da superioridade aristocrática de seu espírito. Assim, a seus olhos ávidos [...] de distinção, a perfeição da toalete consiste na simplicidade absoluta, que é [...] a melhor maneira de se distinguir.[2]

Concluindo: "[...] o dandismo avizinha-se do espiritualismo e do estoicismo [...] como uma espécie de religião".[3] Somente após seu retorno dos Estados Unidos, no final de 1882, Oscar Wilde se tornaria para todos, no sentido que deram Baudelaire e Barbey d'Aurevilly, a imagem personificada do dândi.

Enquanto isso, foi num ritmo cada vez mais descomedido que Wilde borboleteou até sua partida para Nova York, indiferente quanto ao dia seguinte e sem se preocupar com sua obra futura. Transitava de evento social em evento social, brilhando como um astro num céu estrelado no coração da palpitante vida artística e intelectual de Londres.

À euforia que compartilhava com seu amigo e colocatário Frank Miles, acrescentava-se uma nova ocupação, a de "promotor de exposição"... Nessa época, Wilde orgulhava-se de organizar, na sala de lambris laqueados de branco e ouro de sua casa, pequenas porém belas exposições com artistas desconhecidos do grande público, é verdade, mas relativamente talentosos, que só esperavam esse tipo de oportunidade, ainda que modesta, para serem lançados na cena londrina. Era uma tribo eclética porém "descolada" que afluía – como anos antes as personalidades das letras no salão dublinense de Lady Wilde – à casa daquele que uma certa camada da intelligentsia inglesa, a menos convencional e a mais culta, já considerava, pela repercussão de seus artigos, como um dos críticos mais afiados de seu tempo. Quanto às noitadas que os dois amigos tinham o hábito de oferecer nos fins de semana, elas estavam longe de ser destituídas de interesse, conforme testemunha Laura Troubridge:

> Diverti-me loucamente. Homens com ares meio vagos, mas com o porte resplandecente, que me fizeram rir à beça, circulavam numa sala cheia de lírios brancos, fotografias da sra. Langtry, para-ventos de plumas de pavão, vasos coloridos e pinturas de qualidade desigual.

Ciente de sua imponência em público – assim como de sua maestria nas conversas, de seu charme inigualável, de sua inteligência extraordinária, de sua imensa cultura e de um humor memorável – Wilde, que começava a se tornar a coqueluche da sociedade londrina, acumulou convites para as festas mais concorridas, foi recebido com um entusiasmo geralmente real nas recepções mais invejadas, conseguiu fazer-se apreciar pelas pessoas mais influentes do mundo do espetáculo e multiplicou os encontros com as personalidades mais em voga, entre as quais o pintor James Whistler*, os escritores Thomas Hardy, George Meredith, Matthew Arnold e

---

* Com o qual estabeleceu uma verdadeira amizade a partir de agosto de 1880, antes de se tornar, a partir de janeiro de 1882, início de seu triunfo na América, seu pior inimigo.

Oscar Browning, o ator Henry Irving, a atriz Lillie Langtry, famosa tanto por sua beleza quanto por sua arte, e sobretudo Sarah Bernhardt, a quem viu interpretar o papel-título da *Fedra*, de Racine, com a Comédie-Française, em 2 de junho de 1880 no Gaiety Theatre.

Foi durante essa encenação – à qual assistiu com grande prazer e cujo sucesso foi ainda mais colossal por ter sido a primeira vez que Sarah Bernhardt atuava em Londres – que germinou nele a ideia de escrever em francês (a tal ponto ficou impressionado com a interpretação da atriz) o que seria no teatro seu único drama*: *Salomé*. Contudo, ele escreveria a peça apenas onze anos e meio mais tarde, durante uma de suas temporadas em Paris, entre os meses de novembro e dezembro de 1891.

Fazer a grande Sarah Bernhardt representar sua Salomé foi um de seus projetos artísticos mais ambiciosos e ao qual se agarrou com mais firmeza. Querendo fazer-se notar por ela e seduzi-la até que respondesse positivamente a seu desejo, Wilde foi esperá-la em Folkestone, no litoral da Mancha, onde a recebeu – enquanto ela descia de modo espetacular do barco em meio a um enxame de jornalistas e cliques de fotógrafos – com os braços carregados de um enorme buquê de flores! Logo após a estreia de *Fedra*, ele dedicou à atriz um soneto intitulado "À Sarah Bernhardt"**, no qual enaltecia seu senso inato da tragédia grega.

Ao contrário de Lillie Langtry, que deixou de se interessar por ele assim que o viu soçobrar na decadência, a atriz Ellen Terry, que sentia uma verdadeira estima por Wilde***, permaneceu uma de suas amigas mais fiéis. Assim, ela não hesitou em convidá-lo para almoçar num dia em que o avistou em Paris, no fim de sua vida, olhando com avidez a vitrine de uma confeitaria repleta de bolos e doces, mordendo os dedos

---

* À exceção de *Vera ou os niilistas*.

** Rebatizado de "Fedra" na tradução de Oscar Mendes (WILDE, *Obra completa*, p. 919). (N.T.)

*** Ela dizia a quem quisesse ouvir que Wilde era um dos homens mais notáveis que conhecera.

para impedir que a saliva respingasse em seu sobretudo. Orgulhoso demais para lhe confessar seu embaraço, embora isso fosse bastante evidente, Wilde aceitou de bom grado o convite da amiga. E, delicadamente, ela se contentou em lhe dizer – como se não tivesse notado sua miséria e quisesse lhe dar a honra de conservar uma imagem intacta de sua pessoa – que sua conversa era ainda tão agradável quanto antes.

No início dessa temporada londrina, entre o outono de 1879 e o verão de 1881, Wilde enfrentou várias vezes, embora em menores proporções, problemas financeiros; o que, temos de reconhecer, com exceção do período que passou nos Estados Unidos e de suas consagrações teatrais, foi uma deplorável constante em sua vida. No entanto, nesses primeiros anos em Londres, ele ainda podia contar algumas vezes com o auxílio sempre providencial de Lady Wilde quando a necessidade se fazia sentir.

Apesar da relativa imaturidade que ainda demonstrava na época, Oscar não era mais a criança indefesa que sua benevolente porém invasora mãe adorava proteger. A prova está neste retrato dúbio que Lillie Langtry faz dele em suas memórias:

> Ele não tinha mais de 22 anos, abundantes cabelos castanhos, que jogava para trás e usava mais longos do que era o costume, sem todavia o excesso que afetaria mais tarde. Seu rosto era largo e tão branco que algumas pálidas sardas, bastante grandes, sobressaíam estranhamente. Sua boca era bem desenhada, com lábios grossos e dentes esverdeados. A falta de delicadeza de seu rosto era compensada pela beleza de seus grandes olhos intensos.[4]

Acrescentando:

> Às vezes tinha um ar grotesco, mas sua voz era uma das mais sedutoras que já ouvi, plena e suave, com modulações variadas ao extremo e um tom incomparavelmente expressivo.[5]

Oscar Wilde sentiria um amor secreto por ela? É o que dá a entender esta única mas eloquente reflexão que confiou um dia a Vincent O'Sullivan: "As três mulheres que mais admirei em minha vida foram a rainha Vitória, Sarah Bernhardt e Lillie Langtry. Eu poderia tê-las desposado, as três, com prazer".[6]

Respondendo a um jornalista que lhe perguntou – espantado de tê-lo visto lançar braçadas de rosas a seus pés quando, toda glamorosa, ela também desembarcava, em outubro de 1882, nos Estados Unidos – o que pensava dessa grande e bela dama, ele respondeu que teria "preferido descobrir a sra. Langtry em vez da América"!

Em suas memórias, a ingrata mas fascinante Lillie não fez apenas considerações a respeito da fisionomia de Oscar Wilde. Ela se lembrou igualmente, manifestando as mesmas reticências, da casa da Salisbury Street, 13, que descreveu, em palavras bem pouco amenas, como "uma residência fantasmagórica, com velhas escadarias empoeiradas, corredores tortuosos, móveis instáveis e cantos sombrios". A casa definitivamente não lhe agradava. Ela revelou suas impressões a Wilde, o qual, sempre predisposto com relação a ela, decidiu mudar-se imediatamente! Aproveitando a bela estação, instalou-se no final de agosto de 1880, acompanhado de Frank Miles, numa casa muito mais bonita, situada na Tite Street, 1, no bairro de Chelsea, um dos mais elegantes de Londres. Curiosamente, ele habitaria o número 16 dessa mesma rua após seu casamento com Constance...

Outro fato perturbador, mas em perfeita coerência com a teoria estética que se impregnava cada vez mais nele, segundo a qual a arte é superior ao real, tal como Oscar desenvolveria em seus quatro ensaios filosóficos: mascarando mais uma vez a realidade para adaptá-la a sua fantasia, e manifestando nessa ocasião uma mitomania duvidosa, ele batizaria essa casa com o nome de Keats House, simplesmente porque fora ocupada por Elizabeth Skeates, que não tinha nenhuma relação, salvo uma certa semelhança na consonância do nome, com John Keats, seu poeta favorito!

Foi nessa casa de estilo vagamente oxfordiano que escreveu sua primeira peça de teatro, *Vera ou os niilistas*, a qual era pouco realista em sua intriga e sentimental em excesso em seu desfecho, e só seria encenada três anos mais tarde, em Nova York, tendo sido recusada por todos os teatros londrinos. Ela ficaria em cena por apenas uma semana, tamanho seu fiasco...

Outra coincidência espantosa: foi na mesma rua, a Tite Street, em uma residência batizada White House, que morou James Whistler até maio de 1879, com quem Wilde teve, antes que suas relações se deteriorassem definitivamente*, as conversas mais fecundas no campo da filosofia da arte.

Whistler, que já se opusera a Ruskin durante um debate agitado, tinha, no plano intelectual, concepções relativamente próximas, para além de seu aspecto inovador, daquelas de Wilde. Em especial no que se referia à doutrina da Arte pela Arte, fora de qualquer consideração de ordem ética, que ambos haviam assimilado, antes de aplicá-la em sua vida privada, a partir dos textos teóricos de Edgar Allan Poe ("O princípio poético"), de Théophile Gautier (seu prefácio a *Mademoiselle de Maupin*) e, sobretudo, de Charles Baudelaire (suas críticas de arte).

De fato, é a uma apologia da Arte pela Arte – paralelamente a um questionamento não menos revolucionário da moral – que, sob a influência desses três grandes autores, Oscar Wilde se dedicará desde a sua primeira conferência americana, pronunciada em 9 de janeiro de 1882 em Nova York:

> Nunca deveria falar-se de um poema moral ou imoral: os poemas são bem ou mal escritos, e isto é tudo. [...] Todo elemento moral ou toda referência tácita a um modelo bom ou mau em arte é [...] um sinal de evidente imperfeição de visão. [...] Uma nota discordante da harmonia de uma criação imaginativa, pois toda obra boa tende para um efeito puramente artístico.[7]

---

* Em razão de disputas de natureza mais pessoal do que de fundo, um ego superdimensionado levou-os a se acusar mutuamente de plágio.

Prescrevendo ao público no mesmo impulso: "Amai a arte por ela mesma".[8]

Wilde repetiria à vontade esse preceito essencial, fundador de toda a sua estética, e às vezes quase palavra por palavra, ao longo de toda a sua obra, como atesta o prefácio de *O retrato de Dorian Gray*, no qual afirma que "nenhum artista tem simpatias éticas. Num artista, a simpatia ética é um maneirismo de estilo, imperdoável."[9] Acreditar-se-ia estar lendo novamente, e em termos quase idênticos, um texto de Nietzsche – o mais wildiano dos filósofos, a menos que Wilde seja o mais nietzschiano dos escritores –, como aquele do aforismo 108 de seu *Além do bem e do mal*: "Não existem fenômenos morais, mas interpretação moral dos fenômenos"![10]

Cada vez mais bem-armado conceitualmente, e também amadurecido no plano psicológico, Wilde está pronto para enfrentar um público mais amplo, e não mais apenas o círculo restrito de alguns intelectuais, para apresentar seus conhecimentos profundos em matéria de estética, como logo faria em sua série de conferências norte-americanas.

A oportunidade seria concedida a ele no início do mês de outubro de 1880 pelo escritório nova-iorquino de Richard D'Oyly Carte. Esse promotor de espetáculos teatrais e empresário de estrelas internacionais acabava de montar, na capital inglesa, uma opereta de Gilbert e Sullivan, *Patience*, que justamente parodiava, sinal de uma popularidade crescente, Oscar Wilde e as novas teorias estéticas de que, tanto seus adeptos quanto seus detratores, afirmavam que ele era o emergente porta-estandarte.

Como *Patience* foi um verdadeiro sucesso em Londres, D'Oyly Carte, que os charmes do lucro encantavam, teve a ideia de montar o espetáculo em Nova York (auxiliado nisso por um de seus colaboradores, o coronel Morse). A estreia deveria acontecer no dia 22 de setembro de 1882. E, para assegurar o sucesso, contaria com a presença do protagonista, que viria fazer uma turnê de conferências por todo o país. O original não valia mais do que a cópia, estimaram alguns maledicentes. Wilde, cujo bom humor em sociedade não foi nem um pouco afetado pela piada de mau gosto, replicou com este epigrama: "A sátira, sempre tão estéril como vergonhosa e tão impotente como insolente, [é simplesmente a] homenagem habitual que a mediocridade oferece ao gênio".[11] E acrescenta, ainda mais desdenhoso em relação a seus inimigos, que não afeta "em absoluto o artista, confinando-o antes na retidão perfeita de sua obra e de sua ambição".[12] Não havia a menor necessidade de outros comentários. Com a mais mordaz das réplicas, Wilde calara assim provisoriamente a boca dos inúmeros hipócritas de sua época!

Wilde – cujo sucesso crescente indispusera mais de um em Londres, fazendo nascer grandes rancores tenazes e ciúmes furiosos –, enxergando uma oportunidade para difundir suas ideias em maior escala, acabou por aceitar a proposta tentadora, tanto do ponto de vista financeiro quanto publicitário, da agência D'Oyly Carte. O acordo foi então fechado. D'Oyly Carte encarregava-se dos custos de organização, enquanto Wilde, que exigira que as palestras fossem remuneradas com um justo valor, lhe pagaria, em retorno, um terço dos rendimentos. Em suma: uma verdadeira operação de marketing literário, ainda mais oportuna pelo fato de que Wilde acabara de publicar, alguns meses antes, em 30 de junho de 1881, sua coletânea de *Poemas*, da qual cabia a ele fazer a promoção através do mundo anglo-saxônico.

Assim, na véspera do Natal de 1881, Wilde embarcou no transatlântico *Arizona* para chegar, em 2 de janeiro de 1882, à costa americana, onde desceu em Nova York, sua primeira etapa no continente que estava ávido por descobrir.

Conquistar a América assim como seduzira Londres: tal era o ambicioso projeto que Wilde, a quem o sucesso começava a inebriar, fixara-se. A preparação para a longa viagem – que durou exatos um ano e três dias – não foi contudo das mais tranquilas. Embora seus *Poemas** tivessem tido uma

---

* Cerca de sessenta sonetos em uma edição supervisionada por Wilde, luxuosa, com uma capa ornada de um emblema representando uma mitra papal acima de uma rosa maçônica dentro de um medalhão oval no qual fora impressa a fórmula latina *Sub hoc signo vinces* [Com este sinal vencerás].

recepção favorável junto ao público, o lançamento causara-lhe muitos aborrecimentos em razão de uma crítica dividida, que ora fazia da coletânea uma obra "imoral", habitada pelo "espírito do mal", ora uma obra-prima a ser inscrita no panteão das letras inglesas.

O pomo da discórdia, que deu origem a diversas polêmicas nos círculos literários, foi um poema intitulado "Cármides", em referência a um diálogo de Platão. Texto composto nos primeiros meses de 1879 – entre o fim de seu período oxfordiano e o início de sua experiência londrina – que considerava, conforme confiou a um jornalista de São Francisco, "o mais bem-acabado e o mais perfeito" de todos os seus escritos.

O que esse poema anunciava, pela audácia de sua temática, não era outra coisa senão o que uma peça tão erótica quanto *Salomé* iria por sua vez destacar, doze anos mais tarde, provocando um escândalo idêntico: uma perversão sexual com tendências necrófilas. O cadáver de Cármides, que se encontra na casa de Hades nos infernos depois de ter se afogado, torna-se numa mesma e única pulsão o objeto de todos os desejos – carnais ou idealizados.

Assim, se é verdade que Oscar Browning escreveu, num relatório de julho de 1881 para *The Academy*, que "a Inglaterra enriquecera-se com um novo poeta" com a publicação dessa coletânea, acrescentou contudo, emitindo algumas reservas a respeito do que julgava ser ali o fruto de uma variedade de inspiração demasiado ampla, que "o ritual católico romano, o puritanismo austero, as abrasadoras ilhas gregas, os frescos rios e alamedas da Inglaterra, o paganismo e o cristianismo, Wordsworth, Milton e o sr. Swinburne recebem cada um por sua vez a mesma devoção apaixonada".[13] Já Edmund Gosse, em um artigo de rara veemência, julgou o volume de poemas um "bizarro fungo venenoso, uma pestilenta excrescência parasita"[14], que devia seu sucesso apenas a um exagero midiático organizado pelos amigos de seu autor, saídos da aristocracia inglesa mais decadente. E o respeitado *Athenaeum*, em um artigo de 25 de julho de 1881, foi menos corrosivo em seu tom, porém mais pérfido em sua análise, afirmando que "a coletânea de poemas do sr. Wilde pode ser considerada como o evangelho de um novo credo; contudo, difere de outros evangelhos pelo fato de seguir, em vez de preceder, o culto que pretende instaurar".

Terrível golpe para aquele que, bastante cheio de si, pretendia ser naqueles anos "o maior autor de sonetos desde Petrarca"[15], conforme escreve em 22 de julho de 1881 a Violet Hunt. Percebe-se assim como essa prestigiosa turnê de conferências nos Estados Unidos, que D'Oyly Carte oferecia-lhe numa bandeja de prata, tornou-se providencial, uma oportunidade inesperada de restabelecer seu prestígio.

Era bastante evidente, aliás, que Wilde – para quem o ar aburguesado de Londres tornara-se irrespirável em razão desses ataques de que era alvo cada vez com mais frequência – desejasse, exasperado com tanta animosidade, deixar momentaneamente a capital inglesa. Pois a essas contínuas difamações, quando não se transformavam em verdadeiros insultos, veio acrescentar-se um grande inconveniente prático: o de ter perdido sua residência da Tite Street, 1. Certo dia, um acesso de raiva levou-o a fechar as malas em alguns minutos, depois de uma discussão com Frank Miles, e abandonar precipitadamente a casa. O motivo fora tão simples como ofensivo para Wilde: seu amigo, que dependia financeiramente da família, recusou-se a defendê-lo, temendo que lhe cortassem a mesada, quando seu pai, chocado com o conteúdo dos famosos poemas, pôs-se a criticar de modo aberto o caro Wilde. "Essa poesia é licenciosa e pode fazer muito mal a uma alma que a lê", permitiu-se escrever a Oscar, insistindo no fato de que o filho teria interesse de se afastar dele para salvar sua reputação. Assim, o intrépido Wilde não teve outra escolha a não ser refugiar-se temporariamente na casa da mãe, no Ovington Square, 1, antes de se instalar, em julho de 1883, quando voltou dos Estados Unidos, num apartamento mobiliado da Charles Street, 9, perto do Grosvernor Square.

Voltando à preparação da viagem para a América: Wilde continuou estranhamente a enviar suas cartas e telegramas a Nova York indicando no remetente seu endereço da Keats House, na Tite Street, 1, assim como atesta sua correspondência, embora não morasse mais ali havia algumas semanas. Esse comportamento diz bastante, do ponto de vista psicológico, sobre o aspecto fabulador, entre mistificação e mitomania, da personalidade de Wilde, nesse período particularmente instável de sua vida.

Wilde, a quem a mãe legara o senso das relações públicas, dirigiu-se especialmente nessa correspondência a James Russell Lowell, embaixador dos Estados Unidos em Londres, e ao pintor pré-rafaelita Edward Burne-Jones, pedindo-lhes cartas de recomendação destinadas a apresentá-lo à alta sociedade americana. Russell Lowell forneceu-lhe uma missiva endereçada a Olivier Wendell Holmes, cofundador do *Atlantic Monthly*, enquanto Burne-Jones entregou-lhe uma carta para Charles Eliot Norton, personalidade erudita que contava entre suas relações escritores tão ilustres quanto Longfellow, Emerson e Edward Fitzgerald.

Contudo, nesses preparativos para a turnê americana, Wilde mostrou-se ainda mais profissional na meticulosidade com a qual produziu seu imponente guarda-roupa: a coleção do perfeito esteta, acreditava, sem suspeitar do ridículo de certos trajes. Assim, estupefato com a cafonice de Wilde ao sair de seu alfaiate ostentando um casaco verde forrado de pele e um chapéu polonês repleto de apetrechos, Whistler, numa carta aberta que publicou com o título "The Gentle Art of Making Enemies", no *World* de 30 de novembro de 1881, comenta de modo sarcástico: "Oscar, como ousa! O que significa esse inconveniente carnaval no meu Chelsea!".[16]

Quanto a esse guarda-roupa que Wilde arrumara cuidadosamente em duas malas para seguir com ele a bordo do navio que o levaria à conquista do Novo Mundo, eis, em sua essência, do que era composto: vários paletós de veludo, coletes achamalotados, camisas com peitilhos, jabôs, gravatas *lavallières* (com laço amplo e estufado), gravatas-borboletas, um fraque preto, sapatos de verniz com laços de cetim, calças curtas e meias de seda combinando, uma capa e diversos chapéus. A essa coleção acrescentavam-se os indispensáveis acessórios, dentre os quais uma bengala com castão e um par de luvas, que, além de lhe conferir distinção, permitiam manter as pessoas a distância, como exigia o "protocolo dândi". Seu penteado também fora estudado com cuidado: cabelos longos escuros cortados ao meio e caindo, em grandes ondas, até a altura dos ombros, que lhe davam uma imagem com a qual sempre gostou de brincar, semelhante à dos grandes românticos do século XIX.

Foi vestido com o tal casaco verde forrado de pele, sobre a lapela do qual caía sua espessa cabeleira, que Wilde posou demoradamente, em duas sessões de fotos, no estúdio do célebre fotógrafo nova-iorquino Napoléon Sarony, considerado pelos artistas e escritores de seu país como o Nadar americano.

Tudo estava preparado para a grande partida com destino à América – à exceção, todavia, do essencial, que ele negligenciara totalmente, mais preocupado com sua aparência do que com o conteúdo de seu pensamento: o texto de suas conferências, do qual não redigira ainda nem uma linha! Assim, foi a bordo do *Arizona*, durante a travessia do Atlântico, que preparou, enclausurado em sua cabina, o assunto de sua primeira palestra, "O Renascimento inglês da arte", título inspirado em *The Renaissance: Studies in Art and Poetry*, de seu antigo mentor de Oxford, Walter Pater.

Oscar Wilde tocou o solo americano em 2 de janeiro de 1882. Depois de nove dias de viagem, foi imediatamente assediado como celebridade por uma avalanche de repórteres exaltados e de fotógrafos soltando clarões de magnésio, dos quais alguns, para não perder nada desse acontecimento que já monopolizava a crônica diária, tinham fretado botes a fim de encontrá-lo a bordo do navio, impacientes para colher suas primeiras impressões.

Ao chegar ao cais, depois de ter descido de maneira um tanto cerimoniosa do *Arizona*, ele se apresentou, mais extravagante do que nunca, aos agentes da alfândega, que lhe perguntaram o que tinha a declarar nessas bagagens volumosas. Sua resposta, à qual Gide faria várias vezes alusão, permanece um de seus ditos mais famosos: "Não tenho nada a declarar, a não ser o meu gênio"![17] A forma como a imprensa americana relatou essa entrada triunfal na cena nova-iorquina – e como os tabloides ingleses imediatamente ecoaram a história – surpreendeu um pouco Wilde, o qual, vilipendiado por uns e adulado por outros, não pôde impedir-se de cair na gargalhada quando leu sobre o espanto dos repórteres ao assistirem à sua ruidosa descida do barco: não viram um desses estetas efeminados, esguios e pedantes, como pululavam em certos bairros da moda, no Soho ou no Greenwich Village, mas um rapagão jovial e corpulento – embora ostentasse no dedo um anel ornado com um perfil grego e sempre tivesse na mão um cigarro aceso do qual nunca inalava a fumaça – de fraseado calmo, extremamente melodioso e quase sincopado, porém uma voz clara e forte, até mesmo francamente viril.

Desse turbilhão midiático emergiu uma questão muito mais séria a respeito do movimento artístico que esse histrião vestido de pele – do qual a imprensa pretendia, por páginas a fio, ser ele o corifeu – propunha-se a propagar aos quatro cantos do imenso país que mal se restabelecera da Guerra de Secessão: o que ele queria dizer exatamente com essa noção, até então inédita, de "estetismo"? É claro que todos conheciam o termo "estética", disciplina da filosofia que o pensador alemão Alexander Baumgarten definira, em 1750, em sua obra intitulada exatamente assim: *Estética*. Sabia-se também quem fora Sören Kierkegaard, o primeiro a empregar, em seu *Diário de um sedutor*, em 1843, a palavra "esteta". Mas de "estetismo" ninguém nunca tinha ouvido falar até que Oscar Wilde irrompesse no mundo das ideias – e por um bom motivo, pois foi, na esteira do pré-rafaelismo inglês, uma invenção tipicamente wildiana. Assim, foi encantado e agradecido ao jornalista que o interrogou sobre esse ponto fundamental que Wilde, sempre cortês diante de seus interlocutores, respondeu à questão: "O estetismo é a busca dos signos da beleza. É a ciência do belo que permite procurar a correspondência entre as artes. É, mais exatamente, a busca do segredo da vida"[18], enunciou. E, munido do brio que sempre o caracterizou, inclusive nos piores momentos de adversidade, acrescentou com seu belo e inigualável timbre de voz: "Vim difundir a beleza".[19] Mas foi em resposta a um outro jornalista, o qual insistiu para que Wilde lhe revelasse sua própria definição de beleza, que ele elaborou – concernindo esse *aesthetic movement** (fórmula que o Grupo de Bloomsbury de Virginia Woolf retomou) que dizia encarnar – o discurso mais circunspecto: "É um vasto campo que não conhece limites, e qualquer definição é insatisfatória. [...]. É a busca, se conduzida segundo as regras da arte, que constitui o estetismo".[20]

É portanto essa visão de mundo que Oscar Wilde se preparava para difundir na turnê de conferências que o conduziria – durante um ano inteiro, da Costa Leste à Costa Oeste e do sul do Novo México ao norte do Canadá – a quase 150 lugares diferentes: dos teatros aveludados das metrópoles mais cosmopolitas às salas obscuras das cidades mais provincianas, passando por regiões bastante afastadas, como uma reserva indígena (em Sioux City, no Iowa) na qual os ouvintes faziam manifestamente pouco caso dos arroubos líricos desse irlandês cujos ancestrais haviam dizimado sua tribo e pilhado suas terras; ou ainda a mina de carvão (em Leadville, no Colorado) no fundo da qual ele se dirigiu, sofisticado demais e um tanto blasé, a uma plateia bronca e turbulenta de mineradores tão estarrecidos como inquietos pela saúde mental desse maluco usando calças de veludo curtas, meias de seda e sapatos de verniz com pompom!

A primeira conferência estava prevista para o dia 9 de janeiro de 1882 em Nova York. Sobrava então uma semana para Wilde descobrir a atmosfera trepidante da vida intelectual de Manhattan, encontrando ainda tempo para burilar o texto de sua fala. Assim, depois de se instalar no Grand Hotel, situado na Broadway, ele encadeou, num ritmo ainda mais intenso do que em Londres, coquetéis e recepções, festas e jantares de gala, quase todos oferecidos em sua honra

---

* Movimento estético. Em inglês no original. (N.T.)

e nos quais foi sempre tratado, assim como se vangloriou a seus correspondentes ingleses, como um "pequeno rei".

Seu primeiro evento social aconteceu em 5 de janeiro na casa do senhor e da senhora Hayes, ricos viajantes cuja suntuosa residência era decorada, estetas doutos que eram, no estilo japonês. Foi ali, diante das esplêndidas tapeçarias do salão oriental, à luz fraca dos altos candelabros e num claro-escuro digno dos maiores pintores, que Oscar Wilde, cuja elegante silhueta tremeluzia à chama das velas, fez sua aparição – parecendo destacar-se das cortinas de um palco de teatro – no mundo nova-iorquino das artes e das letras. Diante das estampas e demais para-ventos japoneses, e segurando entre as mãos suas luvas de pele de cabrito de modo a se manter a uma distância respeitosa de seus interlocutores, Wilde discorreu sobretudo acerca dos impressionistas e de Whistler. Ali, como outrora sua mãe no salão literário dublinense, ele reinava "como um ídolo pagão"[21], parecendo protegido por uma sombrinha ao abrigo da qual se manteve durante toda a conversa. Para a ocasião, ele se vestira com um esmero todo particular: um paletó estilo príncipe Albert, justo e adornado com um bolsinho de seda vermelha, do qual saía, complementado com um lenço azul-celeste, o colarinho amplo e romântico, à moda de Byron, de uma camisa ofuscante de tão branca.

Quando a recepção terminou, o senhor e a senhora Hayes convidaram seu convidado para acompanhá-los ao Standard Theatre, onde justamente se apresentava *Patience*, a opereta de Gilbert e Sullivan que parodiava, na pessoa de Bunthorne, Oscar Wilde. Sempre afável em relação a seus novos protetores, mas sobretudo curioso para ver a maneira como era representado, aceitou de bom grado com seu eterno senso de humor. Foi um pouco afastado, no entanto, levemente recuado na penumbra do camarote, que assistiu ao espetáculo durante o qual, vendo Bunthorne usar roupas quase idênticas às suas, chamou sua vizinha discretamente à parte para lhe dirigir, do alto de seu grande fleuma irlandês, este comentário que se tornou também famoso e que ele retomaria quase palavra por palavra em *A duquesa de Pádua*:

> A coisa mais excêntrica que um homem pode fazer é ter miolos, e então o vulgo zomba dele. Quanto ao vulgo, desprezo-o como eu o desprezo. Faço tal caso de seus falsos louvores e de seus vãos favores que a popularidade é o único insulto que jamais suportei.[22]

Quando a encenação terminou, Wilde foi convidado a visitar os bastidores para tomar uma taça de champanhe com os atores principais. Foi durante esse drinque que conheceu Joseph Marshall Stoddart, escritor da Filadélfia que havia adquirido a preço de ouro os direitos dessa opereta – mas sobretudo aquele que, sete anos mais tarde, em setembro de 1889, pediria uma obra original a ele em forma de folhetim para o jornal de que era proprietário. E que obra! Pois esse foi o esboço do que se tornaria, em 1890, o livro mais importante de Oscar Wilde: *O retrato de Dorian Gray*, seu único romance, mas graças ao qual ele passaria à posteridade!

A palestra inaugural estava anunciada, com grande publicidade, para a noite de segunda-feira, 9 de janeiro de 1882, no Chickering Hall de Nova York. E seria apresentada por aquele que John Bodley qualificou ultrajantemente no seriíssimo *New York Times* de "*epicene*", termo que em inglês remete a algo que tem as características masculinas e femininas ao mesmo tempo e, por extensão de sentido, à ideia de "efeminado" ou "hermafrodita". E a plateia de fato – uma sala lotada, com quase 1.200 lugares, com uma receita que atingiu a quantia fabulosa para a época de 1.211 dólares – não ficou frustrada em suas expectativas, embora tenha sido mais pela aparência do que pelo discurso, como observou Helen Potter:

> Figurino: paletó púrpura escuro e calças curtas; meias pretas; escarpins com fivelas reluzentes; colete forrado de cetim lavanda; punhos e jabô ornados de rendas; grande colarinho vi-

rado. Usa os cabelos longos, repartidos no meio e jogados para trás. Entra com uma capa nos ombros. A voz é clara, fluente e nem um pouco forçada. Muda de pose de tempos em tempos, mantém a cabeça inclinada em direção ao pé e conserva uma aparência geral de tranquilidade. Esse discípulo da Arte pela Arte fala com um tom bastante calmo e [...] a inflexão final de uma frase ou de um período é sempre ascendente.[23]

Essa apresentação do genial Oscar Wilde é provocante e desconcertante. No entanto, o conteúdo da primeira conferência caracterizou-se por um extremo rigor conceitual aliado a uma cultura filosófica igualmente vasta. A essas qualidades intrínsecas acrescentava-se um real senso pedagógico, assim como testemunham suas incessantes referências literárias e artísticas: da Antiguidade grega ao pré-rafaelismo inglês, passando pelo teatro shakespeariano, o Renascimento italiano, o Iluminismo francês, os românticos alemães e, sobretudo, seus poetas favoritos.

Quanto ao tema escolhido para a exposição, Wilde o resumia assim: o que a arte inglesa vivia na segunda metade do século XIX, com os pré-rafaelitas, era comparável, pela harmonia que oferecia entre as belezas do corpo e os ideais do espírito, ao que o Renascimento italiano viveu, como demonstrou Pater, na passagem entre os séculos XV e XVI. Pois, concluía em uníssono com Ruskin, não há nada "na vida vulgar por mesquinho que seja; nada nas coisas vulgares, trivial em demasia, que não possa ser enobrecido pelo vosso tacto".[24]

Os trechos mais significativos da conferência foram reproduzidos, já no dia seguinte, 10 de janeiro de 1882, nos principais jornais americanos, liderados pelo *New York Tribune*. Contudo, após os primeiros e inevitáveis sucessos de público, foram plateias raras e desorientadas, sobretudo nos locais menos desenvolvidos do ponto de vista intelectual, que Wilde teve de enfrentar cada vez com mais frequência, vendo-se sempre atacado com violência pela imprensa e grosseiramente parodiado por seus adversários. Diante da dificuldade de compreensão que seu auditório às vezes encontrava, ele decidiu mudar de assunto um mês depois. "As artes decorativas", título menos abstrato e mais acessível, foi o novo tema de sua segunda série de intervenções, cuja estreia aconteceu em 13 de fevereiro de 1882 no Central Music Hall de Chicago. O tratamento dado permanecia ainda demasiado estranho aos olhos dos espectadores mais populares. Foi assim que Wilde, sempre tão benevolente em relação a seu público, embora cansado com a sobrecarga de trabalho, esforçou-se para retocar mais uma vez sua conferência, de modo a apresentar, a partir de 15 de março de 1882, uma terceira e quase definitiva versão: "A decoração do lar" foi então o título. Foi nessa versão – repetida umas vinte vezes e retomada por ocasião de uma outra série de conferências proferidas na Grã-Bretanha entre setembro de 1883 e novembro de 1885 – que ele se mostrou mais à vontade, tal como testemunha o franco sucesso que recebeu.

A arte de decorar a casa foi uma das paixões de Wilde, que a ela aplicou os princípios de sua estética, e não apenas do ponto de vista do vestuário. A decoração de seus apartamentos londrinos, da Salisbury Street, 13 (Thames House) e da Tite Street, 1 (Keats House) seguiam os preceitos dela. Além de seus vasos de porcelana azul e de seus buquês de lírios brancos, Wilde havia levado de Oxford azulejos de Damasco, desenhos de Blake e de Burne-Jones, tapetes gregos, tapeçarias romanas, estatuetas de Tânagra, e seu cavalete sobre o qual reinava um retrato, executado por Edward Poynter, de sua musa Lillie Langtry. Foi também com um estilo de raro refinamento que decorou mais tarde, auxiliado pelo arquiteto de interiores Edward Godwin, sua casa da Tite Street, 16, onde viveria de janeiro de 1885 a maio de 1895 com sua esposa e seus filhos.

Enquanto isso, ele ainda tinha que terminar esse estafante périplo pela América, pontuado quase todos os dias por palestras igualmente extenuantes e por vezes enfadonhas, uma vez que eram repetitivas. Felizmente, para esse viajante inveterado, a longa temporada nos Estados Unidos foi complementada por quatro importantes encontros de natureza literária.

O primeiro em 18 de janeiro de 1882, foi com aquele que considerava desde a morte de Poe o maior poeta americano do século XIX, Walt Whitman, a quem sua mãe, Lady Wilde, apresentara-lhe quando tinha apenas catorze anos, graças à leitura de sua principal coletânea de poemas, *Folhas de relva*, cuja edição inglesa havia comprado em 1868.

Foi Stoddart quem conduziu Wilde à casa de Whitman, o qual, já velho, doente e meio paralisado, não pudera ir escutá-lo, na véspera, no Horticultural Hall de Filadélfia, cidade situada perto do vilarejo (Camden) onde morava. A conversa entre eles, que durou três horas intensas, marcou a tal ponto Wilde que ele não pôde evitar de lhe endereçar, cerca de dez dias mais tarde, uma carta de conteúdo inflamado: "Não há ninguém, neste vasto mundo americano, que eu goste e honre tanto quanto o senhor"[25], escreveu-lhe no que se apresentava como uma carta de agradecimento, mas na qual também constava, para além da gratidão, a questão de Swinburne, cuja homossexualidade tanto quanto a obra aproximava de Whitman. A um jornalista que lhe perguntou o que pensava do poeta americano, ele respondeu: "É o maior homem que já vi; o personagem mais simples, mais natural e mais forte que jamais encontrei na vida. [...] Ninguém, nos tempos modernos, aproximou-se tanto dos gregos".[26]

Quanto a Whitman, ele se mostrou igualmente encantado com esse primeiro contato, pois também sentiu a necessidade de se abrir a um amigo para lhe dizer, enaltecendo seu convidado, que Wilde era um "belo rapaz, grande e distinto [...] que tivera a boa ideia de gostar [dele], viera [vê-lo] para passar uma tarde em [sua] companhia".[27] E, de fato, por terem se entendido às mil maravilhas, combinaram de se reencontrar uma segunda vez, em 10 de maio do mesmo ano, novamente na casa de Whitman, onde então se reviram e de maneira muito mais calorosa: algumas semanas depois, Wilde confessou a George Ives que "o beijo de Walt Whitman ainda estava sobre os [s]eus lábios"![28]

A felicidade que esses dois encontros sucessivos causaram-lhe, por terem se sentido relativamente cúmplices, acabou quando Whitman publicou, no outono de 1888, *November Boughs*, outra importante coletânea de poemas. Em seu prefácio – a propósito do qual Wilde fez, em 25 de janeiro de 1889, uma crítica elogiosa intitulada "O Evangelho segundo Walt Whitman" –, o poeta fustigava não apenas a teoria da Arte pela Arte, mas, sem nomeá-lo, o estetismo wildiano: "Ninguém penetrará meus versos caso se obstine a ver neles uma conquista literária [...] que visaria essencialmente à arte e ao estetismo". Revelando uma certa ambiguidade em relação a seu jovem discípulo, Whitman declarou ao mesmo tempo, na *Pall Mall Gazette* de 25 de janeiro de 1889, que se Wilde "nunca fora um farol, era ainda assim uma luz constante". E por um motivo óbvio: longe de ser um adepto apenas do estetismo, Wilde foi também, à imagem de Whitman, um fervoroso partidário da luta social, senão do engajamento político, como atesta um ensaio tão ideologicamente marcado como *A alma do homem sob o socialismo*, publicado dois anos mais tarde, ou seja, em 1891.

O segundo escritor que Wilde conheceu durante essa viagem, e outro gigante da literatura mundial, foi Henry James. Encontrou-se com ele num dos salões de um hotel de Washington em 21 de janeiro de 1882, três dias depois de sua primeira conversa com Whitman. Esse encontro revelou-se, contudo, bem menos agradável: Wilde e James só emitiram palavras ferinas um em relação ao outro. Wilde era "repugnante e estúpido", "infantil e primitivo", "tolo e insolente", um "ser deplorável e um animal indecente", em uma palavra, "decadente"[29], escreveu James a Isabella Stewart Gardner, espumando de raiva diante do sucesso crescente de seu rival. Quanto a Wilde, fulminou James em "A decadência da mentira", dizendo que o americano "escreve ficção como se isso fosse um penoso dever e desperdiça em motivos medíocres e em pequenos 'pontos de vista' seu cuidadoso estilo literário, suas frases felizes e sua pronta e cáustica sátira".[30] Nem é preciso dizer que essa foi a primeira e a última vez que Wilde e James se falaram!

Depois foi a vez de Longfellow, que Wilde mostrava-se impaciente para conhecer, ainda que apreciasse apenas moderadamente seu talento poético, porque em sua juventude sua mãe trocara com ele uma correspondência, esporádica é verdade, mas bastante estimulante do ponto de vista da reflexão literária. Foi na manhã de 31 de janeiro de 1882, quando se preparava para fazer uma conferência em Harvard, que Wilde encontrou o velho poeta, então com 75 anos e quase cego, com quem tomou, em sua modesta casa, um café da manhã do qual se lembrou com emoção por muito tempo. Henry Wadsworth Longfellow, que já estava bastante doente quando consentiu em recebê-lo, morreu menos de dois meses depois, em 24 de março de 1882.

Tempos difíceis para os grandes homens essa maldita primavera de 1882. Algumas semanas mais tarde, em abril, desapareceria também aquele que Wilde chamou, em sua primeira conferência nova-iorquina, o "Platão da Nova Inglaterra": Ralph Waldo Emerson, o mais importante dos filósofos americanos do século XIX. Assim, não foi sem emoção que Wilde saudou a memória desses dois homens durante a palestra que pronunciou em 2 de junho de 1882, em Boston: "Lembremo-nos que a arte é a única coisa que a morte não pode extinguir".[31]

No entanto, o mais simbólico desses quatro encontros literários foi o que teve, em 21 de março de 1882, com Emma Speed, a sobrinha de John Keats. Nesse dia, Wilde dava uma conferência na Boyd's Opera House de Omaha, cidade perdida do Nebraska, onde essa jovem dama morava. Ela sentara-se então, com toda discrição, no meio do público. Wilde, que não sabia de sua presença, teve a ideia improvisada de recitar, durante a apresentação, alguns versos extraídos do "Soneto sobre o azul", de seu poeta preferido. Assim, quando a palestra terminou, a sra. Emma apresentou-se e o convidou a consultar, em sua casa, alguns dos manuscritos originais do tio, dentre os quais esse poema que ele acabava de evocar. E mais ainda: vendo o estado de exaltação, de deferência quase religiosa, no qual Wilde ficou ao segurar o soneto entre as mãos, ela lhe deu de presente! Isso foi para Wilde um dos mais belos presentes de toda a sua vida. Dizer como ficou radiante à ideia de possuir o manuscrito assinado do poeta que venerava seria uma obviedade. Assim, levou a preciosa relíquia para Londres, onde, depois de enquadrada, ela reinou durante dez anos nas paredes de sua casa da Tite Street, 16. Esse legado quase celestial, de valor inestimável, também lhe foi retirado, arrematado por 38 miseráveis xelins, quando todos os seus bens foram leiloados em 24 de abril de 1895. Foi aliás nesse mesmo estado do Nebraska, nos subúrbios cinzentos e esfumaçados do município de Lincoln, onde esteve nos dias 24 e 25 de abril de 1882, que Wilde entreviu com mais intensidade, e como por antecipação, os tormentos da terrível condição que treze anos mais tarde seria a sua. Numa carta a Helena Sickert, ele descreveu brevemente a sofrida vida dos detentos da prisão local com um misto de compaixão e estranho desdém:

> Levaram-me [...] para visitar a enorme prisão! Essas infelizes amostras de humanidade, em medonhos trajes listrados, [...] tinham todas um aspecto miserável: o que me consolou, pois tenho horror de ver um criminoso com a fisionomia nobre. Suas pequenas celas caiadas [...] continham livros! Numa delas encontrei uma tradução de Dante [...]. Estranho e belo, pareceu-me, que a dor de um único florentino no exílio possa, centenas de anos mais tarde, tornar mais branda a vida de um prisioneiro comum num cárcere moderno e que um assassino de olhos melancólicos – que será enforcado em três semanas – passe o tempo que lhe resta a ler romances: péssima preparação para enfrentar Deus ou o Nada.[32]

A cruel situação que descreveu – não sem certa vilania ao estigmatizar a suposta ausência de nobreza na fisionomia dos prisioneiros – foi exatamente a sua, até nos mínimos detalhes. De fato, quando esteve enclausurado, ele também leu Dante, vestiu os mesmos trajes listrados de prisioneiro, ficou numa cela de paredes igualmente caiadas na penitenciária de Reading, onde assistiu a um enforcamento idêntico antes de acabar a vida exilado, assim com o autor de *A divina comédia*!

A viagem pelos Estados Unidos chegava ao fim, e a série de conferências encerrou-se oficialmente em 13 de outubro de 1882. No dia seguinte, ele retornou a Nova York, onde permaneceu até o final do mês de dezembro, chegando a celebrar ali o Natal em seu derradeiro evento social. Os dois últimos meses, durante os quais tentou dedicar-se a um merecido repouso, consagrou-os, com a ajuda de seu amigo Dion Boucicault, que viera expressamente de Londres, aos preparativos da produção de sua primeira peça, *Vera ou os niilistas*. Prevista para estrear em 20 de agosto de 1883, em pleno verão, numa sala de Manhattan (o Theatre of Union Square), o drama conheceria o fracasso que sabemos, agravado por um forte calor que deixou a cidade deserta naquele ano.

Chegou, por fim, o momento da partida. Em 27 de dezembro de 1882, Wilde embarcou no *Bothnia* para a Inglaterra, onde, depois de uma viagem de quase duas semanas, desceu em Liverpool no dia 6 de janeiro de 1883, coroado com essa nova glória que lhe conferia a turnê americana.

Após retomar seus hábitos e contar a todo mundo suas diversas aventuras, Wilde permaneceu pouco tempo em Londres. Mal tendo chegado, sentiu um insaciável desejo de partir imediatamente. Mas, dessa vez, para sua cidade preferida: Paris, a mesma onde, dezessete anos mais tarde, decidiria, tanto a amava, acabar sua vida, ainda que na miséria.

Um esteta em Paris:
dança, cadência e decadência

> *Durante anos, Dorian Gray não conseguiu libertar-se da influência do livro. [...] O herói, o jovem e maravilhoso parisiense, [...] transformou-se, para ele, numa espécie de tipo pressuposto de si mesmo. E, na verdade, o livro [...] parecia conter a história da [sua] própria vida, escrita antes mesmo de vivê-la.*
>
> OSCAR WILDE,
> O retrato de Dorian Gray[1]

Foi portanto Paris, sua cidade favorita devido a todo o seu esplendor cultural, que Wilde escolheu visitar na esteira de seu sucesso americano, esperando talvez solidificar sua reputação até o coração da Europa.

No fim do mês de janeiro de 1883, Wilde chegou à Cidade Luz, onde se hospedou durante alguns dias no Hôtel Continental, antes de se instalar até maio no Hôtel Voltaire, o mesmo onde se hospedara aos vinte anos. Ele tinha uma grande afeição por esse lugar, principalmente porque no passado haviam se hospedado ali alguns dos escritores que mais admirava, dentre os quais Baudelaire, que escrevera nesse hotel, em 1856, muitos dos poemas de *As flores do mal*.

Wilde sentia-se tão bem entre esses ilustres fantasmas que chegou inclusive, quando estava sozinho no quarto, a imitar o modo como Balzac (de quem gostava, em *A comédia humana*, de Lucien de Rubempré) se vestia em casa. Não seu austero e monacal burel branco, mas um longo e grosso robe de lã bege... indumentária complementada, para melhorar a imitação quando caminhava, com uma bengala de marfim cujo castão era ornado de turquesas, tal e qual o do mestre. E foi assim vestido que, instalado no mítico Hôtel Voltaire, Wilde redigiu, durante o inverno de 1883, sua segunda tragédia, *A duquesa de Pádua*, a qual, por sua mistura um tanto confusa e inábil de gêneros (do teatro elisabetano à prosa romântica), não conquistaria nenhum sucesso.

É desse mês de março de 1883, algumas semanas após ter chegado em Paris, que data seu encontro, na casa de Maria Cassavetti-Zambaco, com aquele que se tornaria não apenas um de seus amigos mais próximos, mas principalmente um de seus biógrafos mais prolíficos, Robert Sherard, jovem e belo inglês de apenas 21 anos, que Wilde apreciou ainda mais pelo fato de ser bisneto do poeta William Wordsworth. Descendência da qual Wilde, como o homem do mundo que aprendera a ser em Londres, viu imediatamente as enormes vantagens em matéria de vida social parisiense: graças à posição social que o nome desse eminente antepassado lhe conferia, Sherard levou-o para jantar na casa de Victor Hugo.

É verdade que o próprio Wilde – cujo carisma e notoriedade também representavam qualidades nada insignificantes junto do público – servia igualmente bem aos interesses de Sherard. A prova está no retrato elogioso que esse último pintou de quando viu Oscar pela primeira vez:

> Ele me pareceu de imediato um dos seres mais maravilhosos que eu conhecera. Muito mais: tive a impressão de que não existia nada neste mundo a que, qualquer que fosse o preço, seu gênio não pudesse legitimamente aspirar.[2]

Naquela época, Sherard não se limitou a convidar Wilde para a casa dos maiores escritores da França. Aconteceu também de conduzi-lo – como quando Wilde confessou-lhe um dia que "Príapo o chamava"[3] – a lugares bem menos reluzentes, para não dizer de má fama, como o Éden, uma espécie de casa de tolerância, a meio caminho entre um bordel e um cabaré. Lá, entre uma dúzia de moças, vendia seus serviços Marie Aguétant, prostituta nos braços de quem, tomado de uma luxuria repentina, Oscar então se lançou. Comportamento que, um tanto incongruente para um homem com tendências homossexuais, não se repetiu com frequência, como testemunha esta declaração de Sherard: "Eu me pergunto como um homem com o temperamento tão vivo, amante da boa mesa e do bom vinho, como era Oscar, podia controlar-se a ponto de limitar suas relações sexuais a uma só em 42 dias"[4], soltou um dia, como relata Neil McKenna em *The Secret Life of Oscar Wilde*. Mas Robert Sherard, homem fino e culto, foi bem mais para Wilde do que esse perito em mundanidades, por mais brilhantes ou sórdidas que elas fossem. Era com ele que, geralmente sentado em algum restaurante dos bairros parisienses do Quartier Latin, Saint-Germain-dès-Prés ou Montparnasse, gostava de trocar ideias: da política, de que zombava com frequência, ao casamento, que tinha um prazer ferino em denegrir com uma rara desenvoltura, passando pela literatura francesa, que amava sobremaneira. Assim, o único (grande) defeito que Wilde via em Sherard era "sua falta de gosto", visto que o jovem não apreciava em absoluto, no plano artístico, o que era considerado na época como um dos principais elementos da vanguarda cultural em Paris, o Impressionismo, essa nova escola de pintura da qual Monet era, como Wilde para o estetismo, o porta-estandarte.

E o que, precisamente, acontecera com o estetismo? Após seu triunfo em Londres e depois em Nova York, como Wilde o via agora na capital francesa, que permanecia sua cidade de referência? Não é exagero dizer que foi em Paris que Wilde iniciou o que chamariam de seu "segundo período estético".

A começar no que tangia à sua maneira de se vestir. É de março de 1883 que data sua modificação mais visível: o abandono progressivo de suas roupas mais extravagantes em prol de um estilo mais conforme – com suas cartolas e suas sobrecasacas* – ao dândi que se tornaria alguns anos mais tarde em seu período dito "de maturidade", cuja eclosão corresponde à publicação, em 1890, aos 36 anos, de *O retrato de Dorian Gray*. Em seguida, começou a mudar quanto a seu aspecto fisionômico. Remonta ao mesmo mês de março de 1883 sua transformação mais radical do ponto de vista da aparência física, uma vez que, embora permanecesse preocupado com sua imagem, já estava farto das zombarias

---

* Das quais arregaçava as mangas para ressaltar o "chique despojado".

da imprensa: uma mudança no penteado, já que renunciava pela primeira vez a sua longa e basta cabeleira, que encurtou drasticamente, adotando um corte semelhante, com seus pequenos cachos, ao de um imperador romano... Nero, no caso, de quem acabava de admirar o busto de mármore no Museu do Louvre.

Dizer que Wilde ficou satisfeito com esse novo corte de cabelo, fiel como era a seu narcisismo, seria um eufemismo. "Meu penteado à Nero embasbacou todo mundo. Ninguém me reconhece, e disseram que pareço mais novo: cumprimento de que só posso me alegrar"[5], vangloriou-se, enfeitando como sempre a realidade, numa carta que escreveu a sua mãe. Esta, aliás, como muitos de seus amigos, não compartilharia dessa opinião ao revê-lo em maio de 1883, logo que voltou à Inglaterra. "Ele ficou gordo, com um rosto enorme e cachinhos em volta da cabeça"[6], exclamaria, desconsolada, Laura Troubridge, enquanto Richard le Gallienne, jovem poeta que Wilde conheceu em dezembro do mesmo ano, veria nele, igualmente consternado, "uma espécie de caricatura de Dionísio fantasiado de dândi barrigudo da Regência"![7]

Contudo, com essa transformação que ousou operar em sua fisionomia, Wilde revelara perspicácia, pois, de maneira geral, a imprensa mostrou-se muito mais complacente com ele. Homem atento aos costumes de seu tempo, ele tinha plena consciência do efeito positivo que conseguira produzir nos principais jornais: "Tudo isso pertence ao primeiro período de Oscar Wilde"[8], replicou um dia, fazendo alusão a seu antigo guarda-roupa, a Robert Sherard, o qual acabava de zombar da exuberância de sua antiga aparência. Acrescentando no mesmo impulso: "Temos que nos interessar agora pelo segundo período de Oscar Wilde, que não tem rigorosamente nada a ver com o homem de cabelos longos que perambulava por Piccadilly com um girassol na mão".[9]

Assim, foi com razão que Robert Merle percebeu, no âmago do estetismo wildiano, dois períodos distintos, que define com as expressões "estetismo crítico" (subdividido em dois momentos concomitantes) e "estetismo técnico":

> É possível distinguir dois aspectos que correspondem a dois momentos da carreira de Wilde [...]. O primeiro, que poderíamos chamar de estetismo crítico, decompõe-se por sua vez em duas etapas: na primeira, uma intuição de ordem religiosa dá o tom [...]. E a segunda etapa [...] conduziria o Estetismo muito mais longe. O culto do Belo ressalta sua ousadia, ao mesmo tempo em que, sem se romper [...], afrouxa-se a ligação moral e religiosa que unia ainda o Estetismo à alma inglesa.

E continua sua análise:

> O segundo aspecto do Estetismo, que poderíamos chamar de estetismo técnico, caracteriza-se por um esforço vigoroso para [...] refinar, na prática, o gosto da época [...]. É claramente no campo desse estetismo técnico em plena voga que Wilde [...] se engaja.

Para concluir:

> Essa ideia [...] tão subversiva plantou nele uma semente que iria amadurecer [...] seu pensamento, auxiliar [...] seu imoralismo, inspirar [...] sua vida. Não é exagero dizer que, a partir de 1888, ele a viveu e viveu dela. Nessa data, sua obra, sua palavra, sua personalidade, seu modo de viver [...] encontraram nela uma [...] unidade.[10]

Então, foi no cruzamento do "estetismo crítico" – cujo apogeu foi alcançado em 1882 com sua turnê americana – com o "estetismo técnico" – de que em 1883 a etapa parisiense representou a alvorada – que Wilde retomou, onde deixara nove anos antes, nesse mesmo Hôtel Voltaire, a redação do que viria a ser, nove anos mais tarde, seu poema mais ambicioso, "A esfinge".

Esse poema, no qual Wilde não cessaria de trabalhar até a sua publicação, em 11 de junho de 1894, e que dedicará a Marcel Schwob, teve como principal fonte de inspiração um tema recorrente no âmbito de uma das maiores escolas artísticas daquele tempo: o Simbolismo. E não apenas na literatura, mas, de maneira ainda mais significativa, na pintura, uma vez que essa criatura mitológica – ser eminentemente sensual e enigmático, em geral andrógino – é associada, como seria em Wilde, e em particular numa peça tão sexualmente perversa como *Salomé**, à mulher fatal.

Todavia, existem outras coisas nesse texto de Wilde. O que suas últimas estrofes revelam é, mais uma vez, o que Nietzsche anunciava em sua obra: "a morte de Deus". Quer dizer, a rejeição, pelos homens, de qualquer referência a alguma transcendência, cuja derradeira porém trágica consequência é uma humanidade esvaziada de qualquer senso do absoluto e, portanto, dolorosamente abandonada a si mesma. Assim, chamando Deus de "acabrunhado", Wilde escreve em "A esfinge":

> Esfinge falaz! [...] Parte tu, primeiro, e deixa-me diante de meu Crucifixo, de onde o Pálido, acabrunhado de dor, passeia sobre o mundo seu olhar desfalecido e chora por causa de cada alma que morre e chora em vão.[11]

Percebe-se que, se um primeiro passo literário foi vencido com esse poema, como observa Pascal Aquien, é principalmente de uma verdadeira dimensão filosófica que a obra de Oscar Wilde se reveste aqui!

Se essa temporada em Paris – cidade das artes e dos prazeres, lugar de cultura e de libertinagem – representou uma etapa a tal ponto determinante no percurso existencial de Wilde, foi porque ela lhe ofereceu o pretexto definitivo – e o mais nobre possível, já que emanava de algumas das personalidades mais eminentes de seu tempo – para dar enfim livre curso, do ponto de vista psicológico, e portanto quanto a suas futuras escolhas literárias, ao que fora até então apenas uma pulsão um tanto tímida, para não dizer refreada: a homossexualidade. É dessa época que data seu encontro

---

* A publicação da versão inglesa data da mesma época, 9 de fevereiro de 1894, que a da de "A esfinge".

com alguns dos escritores mais reconhecidos de seu tempo, quase todos homossexuais: Marcel Proust, que visitou em seu apartamento do Boulevard Haussmann (onde não ficou muito porque seu aspecto burguês o repulsou); Jean Lorrain, dândi parisiense que acabava de compor um hino ao uranismo intitulado "Le Sang des dieux"; Jean Moréas, Catulle Mendès e Paul Verlaine, o qual, bêbado e desalinhado como de costume, apesar de ter acabado de publicar a "Arte poética", recitou-lhe em voz alta, sentado diante de seu eterno absinto, seu último soneto, "Langor", cujo primeiro verso celebrava o "império no fim da decadência".

A decadência: tema de grande importância na obra wildiana e, em particular, num romance como *O retrato de Dorian Gray*. A história centra-se na corrupção total da alma, assim como do corpo e da vida em geral, a partir do momento em que a morte é o destino necessário.

Foi Maurice Rollinat, poeta que o mundo parisiense das letras considerava naquele tempo como o digno sucessor de Baudelaire, quem apontou Wilde para essa via. Os temas que abordava em suas duas coletâneas de poemas – intituladas *La Légende des sexes* (*Poèmes hystériques*) e *Les Névroses* (cujo texto introdutório, "Le Fantôme du crime", faz a apologia das piores transgressões) – eram sensivelmente os mesmos, menos o gênio poético, que os do autor de *As flores do mal*, tudo sob a égide desse outro "poeta maldito" que era Poe, quintessência do "romantismo negro".

Wilde conheceu Rollinat graças a Sarah Bernhardt, que os apresentou no Théâtre du Vaudeville, onde representava o papel-título da *Fedora*, de Victorien Sardou. Essa primeira conversa, que aconteceu na sala ao lado do camarim da diva no intervalo, durou apenas alguns minutos. Assim, foi na mansão da atriz na Avenue de Villiers, esquina com a Rue Fortuny, para onde Wilde seguiu em companhia de Robert Sherard, munido de um buquê de goivos amarelos que comprara de uma vendedora ambulante, que ouviu falar dele mais demoradamente. Impelidos um ao outro pela curiosidade, eles acabaram por se rever uma segunda vez, por mais tempo, na casa do pintor Giuseppe De Nittis, que transbordava de "japonices" – gosto que compartilhava com seu amigo Edmond de Goncourt, o qual lhe dedicou *La Faustin*.*

Detalhe literário bastante curioso: foi o ateliê de De Nittis – ao qual também foram convidados naquela noite Degas e Pissarro, com os quais Wilde conversou por bastante tempo, encostado numa tapeçaria oriental – que inspirou o de Basil Hallward, o pintor amigo de Lord Henry que executaria, no romance, o retrato de Dorian Gray.

Finalmente, para voltar a Wilde e Rollinat, cujas afinidades fortaleciam-se e as ligações de amizade consolidavam-se, eles se viram cada vez mais, a tal ponto que Wilde, admirado com a audácia de seus poemas, convidou-o mais de uma vez a jantar no restaurante do Hôtel Voltaire, onde se sentiam de certa forma protegidos pela grande sombra do estimável Baudelaire.

Foi lá, após uma refeição regada a vinho, à luz de velas, fumando preguiçosamente charutos e degustando as melhores aguardentes, que Oscar Wilde, provisoriamente enriquecido graças à triunfante turnê de conferências na América, elaborou, na companhia de Maurice Rollinat, a quem se juntava às vezes esse outro mestre em estética que foi Paul Bourget, os primeiros rudimentos do que viria a ser alguns anos mais tarde sua própria teoria da decadência, tal como comprovam ensaios com uma argumentação filosófica tão cuidadosamente arquitetada como "A decadência da mentira", "A verdade das máscaras", "O crítico como artista" e ainda "Pena, lápis e veneno". Esse último era, aliás, o mais radical, pois narrava com uma rara complacência, senão uma verdadeira simpatia, a história de um certo Wainewright, um inveterado criminoso e falsário. O famoso epigrama das "Frases e filosofias para uso da juventude" não pode ser mais claro: "Nenhum crime é vulgar, mas toda vulgaridade é crime. A vulgaridade é a conduta dos outros".[12]

---

* Romance publicado um ano antes, que Wilde leu atentamente, pois foi fazendo alusão a uma de suas réplicas que terminaria, com a injunção "Mate essa mulher!", sua própria *Salomé*.

Seguiu-se de perto um outro encontro importante, embora definitivamente menos agradável: aquele de 21 de abril de 1883 com Edmond de Goncourt*, que conheceu, antes de revê-lo no ateliê de De Nittis, graças a Théodore Duret, feroz defensor de Édouard Manet, após o escândalo de o *Almoço na relva* e o clamor em torno de *Olympia*.

A terceira temporada em Paris também chegava a seu fim em meados de maio de 1883. Não por muito tempo, já que Oscar Wilde retornou pela quarta vez à Cidade Luz logo no início do mês de junho do ano seguinte. E para que temporada! Após seu casamento com Constance Lloyd – em Londres no dia 29 de maio de 1884 – para sua lua de mel!

Foi em 16 de maio de 1883 – dois dias após seu retorno à capital inglesa, onde voltou para o apartamento mobiliado da Charles Street, 9 – que, preocupado em acabar com o rumor cada vez mais persistente quanto a sua homossexualidade, Oscar convidou Constance, que conhecera dois anos antes, a tomar chá na casa de sua mãe, Lady Wilde. Eles se reviram três dias depois, em 19 de maio, na casa dos Lloyd, e depois muitas outras vezes até 26 de novembro de 1883, data do noivado. Já nessa época, Oscar não hesitava em se mostrar com ela em várias recepções, inclusive durante a segunda turnê de conferências que, novamente sem dinheiro após sua longa e dispendiosa temporada parisiense, aceitou fazer na esteira de sua lucrativa experiência americana. Preparada pela mesma equipe de promotores, ela começou em 24 de setembro de 1883 e levou-o durante um ano inteiro por toda a Grã-Bretanha. Foi nessa ocasião que Wilde voltou pela primeira vez, desde a morte de seu pai, a Dublin, onde proferiu, em 22 de novembro de 1883, uma palestra, como já fizera nos Estados Unidos, sobre "A decoração do lar".

Mas quem era essa jovem que se tornaria sua esposa um ano mais tarde? Constance – que nascera em 2 de janeiro

---

* Esse encontro revelou-se para Wilde repleto de anátemas, senão de injúrias, pois foi qualificado de "indivíduo de sexo duvidoso, com uma linguagem afeminada e com narrativas excessivamente jocosas" (McKenna, *The Secret Life of Oscar Wilde*).

de 1858, sendo três anos e meio mais nova do que ele – vivia, desde a morte de seu pai, ocorrida em 1874, quando ela tinha apenas dezesseis anos, com seu avô, John Oratio Lloyd. Rico e famoso advogado da Coroa, ele morava em uma mansão na prestigiosa Lancaster Gate.*

Constance era, no entanto, bem mais do que uma bela jovem esbelta (ela media 1 metro e 73), com longos cabelos cacheados, olhos brilhantes e graciosa silhueta etérea, assim como a descrevia seu irmão Otho. Com uma personalidade viva e curiosa, amante de uma boa conversa e do bordado, ela sentia um tal interesse pelas artes e pelas letras que se inscreveu na academia de belas-artes, de onde saiu com menções mais do que honrosas, e lia, no original, os grandes autores clássicos. Além disso, Constance, cujas ideias bastante revolucionárias em matéria de estética certamente agradavam a Wilde, era uma feminista convicta – coisa um tanto rara para a época, ainda mais porque essa liberdade que se sentia aflorar nela não alterava em nada sua feminilidade, como comprova o bom gosto, natural e delicado, com o qual se vestia.

De uma graça quase angelical, e de uma beleza não desprovida de sensualidade, Constance era, no dizer de Oscar, um quadro pré-rafaelita! As provas são estas duas cartas que escreveu – em 22 de janeiro de 1884, do Royal Victoria Hotel de Sheffield, onde fez uma apresentação cujo tema centrava-se nas "Impressões de Ianquelândia"** – para anunciar seu casamento com ela.

> O nome dela é Constance, e ela é bastante jovem, muito séria e mística, com olhos maravilhosos e longos cabelos cacheados: absolutamente perfeita [...]. Estamos, é claro, desesperadamente apaixonados. Fui obrigado a viajar quase o tempo todo desde o nosso noivado, para civilizar a pro-

---

* Mansão onde, em 6 de junho de 1881, Oscar viu Constance pela primeira vez, ao acompanhar Lady Wilde à casa de sua amiga Emily Lloyd, tia de sua futura esposa.

** Palestra que, proferida inicialmente em 11 de julho de 1883, no Prince's Hall de Londres, viria a se tornar, depois de reelaborada, um livro.

> víncia com minhas [...] palestras, mas trocamos telegramas duas vezes por dia [...]. Entrego minhas mensagens [...] com muita seriedade e procuro dar a impressão de que a palavra "amor" é um criptograma [...] e "querida", um código secreto [...].[13]

Wilde escreve aqui ao escultor Waldo Story. E, no mesmo dia, vai mais além, dirigindo-se desta vez a sua confidente Lillie Langtry:

> Vou me casar com uma encantadora moça chamada Constance Lloyd, uma pequena Artêmis de olhos cor de violeta, séria e gentil, com pesadas tranças de cabelos castanhos [...] e maravilhosas mãos de marfim [...]. Devemos nos casar em abril. [...] Tenho trabalhado bastante, fazendo palestras e me enriquecendo, embora seja terrível ficar tanto tempo longe dela. Mas [...] precipito-me do fim do mundo para vê-la, nem que seja por uma hora, e faço todas as tolices que fazem os apaixonados bem-comportados.[14]

Nota-se, com a leitura dessas duas cartas, como Wilde estava então apaixonado por Constance, a quem fez uma corte assídua até o noivado. É essa mulher doce e inteligente, discreta mas presente, fiel e devotada – que manteria por toda a sua vida uma lealdade exemplar em relação ao marido, mesmo quando este a enganaria descaradamente com seus diversos amantes –, que Wilde desposaria em 29 de maio de 1884, após pagar as dívidas que contraíra ao voltar de Paris.

Muito badalado e "supermidiatizado", o casamento aconteceu na elegante e aristocrática igreja Saint-James, no centro de Londres. Uma cerimônia fastuosa, mas marcada de refinamento, considerando que ambos os noivos eram grandes estetas. Assim, foi o próprio Wilde que, inspirando-se nas figuras femininas típicas do pré-rafaelismo, desenhou o vestido nupcial para sua noiva e concebeu a forma entrelaçada de suas alianças. O casamento foi, na opinião de todos os convidados, um sucesso total, como revela o *Irish Times*, que nunca poupou críticas a Wilde, afirmando que o escritor, vestido para a ocasião com um fraque espantosamente sóbrio e exibindo um corte de cabelo cacheado, "parecia mais do que nunca Jorge IV". Edmund Yates, que definitivamente não era dos mais delicados com o mestre do estetismo, não disse outra coisa no *World*, e descreveu o concorrido evento social também em termos lisonjeiros para o jovem casal. A cereja do bolo: duas litografias venezianas que Whistler lhes ofereceu como presente de casamento... regalo que encheu Lady Wilde de alegria, encantada de ter como nora uma das herdeiras do abastado John Lloyd.

Os Wilde embarcaram felizes no dia seguinte, 30 de maio de 1884, para sua viagem de núpcias. Nas palavras de Constance, uma magnífica lua de mel, que passaram, como previsto, em Paris, hospedados no Hôtel Wagram, na Rue de Rivoli. Oscar, que conhecia maravilhosamente bem a Cidade Luz, reservara ali uma suíte de três cômodos no quarto andar com uma vista grandiosa para o Jardin des Tuileries, o Louvre e a Place de la Concorde.

Quanto a saber se essa felicidade conjugal era, num ser tão libertino e libertário quanto Oscar, real ou fingida, considerando a vida dissoluta à qual se abandonara logo após seu retorno a Paris, é uma questão das mais legítimas e, como tal, chegou a afligir até mesmo o seu amigo mais íntimo: Robert Sherard, a quem foi encontrar mal largou no hotel sua gigantesca bagagem. E mais: foi com uma desenvoltura beirando a indecência que Wilde narrou-lhe, nos mínimos detalhes, sua primeira noite de núpcias, durante a qual, em suas próprias palavras, passou a "deflorar uma jovem virgem".[15] E Sherard, que se sentiu de súbito pouco à vontade pelo teor de tais confidências e escandalizado com a indiscrição de tais palavras, retrucou: "Não, Oscar, você não deve me falar disso. É sagrado!".[16]

Contudo, é evidente que Wilde já não se preocupava mais com esse tipo de reserva em relação a sua afetuosa e querida mulher. Foi num lugar de reputação ainda mais baixa que o Éden – aquele buraco em cujas entranhas passara, quando solteiro, algumas de suas noites selvagens – que se fez imediatamente conduzir por Sherard: o Château Rouge. Antro do vício e sórdido "pátio dos milagres", perambulavam por lá, em meio a uma gente de aspecto inquietante, bandoleiros de todos os tipos. Numa atmosfera de crime à qual se misturava um fedor de depravação, conviviam prostitutas e cafetões, enquanto falsos mendigos esfarrapados tramavam as piores maquinações para extorquir dinheiro dos burgueses dos bairros nobres, em companhia de trapaceiros fingindo-se de enfermos, prostrados em suas muletas. Em suma, uma cena digna de *O corcunda de Notre-Dame* ou de *Os miseráveis*, e de que Wilde, fascinado por esse tipo de espetáculo, se serviria para descrever em *O retrato de Dorian Gray* esta outra espelunca, perdida nos covis torpes do velho porto de Londres, em algum lugar entre as docas e os bordéis: o fumatório de ópio que Dorian Gray gostava de frequentar.

Felizmente, essa escapada noturna de Wilde para longe do leito matrimonial não se renovou durante a viagem de núpcias, ao contrário do que aconteceria alguns anos mais tarde. E é bem provável que Constance nunca viesse a saber dessa primeira infidelidade, pois, cúmplice impecável, Sherard soube manter a aventura em segredo. Assim, depois de ter mentido com toda desfaçatez quanto ao teor dessa primeira porém significativa escapada, foi como se nada tivesse acontecido que Oscar a fez então descobrir, despreocupado e com o humor aventureiro, Paris, suas riquezas culturais, suas obras-primas da arte e suas pérolas literárias.

Os Wilde visitaram então o Salão de Paris, onde naquele ano dois quadros de Whistler eram exibidos. Eles viram também uma exposição consagrada ao pintor Meissonier, divertiram-se no Théâtre des Variétés, aplaudindo uma opereta fora de moda de Florimond Ronger, depois assistiram, no Théâtre Saint-Martin, a uma encenação de *Macbeth*, de Shakespeare, com Sarah Bernhardt no papel da sanguinária lady Macbeth, atriz que Constance achou "esplêndida". A esses eventos culturais acrescentaram-se as inevitáveis noitadas licenciosas que os *paparazzi* não perderam a oportunidade de cobrir, considerando que Oscar Wilde já era uma celebridade. Sem esquecer alguns jantares, dentre os quais um oferecido pelo próprio escritor, em 4 de junho, com a presença das personalidades mais diversas, como John Donoghue, jovem escultor nova-iorquino que ele lançara durante sua turnê nos Estados Unidos, e Henrietta Reubell, mulher de físico miúdo, mas com um temperamento tão excêntrico que Whistler fez dela uma de suas melhores aliadas em matéria de deboche.

Wilde leu muito naqueles dias: em particular a fina flor da literatura francesa do século XIX, incluindo *A tentação de Santo Antônio*, *A pele de onagro*, *As diabólicas* e *O vermelho e o negro**, livros que, com *As flores do mal*, tiveram uma influência determinante em sua obra futura, assim como em seu pensamento.

Mas foi um romance de muito maior importância para sua carreira literária que Wilde descobriu, atraído por sua fulminante capa amarela, durante essa temporada parisiense, descrevendo-o sempre a partir de então, de *O retrato de Dorian Gray* a *De profundis*, como "o livro mais estranho que já lera"[17] e do qual "durante anos [...] não conseguiu libertar-se da influência"[18]: *Às avessas*, de Huysmans, um "livro venenoso"[19] que Lord Henry oferece a Dorian Gray no romance e cuja publicação na primavera de 1884, na coleção Bibliothèque Charpentier, coincidiu com a lua de mel de Wilde.

O que esse "romance sem enredo, de apenas um personagem"[20], relatava não era outra coisa senão, como Wilde anotou em *O retrato*, a propósito do projeto filosófico do protagonista, Des Esseintes,

> um simples estudo psicológico de certo jovem parisiense que passou a vida tentando realizar em pleno século XIX todas as paixões e modos de pensamento de todos os séculos, com exceção do seu próprio, e a reunir, tal como ocorreu em si

---

* Respectivamente de Flaubert, Balzac, Barbey d'Aurevilly e Stendhal. (N.T.)

> mesmo, todos os estados de espírito por que passara o espírito do mundo, a amar, por serem apenas artificiais, aquelas renúncias a que os homens insensatamente chamam virtude e, com a mesma intensidade, aquelas revoltas naturais que os homens sensatos ainda chamam pecado.[21]

Uma síntese excelente do que, na opinião unânime dos críticos literários mais sensatos, era o paradigma, através de um esteta de personalidade tão aristocrática quanto Des Esseintes, do "decadentismo". Des Esseintes é apresentado por Wilde como o *alter ego* do jovem Dorian Gray:

> O herói, o jovem e maravilhoso parisiense em quem os temperamentos romântico e científico pareciam estranhamente fundidos, transformou-se, para ele, numa espécie de tipo pressuposto de si mesmo. E, na verdade, o livro [...] parecia conter a história da [sua] própria vida, escrita antes mesmo de vivê-la.[22]

Essas primeiras linhas do capítulo XI de *O retrato de Dorian Gray* apareciam como um verdadeiro manifesto do dandismo, à maneira do prefácio a *Mademoiselle de Maupin*, de Gautier.

Portanto, não surpreende nem um pouco que Wilde tenha se exaltado dessa forma por *Às avessas*! De fato: "O último livro de Huysmans é um dos melhores que já li"[23], declarou, enquanto o devorava, subjugado, em seu quarto de hotel, numa entrevista que concedeu, em 9 de junho de 1884, a um jornalista do *Morning News*. E, num artigo que publicou três anos depois, em 19 de maio de 1887, no *L'Événement*, Jean Lorrain foi mais além, percebendo o nascimento de uma moda que toda a sociedade parisiense aplicava-se em chamar, com base nos episódios mais marcantes desse livro cult, de "decadência":

> Todo mundo quis ter uma tartaruga laqueada de ouro e incrustada de pedrarias [...]; todo mundo quis ter sonhado

sinfonias de sabores e de perfumes; todo mundo quis ter compreendido o simbolismo de Gustave Moreau, a poética de Mallarmé e o sadismo de Aurevilly; todo mundo teve pesadelos e visões à la Odilon Redon. Repugnava ser refinado nas artes e cúmplice de sensações.[24]

Porém, o comentário de Lorrain revela-se ainda mais pertinente quando insiste sobre a importância que a pintura de Gustave Moreau ganhou em *Às avessas*. É na magistral descrição que Huysmans faz de um de seus quadros mais eróticos – intitulado justamente *Salomé* – que Wilde se inspiraria, na tragédia epônima, para narrar a dança do sabá que Salomé executa diante de Herodes antes de lhe pedir a cabeça do profeta João Batista, prelúdio bíblico de Cristo.

Eis o que Huysmans escreve no capítulo V de *Às avessas*, referindo-se à ligação estético-cerebral que une o ideal feminino de Des Esseintes à *Salomé* de Moreau:

> Na obra de Gustave Moreau [...], Des Esseintes via enfim realizada aquela Salomé [...] que havia sonhado. Ela não era mais apenas a bailarina que arranca, com uma corrupta torção de seus rins, o grito de desejo e de lascívia de um velho; que estanca a energia, anula a vontade de um rei por meio de ondulações de seios, sacudidelas de ventre, estremecimentos de coxas; tornava-se [...] a deidade simbólica da indestrutível Luxúria, a deusa da imortal Histeria, a Beleza maldita [...]; a Besta monstruosa [...] a envenenar [...] tudo quanto dela se aproxima, tudo quanto a vê, tudo quanto ela toca.[25]

Uma dança a tal ponto lasciva que seu ritmo enfeitiçante e infernal aproxima-se dos jogos mais perversos da decadência, mas que, como tal, se tornaria, para Wilde, a principal fonte de inspiração – junto com a *Hérodiade*, de Mallarmé – para sua própria *Salomé*. A mesma que, escrita em francês (em 1893) antes de ser (mal) traduzida para o inglês (em 1894) por seu amante Bosie, seria proibida pela censura vitoriana e que Sarah Bernhardt, para quem a peça fora inicialmente concebida, nunca teria a honra de interpretar nos palcos londrinos. Isso demonstra como essa lúbrica Salomé, que Oscar Wilde dedicou a Pierre Louÿs, foi, assim como seu autor, maldita, para não dizer amaldiçoada!

A viagem de núpcias oferecida por Oscar a Constance chegava ao fim. Depois de duas semanas passadas em Paris, era tempo de voltar para Londres. Ainda mais porque uma série de obrigações, definitivamente menos lúdicas, os esperavam, como as obras da nova e bela casa da Tite Street, 16, que foram realizadas pelo arquiteto de interiores Edward Godwin.*

Antes de desembarcar na Inglaterra, em 24 de junho de 1884, os jovens esposos passaram ainda por Dieppe, à beira-mar, onde viveram, segundo Constance, "uma semana deliciosa". Seria correto dizer que Oscar teria repentinamente se tornado, nessa quase idílica lua de mel, e para parafrasear o título de uma de suas peças, "um marido ideal"? Longe disso! Esta era, na realidade, apenas a bonança antes da tempestade: um belo e sedutor prelúdio para o desastre futuro.

---

* Um dos mais renomados de sua época.

Um marido não ideal

> *Parece que você não compreende que, na vida conjugal, três é companhia e dois, não.*
>
> OSCAR WILDE,
> A importância de ser prudente[1]

A volta para Londres não foi nem um pouco animadora para o jovem casal. A casa da Tite Street, 16, para onde deveriam se mudar logo após a viagem de núpcias, não estava pronta ainda. As despesas relacionadas às obras de reforma aumentavam a cada dia, e as cinco mil libras que o velho John Horatio Lloyd lhes adiantara sobre a herança que deixaria à neta, Constance, acabara-se, obrigando-os a viver, ao menos provisoriamente, na exiguidade do apartamento de dois cômodos da Charles Street, 9. A essa decepção acrescentava-se o fato de Oscar se ver então obrigado a retomar sua turnê de conferências pelos quatro cantos da Grã-Bretanha, de modo a remediar a precariedade de sua situação financeira. Novamente com o pé na estrada, distanciava-se ainda mais da mulher, mesmo demonstrando sentir muita saudade dela, a julgar pelo conteúdo inflamado desta carta que lhe escreveu em 16 de dezembro de 1884, de Edimburgo, na Escócia:

> Querida e amada,
> Oh! vida execrável, que impede nossos lábios de se beijarem, embora nossas almas sejam uma. [...] Minha alma e meu corpo não parecem mais pertencer a mim, mas unidos num maravilhoso êxtase com os seus. Sinto-me incompleto sem você.
> Sempre e sempre seu,
> Oscar[2]

É difícil avaliar o grau de sinceridade de tal declaração de amor da parte de um ser tão volúvel, senão frívolo, como Wilde. Porém, considerando a vida que levava então, nada deixava supor que naquele momento teria sido culpado de algum adultério, embora algumas das alusões contidas numa carta que escreveu alguns dias antes a Philip Griffiths, belo rapaz que conhecera quando estivera em Birmingham, deixassem pairar algumas dúvidas:

> Meu caro Philip,
> Enviei-lhe uma fotografia minha [...]. Espero que lhe agrade. Gostaria, em troca, que me enviasse uma sua, que eu conservarei como lembrança de nosso agradável encontro e das horas douradas que passamos juntos.[3]

Felizmente para Constance, que estava grávida do primeiro filho, as coisas parecem não ter ido mais longe com o jovem Griffiths. Assim, durante alguns meses, os Wilde conseguiram encontrar um verdadeiro equilíbrio. Ainda mais porque sua situação financeira melhorara nitidamente, não apenas em razão dos ganhos de Oscar nessa nova turnê de conferências, mas sobretudo graças a Constance, que enriquecera de súbito com a herança deixada pelo avô em julho do mesmo ano. Desse modo, as obras da casa puderam ser terminadas por Godwin, cujos gostos eram fortemente influenciados pelos cânones do pré-rafaelismo.

Os Wilde mudaram-se em 1º de janeiro de 1885 para sua luxuosa casa da Tite Street, 16. Era um grande sobrado constituído de um pavimento térreo, um subsolo (onde ficava a cozinha) e mais quatro andares. A porta de entrada era branca com uma janela de vidro polido. Uma lamparina de ferro batido ficava suspensa no vestíbulo, cujas paredes eram decoradas com duas gravuras: uma representando *Apolo e as musas*, e a outra *Diana e suas ninfas no banho*. Essa entrada dava, à direita, para uma biblioteca na qual se encontrava a escrivaninha que pertencera a Carlyle. Era sentado a essa mesa que Wilde trabalhava cercado por seus livros: os clássicos gregos e latinos, é claro, mas também, além dos maiores poetas de sua época, muitos autores franceses e alguns ingleses contemporâneos. Em um canto, sobre uma coluna, havia uma reprodução do *Hermes de Olímpia*, de Praxiteles. As paredes, ornadas de lambris pintados de azul-escuro, eram amarelo-claras como o teto. Nelas, havia alguns quadros de Simeon Salomon, Monticelli e Beardsley, e acima da porta encontrava-se um longo lintel de madeira no qual fora gravado, em letras douradas sobre fundo vermelho e azul, um verso de Shelley.

O outro cômodo, à esquerda do vestíbulo, era formado pela sala de jantar, que, através de uma porta envidraçada, dava para o jardim situado na parte de trás da casa. Suas paredes, pintadas de branco, eram ornadas, a partir de um friso dourado, de cortinas de seda amarela. Um tapete azul-esverdeado com motivos claros, desenhado por William Morris, cobria o piso. A mesa e as cadeiras, no estilo Chippendale, eram brancas. Quanto aos móveis, requintados embora sóbrios, eram compostos de uma cristaleira, na qual ficava exposta a prataria, e de um aparador destinado a receber o famoso serviço de porcelana azul.

O primeiro andar também era constituído de dois cômodos: a sala de visitas e uma sala de fumar com atmosfera mais intimista. As paredes da vasta e suntuosa sala eram verde-garrafa, e o teto, verde-jade, enquanto a lareira e os lambris eram laqueados de castanho-rosado: todo o conjunto realçado com uma decoração de inspiração pré-rafaelita no meio do qual reinava um piano de cauda preto. De cada lado da lareira, sobre a qual estava disposta uma pequena estátua de Narciso em bronze verde, dois divãs triangulares, baixos e cobertos de almofadas, enchiam os cantos da sala. Um retrato de Oscar Wilde de corpo inteiro, executado por Harper Pennington, ornava a parede oposta à lareira, enquanto um busto do imperador Augusto erigia-se sobre uma coluna de mármore colocada em outro canto. No teto, em dois cantos opostos, Whistler pintara dragões dourados. Sobre o fundo verde das paredes, destacavam-se as litografias venezianas que o mesmo Whistler dera aos Wilde, gravuras de Mortimer Mempes, croquis em sanguina de artistas menos conhecidos, alguns desenhos de Blake e de Burne-Jones, assim como o manuscrito emoldurado do soneto de Keats que lhe fora oferecido durante sua viagem pela América.

Na sala de fumar, ambiente mais contido e com luzes suavizadas, uma cornija amarelo-limão separava as paredes cobertas de um papel vermelho e dourado texturizado do forro coberto de couro japonês. Quanto à decoração desse cômodo, com seus tapetes persas e seus sofás de veludo, suas otomanas e suas lanternas, era de inspiração mourisca. A parte de cima da lareira era reservada ao busto de bronze de uma menininha, esculpido por John Donoghue em homenagem a sua jovem irmã Isola.

No segundo andar, separados por um corredor, ficavam os quartos do senhor e da senhora Wilde. O de Constance tinha paredes fúcsia e o teto verde-esmeralda: todo o conjunto ornado de tules e cortinas de renda atrás das quais se escondia uma banheira. O quarto de Oscar, por sua vez, tinha as paredes azul-escuras e o teto azul-anil. O terceiro andar compreendia os quartos das crianças, além de um quarto de brincar. Quanto ao último andar, era ocupado pelos empregados: uma cozinheira, uma criada de quarto e um criado.

À primeira vista, portanto, tudo convergia para que Wilde fosse um homem feliz nesse momento de sua vida. Contudo, um primeiro incidente veio perturbar a aparente tranquilidade: a desavença que o opôs a Whistler. Este, artista talentoso, mas homem vaidoso e irascível, cioso do sucesso de seu protegido, desencadeou as hostilidades em 20 de fevereiro de 1885, acusando publicamente Wilde, em uma conferência pronunciada no Prince's Hall de Piccadilly, de plagiar suas ideias em matéria de estética. Publicada com o título "Ten O'Clock", essa palestra seria posteriormente traduzida em francês por Stéphane Mallarmé e depois publicada em maio de 1888, em Paris, na *Revue indépendante*.

Depois dessa conferência londrina, a polêmica inflamou-se dia após dia, sem nunca mais se extinguir, para a grande felicidade da imprensa marrom. Irritado com a afronta que Whistler acabava de lhe infligir, já no dia seguinte Wilde empunhou sua pluma mais incisiva para retorquir, na *Pall Mall Gazette* de 21 de fevereiro de 1885, que, embora reconhecesse nele "um grande mestre da pintura", "o poeta é o artista supremo [...], mestre absoluto sobre a vida e todas as artes".[4] Isso quer dizer que Wilde, como poeta, sentia-se superior a Whistler, que para ele sempre ocuparia como pintor, um lugar inferior na hierarquia das artes. Um julgamento que irritou ainda mais seu rival, o qual respondeu, por sua vez, com um texto de conteúdo igualmente incendiário, quatro dias mais tarde, no *World* de 25 de fevereiro de 1885. A réplica de Wilde, não menos mordaz, tampouco se fez esperar, pois logo na manhã seguinte, 26 de fevereiro de 1885, ele fustigou novamente, no mesmo jornal, as visões de Whistler.

Nesse duelo a distância, os dois adversários afiavam suas armas. A última palavra coube a Wilde, como atesta este comentário, intitulado sarcasticamente "A Note in Black and White on Mr. Whistler's Lecture", publicado na *Pall Mall Gazette* de 28 de fevereiro de 1885, sobre o "Ten O'Clock": "A Arte não foi feita para ser ensinada nas Academias"[5], sustentava, mais revolucionário do que nunca, antecipando aí algumas das ideias essenciais de seu ensaio "O crítico como artista". A disputa quase fratricida no plano filosófico entre esses dois intelectuais de alto ranque acalmou-se por algum tempo. Uma bonança relativa que durou cerca de dois anos, durante a qual Wilde pôde dedicar-se, com rara felicidade, a sua nova paixão: a paternidade. Seu primeiro filho, Cyril, nasceu em 5 de junho de 1885, enquanto o segundo, Vyvyan, um ano e meio mais tarde, em 3 de novembro de 1886.

Foi nessa época que, furioso de ver Wilde promovido à liderança de um comitê formado para reformar a arte, Whistler decidiu voltar à carga em um artigo ainda mais mordaz publicado em 17 de novembro de 1886 no *World*. Posicionando-se ao lado da conservadora mas influente Royal Academy, vociferava contra os membros do tal comitê.

> E quando [...] chega o nome de Oscar, os senhores se perdem na farsa e atraem sobre si o desprezo e a chacota de seus colegas na Europa. O que tem Oscar em comum com a Arte, a não ser o fato de jantar às nossas mesas e afanar de nossos pratos as ameixas para os *puddings* que vai cozinhar na província? Oscar, o adorável, irresponsável, improvável Oscar,

que não entende mais de um quadro do que do corte de um paletó, tem a coragem de exprimir a opinião... dos outros![6]

Dessa vez, foi demais. Whistler não se contentava mais em ridicularizar Wilde, nem apenas em denegri-lo acusando-o de plágio, mas dirigia-se diretamente a alguns de seus aliados mais próximos. Louco de raiva, Wilde aproveitou o lançamento de uma biografia consagrada ao artista para escrever, na *Court & Society Review*, um artigo a tal ponto devastador que não ousou assinar. Nele, reiterava sua tese segundo a qual o poeta seria intelectualmente superior ao pintor:

> O domínio do pintor é muito diferente daquele do poeta. A esse último cabe a vida em sua totalidade: [...] o ciclo perfeito do pensamento [...], o desenvolvimento espiritual da alma. O pintor, por sua vez, é tão limitado que só pode nos fazer ver o mistério da alma através de uma máscara tangível; só consegue manipular as ideias graças às imagens. E como o faz canhestramente [...]![7]

A despeito da violência das palavras, as coisas pararam por aí naquele momento. Não sabendo de onde partira o golpe, ainda que suspeitasse, Whistler não tinha a quem dirigir oficialmente sua pérfida réplica. Não que Wilde desejasse prolongar indefinidamente essa controvérsia que, por mais fecunda que fosse do ponto de vista filosófico, permanecia um tanto fastidiosa. Sobretudo porque nessa época ele tinha muitos outros interesses, à frente dos quais sobressaía – apesar de seu casamento feliz e além de sua recente paternidade – uma paixão cada dia maior pela beleza masculina.

Foi muito cedo em sua vida conjugal que surgiram em Wilde os primeiros mas evidentes sinais de distanciamento em relação a sua esposa. Se havia uma coisa que esse esteta não suportava – a ponto de lhe inspirar repulsa e desprezo – era não tanto a maternidade em si, mas a gravidez: causa principal, a seus olhos, do enfear progressivo do corpo feminino em razão da deformidade que impõe à silhueta. Um dia, demonstrando mais uma vez uma indiscrição chocante, confiou a Frank Harris, que conhecera um ano antes, em 1884:

> Quando me casei, minha mulher era linda, branca e esguia como um lírio [...]. Em pouco mais de um ano, a graça floral esvaíra-se completamente; ela se tornou pesada, informe, desfigurada: arrastava-se pela casa num abandono ignóbil, com o rosto contraído e manchado, um corpo medonho, de coração partido por causa de nosso amor. Era terrível. Eu tentava ser gentil com ela; forçava-me a tocá-la e beijá-la, mas ela estava sempre doente, e... oh! Não gosto nem de lembrar, era tudo tão repulsivo... Eu costumava lavar minha boca e abrir a janela para limpar meus lábios ao ar puro.[8]

Confidência tão cruel quanto indelicada! O que enseja esta conclusão: foi a partir dos primeiros meses de sua vida matrimonial que Wilde começou a negligenciar sua mulher, deixando de ter relações sexuais com ela para ir aliviar suas pulsões nos braços de efebos, os quais, fascinados pelo prestígio de seu nome, como Dorian Gray o seria pela eminência de Lord Henry, só tinham olhos para ele.

Foi junto a esse mesmo Harris que Wilde refugiou-se num primeiro momento para tentar esquecer os horrores da maternidade e os inconvenientes do casamento – conquanto esse novo amigo, quando o conheceu, não tenha sido em absoluto seduzido por sua fisionomia, então bastante feia apesar de seu charme, assim como revelou na biografia que lhe dedicou anos depois:

> Ele me cumprimentou com uma mão mole que me desagradou; suas mãos eram flácidas, sebosas; sua pele tinha um aspecto bilioso e sujo. Usava um grande anel com um escaravelho verde. Era antes vestido com exagero do que bem-vestido; usava roupas apertadas demais; era corpulento demais. Notei de imediato um tique nervoso, que se tornou mais evidente com o tempo, de puxar seu papo com a mão direita enquanto falava; e esse papo já era gordo e molenga. Sua aparência encheu-me de fastio. Estou sublinhando

> essa repulsa física porque penso que muita gente sentiu o mesmo [...]. Não me lembro do que falamos, mas logo notei que seus olhos cinzentos eram esplendidamente expressivos; ora animados, ora risonhos, ora compreensivos, mas sempre belos. A boca bem-desenhada também, com seus lábios cheios, cinzelados, de um tom púrpura, tinha um certo atrativo e significância a despeito de um dente escuro que chocava as pessoas quando ele ria.[9]

Portanto, fora sua personalidade, a eloquência sem par quando se punha a falar de arte e de literatura, o olhar de súbito iluminado que, muito mais do que seu corpo, subjugara, a exemplo de outros jovens, Frank Harris.

Entre suas conquistas masculinas, figurava o jovem Henry Currie Marillier, que conhecera seis anos antes, mas que voltou à sua vida graças a uma carta que recebeu em 5 de novembro de 1885. Encantado de se ver novamente solicitado pelo belo e empreendedor "Harry", então estudante na Universidade de Cambridge, Wilde marcou de imediato um encontro com ele para dali a dois dias em Londres, onde foram ao teatro assistir a uma representação de *As Eumênides*, de Ésquilo, antes de acabarem a noite juntos em um hotel próximo de Piccadilly Circus. Ao que parece, o reencontro foi breve e intenso, já que Wilde – que partiu na manhã seguinte para Newcastle, onde tinha uma conferência a dar – escreveu-lhe no mesmo dia, 8 de novembro de 1885, uma carta cheia de entusiasmo:

> Acho [...] o corpo tão belo quanto a alma [...]. Nosso reencontro teve um quê de Browning: curiosidade, encantamento, delícias. Foi uma hora intensamente dramática do ponto de vista psicológico [...]. Quando o verei de novo? Escreva-me uma carta longa para a Tite Street: eu a encontrarei quanto voltar. Gostaria que estivesse aqui, Harry.[10]

E, seis dias depois, reiterou sua "afeição" numa carta com um tom ainda mais exaltado, pois Wilde estava verdadeiramente apaixonado por Marillier. Então, pediu que lhe enviasse uma foto (como já obtivera de Griffiths) e perguntou se conhecia a obra de Charles Edward Sayle, autor que acabara de publicar anonimamente uma coletânea de poemas cuja temática gravitava em torno do uranismo. Fica patente, à leitura dessas duas cartas, que a homossexualidade de Wilde não deixava mais dúvidas, embora ainda fosse clandestina.

O bilhete, igualmente ardente, que lhe escreveu dois dias depois é ainda mais explícito, embora redigido com um estilo empolado:

> O que faz Harry? Estará lendo Shelley em um país aureolado pelos reflexos da lua e cercado de uma aura de mistérios? Ou será que navega, vestido de babilônio, por um rio? O mundo será para ele um monte de lixo ou um jardim florido? Seria envenenado ou perfeito, ou os dois ao mesmo tempo?[11]

Mas o que vemos sobretudo aflorar nessas linhas é o que em alguns anos viria a ser uma das temáticas mais recorrentes na obra de Wilde e, em especial, em *O retrato de Dorian Gray*: a justaposição num mesmo pensamento de noções *a priori* opostas – a feiúra e a beleza, o veneno e a perfeição – que, como as "duas postulações simultâneas" de Baudelaire, reconciliam-se subsequentemente numa unidade indissolúvel...

A "experiência", cara ao hedonismo de Pater, seu mentor de outrora, cingida de uma fatídica pulsão de autodestruição, desenha-se nesta outra carta que Wilde escreveu – de Glasgow, onde apresentou naquele dia uma milésima conferência sobre a arte – ao mesmo Marillier:

> Você também sente amor pelo impossível [...]. Um dia descobrirá, como eu descobri, que a vida não é um romance; temos lembranças romanescas e desejos romanescos – ponto. [...] Eu sacrificaria tudo para conhecer algo novo, mas sei que isso não existe. Creio-me mais disposto a morrer por uma ideia em que não acredito do que por uma outra que aceito por verdadeira. Deixar-me-ia matar por uma sensação permanecendo cético até o final! Uma única coisa continua infinitamen-

te fascinante para mim: o mistério dos gostos. É delicioso ser o dono de seus gostos; e mais delicioso ainda ser dominado por eles. Penso às vezes que a vida do artista é um longo e cativante suicídio – e não lamento que seja assim.[12]

E conclui evocando, de modo alusivo, alguns dos temas baudelairianos mais célebres, entre os quais aqueles que aparecem em "O convite à viagem":

Existe um país desconhecido cheio de flores estranhas e de perfumes sutis, um país onde a alegria das alegrias é sonhar, um país onde tudo é perfeito e envenenado.[13]

Essa teoria da "embriaguez da infelicidade", Wilde já esboçara com lucidez num outro bilhete que enviara três semanas antes a seu tórrido amante. "Existe apenas um sinal de mau agouro: o seu fogo! Harry, você brinca com fogo de maneira imprudente"[14], soltara-lhe como se, através desses amores ainda proibidos, simplesmente caminhasse ao encontro de seu próprio destino, antecipando a passagem do tempo, senão da história.

E, de fato, foi a partir desse período que, brincando de maneira imprudente com sua felicidade, Wilde se pôs a desafiar abertamente o destino, levando a insolência ao ponto de convidar para sua casa, em sua intimidade mais sagrada e colocando em risco sua vida familiar, seus sucessivos amantes. Assim, depois de um outro encontro secreto numa casinha nas vizinhanças de Hampton, no interior do Middlesex, Wilde rompeu com todas as convenções sociais, desdenhando qualquer pudor com relação a sua mulher, e não encontrou nada melhor a fazer do que aparecer sem avisar – em seu lar da Tite Street, 16, onde viviam Constance e o filho do casal, Cyril, então com sete meses – com seu amigo Marillier em duas ocasiões, nos dias 15 e 21 de janeiro de 1886.

Constance, sempre generosa e dedicada ao marido, nunca suspeitou, nessa ocasião como em tantas outras, da infidelidade patente de Oscar. Foi assim que, quando esse idílio com Harry terminou, desfilou em sua casa uma procissão de outros rapazes, contra os quais, cândida, a esposa nunca teve nada a dizer: Douglas Ainslie, Henry E. Dixey, Herbert P. Horne e, sobretudo, Robert Ross, que se tornaria o amante mais fiel e leal de Wilde. Às portas da morte, ele não hesitaria em fazer desse último seu testamenteiro e seu herdeiro literário.

As circunstâncias exatas nas quais Wilde e Ross foram apresentados não são conhecidas. O que se sabe é que se viram pela primeira vez em Oxford em 1886 e que Ross – em quem Oscar apreciava mais a inteligência do que a beleza, a personalidade mais do que o corpo – ficou hospedado durante pelo menos três meses na casa de Wilde antes de entrar, em outubro de 1888, quando não tinha ainda vinte anos, no King's College. Embora fosse um estudante medíocre, Ross era dotado de uma vasta cultura literária e artística, além de uma grande sensibilidade. Assim, apesar de sua juventude, fez amizade com escritores já famosos, como Conan Doyle, Kipling, Symonds e Browning. Porém, naquela época, Wilde e Ross tinham sobretudo uma paixão comum, a obra de George Sand, na qual detectavam não apenas a personificação da liberdade intelectual, mas também uma "veneração pela aristocracia da inteligência".[15]

Essa simpatia que ele alimentava pelo feminismo nascente levou Wemyss Reid, dono da *Lady's World* (uma revista de moda e sociedade), primeira publicação feminina mensal da Inglaterra, a lhe propor o cargo de editor. Ocupação que Wilde aceitou de bom grado, tendo imediatamente percebido as enormes vantagens que tal posição poderia oferecer-lhe tanto do ponto de vista social quanto do financeiro. Contudo, ele impôs uma condição: que o nome do periódico mudasse para *Woman's World*, título mais próximo, a seus olhos, de suas próprias concepções em matéria de feminismo. Foi portanto uma revista decididamente "feminista", mais do que "feminina", e com ambições mais culturais do que mundanas, que Wilde comandou a partir de 18 de maio de 1887, fazendo colaborar mulheres letradas de primeira linha, como Cristina Rossetti, sem esquecer sua mulher, Constance, e sua mãe, Lady Wilde, a qual recobrou de súbito, sob a proteção de seu Oscar adorado, sua verve de outrora. O próprio Wilde escreveu bastante para a revista, dedicando todos os seus artigos ao comentário de obras também femininas.

A aventura durou apenas dois anos e meio. Wilde, a quem o aspecto mais técnico da tarefa desagradava, cansou-se rapidamente. Ainda mais porque a ideia de ter de se dedicar de maneira quase exclusiva ao trabalho intelectual das mulheres, por mais inovador que fosse, acabou por lhe parecer fatalmente limitado, sobretudo quando se pensa em sua homossexualidade. Então, em outubro de 1889, demitiu-se de seu cargo de editor da *Woman's World* para se dedicar de novo a seu prazer favorito: o amor entre homens, ainda que fosse de natureza mais estética do que sentimental. Foi durante esse período que – retomando seus bons e velhos hábitos, incluindo os de apresentar seus amantes à esposa, sempre tão ingênua – conheceu André Raffalovich, Arthur Clifton, Graham Hill e, principalmente, John Gray, o mesmo que, um ano mais tarde, lhe inspiraria o personagem de Dorian Gray.

Naquele tempo, contudo, Wilde era muito mais do que um simples libertino a multiplicar suas conquistas masculinas e enganar sua mulher. Se, por um lado, não era evidentemente um marido ideal, era, por outro, nas próprias palavras de seu filho Vyvyan, um pai muito bom, gentil e afetivo, sempre cheio de atenções e bastante divertido. Assim, na festa de Natal de 1888 – na qual estava presente seu amigo Yeats, não menos brincalhão e também correndo em volta da árvore iluminada –, esquecendo-se do dândi que era, Wilde tirou o paletó e se pôs a brincar de quatro com seus filhos, imitando índios e cavalos.

É aliás interessante constatar a que ponto Wilde era capaz de se extasiar diante da beleza anunciada de seu primeiro filho, Cyril:

> O bebê é esplêndido: tem o nariz arrebitado, o que, segundo a ama, é uma prova de inteligência! Também é dotado de uma voz magnífica, que exerce de maneira livre e cujo timbre é tipicamente wagneriano.[16]

Logo, não é fantasioso afirmar que muitos dos contos que Wilde escreveu entre 1887 e 1889 encontraram sua inspiração – embora seu alcance intelectual estenda-se certamente além do simples quadro infantil – nessa magnífica relação que tinha com seus dois filhos. É o caso da coletânea *O príncipe feliz e outros contos*, publicada em 1888, e de *Uma casa de romãs*, lançada em 1891. Narrativas às quais convém acrescentar, embora suas temáticas sejam muito mais sombrias e suas escritas nitidamente mais complexas, *O crime de Lorde Artur Savile* (1891) – conto que se baseia numa reviravolta quase nietzschiana de valores morais do "bem" e do "mal" – e *O retrato de Mr. W.H.* (1889) – história centrada na crítica de conceitos filosóficos, ligados ao idealismo platônico, de "verdade" e "falsidade", "aparência" e "realidade". Nesse último texto, aparece um dos temas principais da obra wildiana e, mais secundariamente, do dandismo: o tema da "máscara", como indica o título do primeiro ensaio de Wilde, "A verdade das máscaras (Notas sobre a ilusão)", publicado em maio de 1885, antes de ser integrado, em 1891, na coletânea *Intenções*. Embora o texto parta de uma análise do teatro shakespeariano*, é com um aforismo, inspirado em Emerson, que Wilde retoma a querela com Whistler, agora com mais força ainda: "Aproveite este aviso oportuno, James, e permaneça como eu, incompreensível. Ser grande é ser incompreensível".[17] E quatro anos mais tarde, em janeiro de 1889, Oscar desenvolveria essa mesma tese no que seria um de seus ensaios mais marcantes em matéria de estética: "A decadência da mentira" (também republicado em 1891 na coletânea *Intenções*).

No entanto, um dos aspectos marcantes da obra de Wilde é que o louvor mais fundamentado que fez da máscara, figura artística do segredo, encontra-se no texto mais corrosivo que produziu. A peça *Um marido ideal*, escrita em 1893, parece calcada em sua experiência pessoal, mas o título por si só mostra, de maneira crítica, a que ponto seu autor estava afastado da vida conjugal. Partindo desse "jogo

---

* E de uma hipótese: o amor que Shakespeare sentia pelos rapazes.

de aparências", é Pascal Aquien quem melhor captura, no exame que faz de Lord Goring – o indolente porém generoso dândi dessa comédia –, a importância do papel atribuído à máscara: "Como dândi, Goring sabe que o eu é feito de uma superposição de máscaras"[18], argumenta. E, para resumir a forma de pensar wildiana no espírito dessa peça, conclui: "Para Wilde, o tema da máscara faz o elo entre a dimensão política da peça e uma postura mais de ordem estética".[19] Não era justamente sobre isso que Wilde escrevia ao falar do prazer que Lord Goring tinha em dissimular aos outros sua verdadeira natureza?

> Dândi irreprochável [...]. Brinca com a vida e está nas melhores relações com a sociedade. Adora ser mal compreendido. Isso lhe fornece uma posição vantajosa.[20]

Wilde reformularia essa necessidade do dândi de se esconder atrás de uma máscara para melhor se proteger numa carta endereçada a Philip Houghton, a quem acabava de enviar o texto de *Um marido ideal*. Ansioso para corrigir a imagem que poderiam fazer dele, quer dar a impressão de rigor mais do que de frivolidade, de profundidade mais do que de superficialidade:

> Aos olhos da sociedade, e isso vem de mim, dou a impressão de ser apenas um dândi diletante – é imprudente mostrar seu coração ao mundo. Ora, assim como maneiras sérias são o disfarce do tolo, a extravagância com ares de trivialidade, de desenvoltura e de indiferença é o disfarce do homem sério. Numa época tão vulgar como a nossa, todos precisamos de máscaras.[21]

Quanto à insistência com a qual Wilde se esquivava ao olhar, e até ao julgamento dos outros, foi André Gide quem a notou com mais acuidade no retrato que fez dele em sua homenagem póstuma:

> Diante dos outros [...] Wilde mostrava uma máscara social,

feita para embasbacar, divertir ou, às vezes, exasperar. [...] Só era possível reconhecê-lo ao encontrar-se a sós com ele.²²

Gisèle Venet, no prefácio que escreveu para *O leque de Lady Windermere*, mostrou-se muito próxima, na relação que estabeleceu entre a máscara e o dândi (Lord Darlington), destas palavras: "Darlington só resistiu à tentação [...] graças ao paradoxo, a melhor máscara para se passar pelo que não se é".²³ Em suas quatro grandes comédias, é a linguagem que, por meio do paradoxo – essa figura de estilo tão cara a Wilde –, constitui o principal subterfúgio do dândi, funcionando como uma máscara conceitual. Gisèle Venet acrescenta:

> Em sua vida, assim como na de seus personagens favoritos, o jogo com as palavras configura a arte do dândi que sempre pode fingir-se de indiferente, como Lord Henry, o "príncipe do paradoxo", em *O retrato de Dorian Gray*.²⁴

Ao partir dessa visão relativista, até mesmo nominalista, do mundo, não é nem um pouco surpreendente que "os personagens wildianos dos quais nos lembramos com mais frequência, e por mais tempo, sejam os dândis"²⁵, como revela Aquien, na medida em que

> são eles que fazem o texto vibrar, que o fazem brilhar e que, paradoxalmente, o desestruturam moderando ao mesmo tempo seu ritmo. Seus chistes fazem o texto avançar e, simultaneamente, convidam o leitor a perscrutar nas entrelinhas e a se perguntar, menos talvez sobre o sentido do que sobre o nonsense que eles criam.²⁶

Se os incessantes ditos espirituosos – feitos de aforismos fulgurantes e de epigramas desconcertantes – revelam-se sedutores para a inteligência é porque, para além do prazer que oferecem por sua verve encantatória, eles admitem um sentido bem mais profundo do que o da simples habilidade mental: o de uma inegável dimensão filosófica, visto que são esses ditos espirituosos, à frente dos quais emerge a ironia, que constituem o fundamento da relação privilegiada que o escritor mantém com a linguagem. E mais: é à sofística grega, e à sua mais perfeita arte da dialética, que o dândi wildiano está ligado. O que Wilde mostra em seu teatro, para além das críticas que dirige contra a sociedade vitoriana, é uma definição do ser como produto da palavra e, como tal, criador de todas as coisas, inclusive da verdade:

> Atribuí à própria verdade, como sua legítima jurisdição, tanto o que é falso quanto o que é verdadeiro e demonstrei que o falso e o verdadeiro são apenas formas de vida intelectual.[27]

Logo, não é surpreendente que, a partir do momento em que Wilde – a própria encarnação do dandismo e para quem a retórica fazia parte integrante da estética – escolheu tomar, por meio de seu casamento com Constance, o caminho de um conformismo apenas aparente, ele tenha passado a levar uma "vida dupla", para retomar a expressão utilizada por Cecily em *A importância de ser prudente*, outra peça bastante crítica em relação à instituição matrimonial.

De fato, é precisamente uma vida dupla que esse esteta, impregnado da dualidade baudelairiana, viveria – desertando cada vez mais Constance, "uma mulher sem importância" na vida real, para parafrasear o título de outra de suas comédias – a partir do momento em que conheceria, em junho de 1891, Bosie: o homem que o conduziria, num drama existencial que se aproximava de um suicídio intelectual, à morte.

Contudo, antes de sua queda vertiginosa, faltava ainda a Wilde escrever sua obra-prima, *O retrato de Dorian Gray*, texto que prenuncia a vida dupla, patética e sublime, que seria dali em diante a sua.

De Dorian a Bosie: esplendor e miséria de um dândi

> *Vi Dorian Gray. [...] Sabia que me deparara, frente a frente, com alguém cuja personalidade, por si só tão fascinante, me absorveria, caso eu o permitisse, toda a natureza, toda a alma, minha própria arte. [...] Algo parecia dizer-me que eu me encontrava à beira de uma crise terrível em minha vida. Tomava-me a sensação estranha de que o Destino guardara, para mim, alegrias requintadas, tristezas requintadas.*
>
> Oscar Wilde,
> O retrato de Dorian Gray[1]

Quando publicou, em 20 de junho de 1890, *O retrato de Dorian Gray*, uma das grandes obras literárias do final do século XIX, Oscar Wilde teria apenas mais dez anos de vida. Até então ele, que pouco tempo antes era apenas o autor de um magro volume de poemas e de uma coletânea de contos, além de alguns ensaios teóricos, nunca sentira nenhuma afinidade particular pelo romance, embora acreditasse que "a literatura é maior do que qualquer outra arte"[2], conforme afirmou em "O crítico como artista", redigido bem antes de *O retrato* (embora só tenha sido publicado algumas semanas depois deste, entre julho e setembro de 1890):

> Para comover-nos agora com a ficção, seria preciso dar-nos um fundo absolutamente novo, ou revelar-nos a alma do homem até suas engrenagens mais secretas.[3]

E acrescentava, levando ainda mais longe a crítica quanto à natureza das obras romanescas de seu tempo:

> Resta ainda muito por fazer na esfera da introspecção. O povo muitas vezes diz que a ficção está tornando-se demasiado mórbida. No que se refere à psicologia, nunca foi

mórbida o bastante. Não temos feito mais do que roçar a superfície da alma, eis tudo.[4]

A redação de *O retrato de Dorian Gray* não nasceu, todavia, por iniciativa pessoal de Wilde. Foi fruto de uma encomenda que o editor americano J.M. Stoddart, que conhecera durante sua viagem aos Estados Unidos, fez a ele no verão de 1889.

Num 30 de agosto desse ano, Stoddart, de passagem por Londres, convidou para jantar os dois escritores ingleses que mais apreciava: Arthur Conan Doyle e Oscar Wilde. Aproveitando a ocasião, convidou-os a escrever textos originais para o periódico que editava, o *Lippincott's Monthly Magazine*. Wilde e Conan Doyle aceitaram, encantados com a proposta ainda mais sedutora por ser remunerada. Conan Doyle deu a seu mecenas *O signo dos quatro*, e Oscar Wilde, para quem a ideia de escrever um romance começava a germinar, prometeu-lhe, para o mês de março do ano seguinte, um manuscrito inédito. Foi justamente *O retrato de Dorian Gray*, cuja primeira versão apareceu, como acertado, no número de junho de 1890 dessa revista, enquanto sua versão definitiva, com seis capítulos a mais, foi publicada em forma de volume na Inglaterra e nos Estados Unidos em abril de 1891.

Nesse livro, cuja filosofia estava implicitamente resumida em "O crítico como artista", Wilde recusa o realismo de Dickens e o naturalismo de Zola em matéria de literatura, preferindo a ambos – ainda adepto do idealismo grego – o romantismo, de que o simbolismo representava a seus olhos a própria essência da criação artística. Dali a se voltar para o decadentismo de Baudelaire e de Huysmans foi um pulo que o estetismo de Wilde, sempre tão revolucionário em seu posicionamento, deu de maneira alegre. Pois foi precisamente em *Às avessas* – romance que Wilde lera cinco anos antes – que *O retrato de Dorian Gray* se inspirou em muitos de seus capítulos. O próprio Wilde, aliás, anuncia essa preferência pelo simbolismo em seu prefácio: "Toda arte é [...] símbolo. [...] Os que leem o símbolo fazem-no a seu próprio risco".[5]

Outra reflexão premonitória, com uma pequena diferença paradoxal: foi a seu próprio "risco", para retomar sua expressão, que Wilde concebeu *O retrato*, a julgar pelas reações hostis que o livro provocou nos críticos ingleses. Os representantes da elite vitoriana, a qual tinha a deplorável tendência de julgar as obras de arte apenas segundo seus próprios conceitos morais, não se enganaram ao remeter o romance que iluminou esse fim de século aos decadentistas franceses, contra os quais sentiam a mais viva aversão.

Três jornais destacaram-se numa campanha de detração que teve início a partir do final de junho de 1890: *The Daily Chronicle*, *The St. James's Gazette* e *The Scots Observer*.

The Scots Observer para começar. Esse periódico escolheu um argumento particularmente pérfido – e cujas consequências jurídicas se revelariam das mais nefastas durante o processo que Wilde enfrentaria cinco anos mais tarde – para atacá-lo, sem contudo questionar seu talento como escritor. Relacionou a obra a um sórdido caso de "atentado ao pudor" que implicou alguns membros da aristocracia inglesa envolvidos em práticas homossexuais com jovens mensageiros londrinos. Assim, podemos ler na edição de 5 de julho de 1890:

> Se *O retrato de Dorian Gray* [...] é um texto engenhoso, interessante, brilhante e incontestavelmente a obra de um homem letrado, trata-se no entanto de uma arte falsa, pois seu interesse é de ordem médico-legal; é falsa em relação à natureza humana, pois seu herói é um monstro; é falsa em relação à moral, pois o autor não afirma, de modo explícito, preferir uma vida correta, saudável e equilibrada a um itinerário de monstruosa iniquidade. A intriga – que lida com temas aceitáveis apenas em uma delegacia de polícia ou diante de um tribunal de portas fechadas – desonra o autor e o editor. O sr. Wilde possui inteligência, arte e estilo. Porém, se só é capaz de escrever para aristocratas fora da lei e jovens mensageiros pervertidos, o quanto antes se voltar para alguma profissão decente melhor será para sua reputação e para a moral pública.[6]

Quanto aos dois outros jornais, *The St. James's Gazette* e *The Daily Chronicle*, foi a um argumento de ordem essencialmente literária – embora não desprovido de uma certa dose de xenofobia, visto que se referiam aos "decadentes franceses" para melhor ridicularizá-lo – que recorreram para incriminar Wilde. "O autor alardeia suas pesquisas baratas junto aos dejetos abandonados pelos decadentes franceses como qualquer pedante idiota e nos entedia com uma ladainha sem propósito sobre a beleza do Corpo e a corrupção da Alma"[7], fulminava o primeiro, num artigo publicado em 24 de junho de 1890. O segundo, ainda mais intransigente, vocifera contra ele seis dias depois:

> Trata-se de uma narrativa criada pela literatura leprosa dos decadentes franceses, um livro venenoso cuja atmosfera exala odores mefíticos de podridão moral e espiritual – um estudo malicioso da corrupção moral e física de um jovem belo e brilhante que, não fosse sua frivolidade efeminada, poderia ter sido horrível e fascinante.[8]

Nota-se o quanto a campanha de imprensa desencadeada em toda a Grã-Bretanha pela publicação de *O retrato de Dorian Gray* foi violenta. Uma conspiração a tal ponto vindicativa e sabiamente orquestrada pelo *establishment* que nunca mais o abandonaria, tanto que concorreu de modo amplo, ao lado do marquês de Queensberry, para que a justiça tomasse a decisão definitiva de jogá-lo na prisão!

Em todo caso, esses diversos artigos, que refletiam bastante bem a opinião pública, tinham razão sobre um ponto (desde que retirada sua ignomínia): a real influência do decadentismo francês sobre a obra de Wilde. Além dos escritores já citados, as referências a Nerval, Lautréamont, Mirbeau, Leconte de Lisle, Villiers de L'Isle-Adam, Élémir Bourges, Remy de Gourmont, Joseph Péladan e Rachilde eram evidentes.

Assim, os críticos franceses mostraram-se, logicamente, muito mais favoráveis a Wilde, o qual ficou conhecido de imediato em Paris como o autor de *O retrato de Dorian Gray*. Entre os admiradores dessa obra estava Mallarmé, que em 10 de novembro de 1891 escreveu-lhe esta mensagem, bastante elogiosa, em seu estilo inigualável:

> Estou acabando o livro, um dos únicos que podem emocionar, visto que sua tensão se faz com um devaneio essencial e com os mais estranhos aromas da alma. Tornar-se pungente, por meio de um extraordinário refinamento do intelecto, e humano, em tal atmosfera perversa de beleza, é um milagre que o senhor realiza e com um belo emprego de todas as artes do escritor! "It was the portrait that had done everything." Esse retrato de um Dorian Gray de pé, inquietante, assombrará, mas na escrita, pois ele mesmo se tornou livre.[9]

É verdade que os temas próprios ao decadentismo francês estão fortemente presentes no romance de Wilde. Entretanto, como nota Jean Gattégno no prefácio que redigiu para *O retrato*, "os críticos ingleses poderiam ter se dispensado de procurar uma ascendência para Dorian Gray do outro lado da Mancha".[10] Pois, continua,

> na Inglaterra também as coisas haviam começado a mudar, e o terreno estava preparado para as "provocações" de um Oscar Wilde e para sua radical denúncia da moral vitoriana que era ainda todo-poderosa na imprensa.[11]

E, de fato, a sociedade vitoriana teve então que se confrontar às críticas severas, embora ainda discretas, de intelectuais tão eminentes quanto Matthew Arnold, Thomas Carlyle, George Eliot, John Addington Symonds, Walter Pater e John Ruskin.

Mas o que não deixa de espantar – nisso que já começava a se tornar o que a crônica judiciária viria a chamar de "o caso Wilde" – foi o zelo empregado pelo autor para se defender dessas acusações, justificando-se com vigor tanto no plano filosófico quanto no ético. À maneira de Keats, ele afirma que se posicionou apenas do ponto de vista artístico nas teses debatidas em *O retrato de Dorian Gray*. Retomando dois dos preceitos contidos em seu prefácio ao romance, escreve ao diretor do *The Scots Observer*, em 9 de julho de 1890, uma carta na qual se pode claramente ler:

> Escrevo porque escrever me dá o maior prazer artístico que possa existir. [...] Sua crítica [...] comete o crime [...] imperdoável de confundir o artista com seu assunto. [...] Keats declarou que sentia tanto prazer em conceber o mal quanto em conceber o bem. [...] É nessas condições que o artista trabalha. [...] Um artista [...] não tem simpatias éticas. O vício e a virtude são simplesmente para ele o que são, para o pintor, as cores em sua paleta.[12]

E, referindo-se a Goethe e a Flaubert, argumentou em outra carta, enviada ao mesmo interlocutor em 13 de agosto de 1890: "Quando um homem vê a beleza artística de uma obra, preocupa-se [...] pouco com seu valor ético".[13]

Esclarecimentos corroborados por esta mensagem que Wilde enviou a Conan Doyle – aproveitando a oportunidade para explorar sua concepção da linguagem –, o qual, tendo-lhe assegurado seu apoio, o felicitara pelo "plano moral elevado" de *O retrato*:

> Entre mim e a vida há sempre uma bruma de palavras. Jogo a verossimilhança pela janela pelo bem de uma frase – e a oportunidade de fazer um epigrama desvia-me da verdade. Viso, contudo, à criação de uma obra de arte [...]. Os jornais me parecem redigidos por homens pudicos, para o uso dos filisteus. Não consigo atinar como podem tratar *Dorian Gray* de imoral. Minha dificuldade foi manter a moral inerente à história subordinada ao efeito artístico e dramático.[14]

Essa posição filosófica desenvolvida em *O retrato de Dorian Gray* está em perfeita coerência com aquela defendida, na mesma época, em "O crítico como artista", diálogo de feitio socrático: "Toda arte é imoral!".[15] E por um bom motivo. Paralelamente a Nietzsche, Wilde opera aqui uma inversão dos valores judaico-cristãos ao estabelecer, em seu próprio sistema hierárquico, a superioridade da estética sobre a ética: "A estética é mais elevada do que a ética. Pertence a uma esfera mais espiritual".[16]

Se é verdade que o decadentismo francês desempenha um papel primordial na gênese e na escrita de *O retrato de Dorian Gray*, é numa das figuras mais emblemáticas do romantismo alemão – embora mesclado do gótico inglês – que esse romance se inspira sobremaneira: o *Fausto*, de Goethe. É exatamente a busca desesperada da juventude eterna – ainda que ao preço de uma trágica condenação (o inferno para Fausto, o suicídio para Dorian) – que constitui o tema central das obras de Goethe e Wilde. Com uma variante suplementar acrescentada, porém, no romance de Wilde: o tema do "duplo". O retrato de Dorian Gray, paralelamente à inevitável corrupção de sua alma, sofrerá as devastações do tempo... e isso até o drama final.

Esse romance apresenta quatro momentos-chave. O primeiro no capítulo II, no qual Dorian Gray contempla seu retrato pela primeira vez no ateliê de Basil Hallward:

> – Como é triste!
> Dorian mantinha os olhos ainda fixos no retrato.
> – [...] Eu vou ficar velho, horrível, pavoroso. E este quadro permanecerá jovem para sempre. [...] Ah, se fosse o contrário! Se fosse eu a permanecer jovem para sempre, se fosse o quadro a envelhecer! Eu daria... eu daria tudo por isto! [...] Daria até mesmo minha alma![17]

No capítulo VII, em seguida, quando Dorian Gray percebe horrorizado, alguns dias mais tarde, a transformação ocorrida no retrato:

> Manifestara um desejo louco para que ele permanecesse jovem e o retrato envelhecesse. Para que sua beleza permanecesse imaculada, e o rosto na tela suportasse o peso de suas paixões, de seus pecados [...]. Não fora, então, o desejo satisfeito? [...] E o quadro? [...] Ele continha o segredo de sua vida, contava sua história. [...] Para cada pecado

que cometesse, viria uma mancha sarapintar, danificar aquela formosura. [...] O quadro seria [...] o emblema visível de sua consciência.[18]

Mais adiante, no capítulo XX, após ter matado Basil Hallward, Dorian Gray, tomado de remorsos e torturado pela culpa, destrói o retrato que vê como o reflexo de sua alma, provocando assim o fim de sua própria vida, visto que o quadro é, metaforicamente, seu espelho negativo:

> [O retrato] tirava-lhe o sono da noite [...]. Agira como a própria consciência. Não, fora mesmo a própria consciência. Ele o destruiria. [...] Mataria aquela vida-espírito, monstruosa, e, sem seus conselhos repulsivos, ele alcançaria a paz. Dorian agarrou o objeto e esfaqueou o quadro. Ouviu-se um grito e um baque. [...] No chão, deitado, de fraque, um homem morto, com uma faca no coração. Encarquilhado, enrugado, com uma fisionomia horrenda.[19]

Com esse derradeiro sacrifício, num quarto e último momento, tudo volta à ordem pré-estabelecida, já que Dorian Gray reintegra, tanto do ponto de vista físico quanto do psíquico, sua verdadeira natureza – envelhecida e corrompida –, enquanto seu retrato retoma "toda a maravilha daquela juventude e beleza singulares".[20]

Reunidos, os três personagens principais dessa narrativa formam uma espécie de retrato ideal de seu autor, como Wilde indicou numa carta que escreveu em 12 de fevereiro de 1894 a Ralph Payne: "O livro tem muito de mim mesmo. Basil Hallward é o que eu penso ser; Lord Henry, o que o mundo pensa que sou; Dorian, o que eu gostaria de ser".[21]

E é ainda mais verdade que a relação de sedução quase mefistofélica que liga o carismático mas cínico Lord Henry ao jovem e belo Dorian Gray era em tudo semelhante – a não ser pelo fato de as duas figuras romanescas não terem tido nenhuma relação sexual – à que na vida Wilde e Bosie tiveram juntos.

Essa tese também é desenvolvida, em seu prefácio a *O retrato de Dorian Gray*, por Jean Gattégno, que insiste nesse aspecto autobiográfico e, portanto, premonitório, já que Wilde ainda não conhecia Bosie na época em que escreveu o romance:

> Wilde alimentou seu texto com todas as intuições que produziam nele a existência que levava, o modo de vida que escolheu para si, dando desse modo corpo a pressentimentos e aspirações. Assim, a ficção, construída em parte com base na memória de textos de que gostava [...], chega a sugerir que, se a fatalidade não age propriamente no destino romanesco de Dorian Gray, talvez o faça na vida de Oscar Wilde.[22]

E acrescenta:

> É fácil constatar a que ponto os dois protagonistas daquilo que se tornaria o drama pessoal de Wilde são modelados ou, pior ainda, deixaram-se modelar com base nos dois principais personagens do romance.[23]

A teoria segundo a qual Wilde, homem maduro e experimentado, visto que se aproximava dos quarenta anos, corrompeu o inocente porém influenciável Bosie, como Lord Henry seduziu Dorian Gray, foi proposta pelo próprio Alfred Douglas ao escrever – catorze anos depois da morte de Oscar, na autobiografia *Oscar Wilde and Myself*, que se pretendia um ato de autodefesa – as seguintes palavras:

> É preciso lembrar que, quando conheci Wilde, eu era muito jovem, e mais jovem ainda em termos de personalidade e experiência. De fato, eu era apenas uma criança.[24]

A defesa acerca de seu passado à qual Douglas se entregava aí, Wilde a antecipou em três ocasiões – ao evocar a "Teoria do Infante Samuel" – em sua confissão epistolar em forma de *mea culpa* tanto quanto de acusação. Nela, também procurando defender-se, Wilde elaborou, das profundezas de sua cela de Reading, um retrato ácido de seu antigo amante:

> E, graças ao toque absurdo que se constitui no elemento gótico da História [...], seu pai viverá para sempre entre os bondosos e íntegros pais de que nos falam os textos da Escola Dominical, e você sentará ao lado do Infante Samuel, enquanto eu, mergulhado na lama mais sórdida de Malebolge, serei colocado entre Gilles de Retz e o Marquês de Sade.[25]

E é exatamente como o corruptor da alma jovem e maleável de Bosie, mais ainda do que por "atentado grave ao pudor", que Wilde foi condenado à conclusão do processo que lhe moveu em 1895 o marquês de Queensberry, cinco anos após a publicação de seu romance!

Porém, existe mais coisa ainda nessa semelhança que vemos aflorar na relação que une, de um lado, no mundo ficcional, Lord Henry e Dorian Gray, e, do outro, na vida real, Wilde e Bosie: um nível intelectual extraordinariamente elevado para o primeiro e singularmente baixo para o segundo. Assim, Wilde confessa a Bosie:

> E é exatamente aí que reside o grande erro psicológico da nossa amizade: a total falta de equilíbrio. Você forçou a entrada numa vida que era demasiado grande para você, uma vida cuja órbita transcendia tanto a sua capacidade de visão quanto a sua capacidade de mudança cíclica, uma evolução revestida de um significado intenso, de um interesse amplo e repleta das mais terríveis e maravilhosas consequências.[26]

Jean Gattégno tem razão ao afirmar que "nada aconteceu a Dorian Gray a não ser o fato de ele ser pequeno demais para o destino ao qual seu sonho louco, sua *hybris*, o prometera".[27] Com uma pequena diferença: é Wilde, e não Bosie, que, ao contrário do que ocorre em *O retrato* (visto que Lord Henry fica impune), paga com dois anos de trabalhos forçados por essa fundamental pequenez de caráter de seu amante – uma superficialidade espiritual que Oscar qualifica, em *De profundis*, de "vício supremo"!

Mantendo essa diferença fundamental em mente, podemos concordar com Gattégno quando ele afirma que, considerando o fato de Wilde ainda não conhecer Bosie quando redigiu o romance, seu

> triunfo está em ter permitido que a fórmula, já citada, sobre seu gênio e seu talento fosse [...] verificada: ele cria uma obra de arte e então não pode impedir que sua vida se conforme a ela.[28]

E continua:

> *O retrato de Dorian Gray* [...] é o retrato da vida que Oscar Wilde e Alfred Douglas preparavam-se para levar, ou melhor, que Oscar Wilde esperava poder levar com um Dorian Gray ainda não encarnado.[29]

Antes de concluir:

> É aí que se encontra a verdadeira fatalidade, a que marcou a consciência que Wilde tinha de sua própria vida e da qual *O retrato de Dorian Gray* oferece uma imagem repetida *ad infinitum*.[30]

É essa intensa mas conflituosa relação – que uniu Oscar e Bosie durante quase sete anos numa paixão em que o amor muitas vezes se confundia com o ódio – que nos convém examinar agora até a catástrofe final, como se *O retrato* nos tivesse oferecido o prelúdio romanesco.

Em junho de 1891, Wilde conheceu Bosie, que tinha apenas vinte anos, por intermédio de uma de suas conquistas masculinas, Lionel Johnson, estudante de Oxford. Bosie também acabava de ingressar, como Wilde dezessete anos antes, no Magdalen College. Johnson, além de ser um fervoroso admirador de Walter Pater, era, segundo Wilde, um poeta de talento promissor. Levado por essas afinidades em comum, Wilde naturalmente lhe ofereceu um exemplar de *O retrato de Dorian Gray*, o qual acabou por fatalidade caindo nas mãos de um de seus amigos homossexuais: Bosie. Este, fascinado pela intriga do romance, foi como muitos jovens da época seduzido por seu autor.

O encanto foi recíproco. Como esteta, Wilde mostrou-se imediatamente cativado pela beleza de Bosie, efebo de linhagem toda aristocrática: Lord Alfred Douglas, nascido em 22 de outubro de 1870, era o terceiro filho de John Sholto Douglas, oitavo marquês de Queensberry, e de Sibyl Montgomery, dama originária da alta burguesia. Bosie, por sua vez, cedeu prontamente ao irresistível charme e carisma natural de Wilde, aos quais se acrescentava uma enfeitiçante vivacidade de espírito mesclada de profunda cultura. Não tardou para que Oscar – cuja esposa exemplar não suspeitava de nada, tanto a admiração que dedicava a ele a ofuscava – praticamente instalasse em sua casa o novo amante!

De tal forma que – unindo o útil (sua mulher) ao agradável (seu amante) – tudo parecia seguir da melhor maneira para Wilde, cujos filhos o enchiam de alegria. Ainda mais porque o ano de 1891 revelou-se dos mais férteis do ponto de vista editorial: além da publicação no mês de abril, em livro e em sua versão definitiva, de *O retrato de Dorian Gray*, também foram publicados *A alma do homem sob o socialismo* (que veio a lume em fevereiro, na *Fortnightly Review* de Frank Harris), *Intenções* (obra lançada em 2 de maio, reunindo seus quatro ensaios principais), *O crime de Lorde Artur Savile e outras histórias* (coletânea que apareceu em julho) e *Uma casa de romãs* (de novembro).

Apenas um inconveniente: depois do fiasco de *Vera ou os niilistas*, veio o fracasso de sua segunda peça, *Guido Ferranti*, montada em 26 de janeiro de 1891 no Broadway Theatre de Nova York. Contudo, longe de derrubá-lo, essa decepção reforçou em Oscar, cujo amor-próprio acabava de ser ferido, sua vontade de escrever uma nova peça, ávido por emergir definitivamente nos palcos do mundo! Aproveitando-se então do fato de que Bosie deveria deixar Londres para voltar a estudar em Oxford, Wilde partiu para Paris, cidade que amava acima de todas, para escrever em francês, entre os meses de novembro e dezembro daquele ano, sua *Salomé*.

Wilde hospedou-se primeiro no Hôtel Normandie, próximo ao Palais-Royal, antes de se instalar no Grand Hôtel, no Boulevard des Capucines. Ali recobrou, mais ativo do que nunca, o ritmo trepidante da vida social. Frequentou os salões da princesa de Mônaco, de Juliette Adam e de Madame Straus, ex-mulher de Georges Bizet (cuja Carmen, dançarina fatal, representou um certo papel na elaboração da *Salomé* de Wilde). Ele reencontrou muitos outros grandes escritores franceses, entre os quais Ernest Raynaud, Henri de Régnier, Maeterlinck, Heredia, Paul Fort, Pierre Louÿs e sobretudo, por intermédio desse último, André Gide, então com 22 anos, que conheceu em 27 de novembro de 1891 em um desses jantares entre amigos que se seguiam às famosas "Mardis" de Mallarmé.

Gide conta em minuciosos detalhes esse episódio de sua vida, no qual traça um dos mais aguçados retratos psicológicos de Wilde:

> Muito habilidoso em seduzir os que fazem a glória mundana, Wilde soube criar, à frente de seu próprio personagem, um divertido fantasma que representava com espirituosidade. [...] Entregava de sua sabedoria ou de sua loucura apenas o que acreditava que o ouvinte estava apto a degustar; servia a cada um sua porção, segundo seu apetite; os que nada esperavam dele nada recebiam, ou apenas um pouco de caldo ralo; e como sua primeira ocupação era divertir, muitos dos que acreditaram conhecê-lo só terão conhecido dele o gracejador. [...] Wilde tomou-me à parte [...]. Convidou-me para revê-lo. Naquele ano e no ano seguinte, eu o vi com frequência e por toda parte.[31]

De fato, Gide viu Oscar Wilde todos os dias naquele outono, até 15 de dezembro, data em que o dândi preparava-se para retornar a Londres a fim de celebrar o Natal em família. Subjugado por sua personalidade, Gide ficara secretamente apaixonado, como indica o tom desta carta que escreveu a Paul Valéry:

> Algumas linhas de um tolo que não lê mais, não escreve mais, não dorme mais, nem come, nem pensa [...]. O esteta Oscar Wilde, ó admirável, admirável aquele lá.[32]

Wilde, por outro lado, embora o apreciasse do ponto de vista intelectual, não ficara fisicamente seduzido por Gide. Ainda mais porque, com Bosie sempre presente em seu pensamento, tinha muitas outras coisas em mente durante essa temporada parisiense. Além da redação de *Salomé*, também se encarregava de promover *O retrato de Dorian Gray*. Assim, pôs-se a distribuir exemplares de seu romance às personalidades mais eminentes da vida cultural parisiense, dentre as quais Stéphane Mallarmé, em cujo volume acrescentou uma dedicatória redigida em francês: "Na França, a poesia tem muitos lacaios, mas apenas um mestre".[33]

Mallarmé, justamente. Wilde o conhecera numa curta viagem anterior, na própria Paris e naquele mesmo ano, como atesta esta carta, escrita também em francês e enviada do Hôtel de l'Athénée em 25 de fevereiro de 1891:

> Caro Mestre,
> Como posso agradecer pela maneira delicada com a qual o senhor me apresentou a magnífica sinfonia em prosa que as geniais melodias do grande poeta céltico, Edgar Allan Poe, inspiraram-lhe? Na Inglaterra, temos prosa e temos poesia, mas a prosa francesa e a poesia nas mãos de um mestre como o senhor tornam-se uma só e mesma coisa. É um imenso privilégio conhecer o autor de "A tarde de um fauno", mas encontrar nele a acolhida que o senhor demonstrou em relação a mim é certamente inesquecível. Assim, caro mestre, queira aceitar as minhas mais altas considerações.[34]

Desse escritor por quem alimentava uma real admiração, foi a *Hérodiade* que serviu, ao lado dos quadros de

Gustave Moreau, como primeira fonte de inspiração para *Salomé*. Quando terminou a peça, ele a entregou a alguns de seus amigos – entre os quais Adolphe Retté, Stuart Merrill, Marcel Schwob e Pierre Louÿs, a quem dedicou a obra – para que corrigissem eventuais erros de linguagem. Todavia, eles contribuíram apenas com correções mínimas: embora seu francês não fosse impecável do ponto de vista gramatical, revelou-se perfeitamente publicável no conjunto.

Uma outra obra contemporânea inspirou, ainda que indiretamente, Wilde na escrita de seu drama: *Hedda Gabler*, uma das principais peças de Henrik Ibsen, cuja estreia inglesa ocorrera alguns meses antes, em 20 de abril de 1891. Essa hipótese ilumina-se pela insistência com a qual, a partir de março, Wilde pediu a Elizabeth Robins, que interpretou o papel-título, para lhe reservar um bom lugar durante essa representação:

> Adoraria assistir à *Hedda Gabler*. [...] A peça é muito interessante e não poderia haver melhor intérprete do que a senhora para dar conta de sua sutileza e de seu lado trágico.[35]

Ao concluir *Salomé*, Wilde voltou para Londres, onde foi de imediato encontrar Bosie, depois de dois longos meses de ausência, deixando mais uma vez Constance só, embora ainda acompanhada de seus dois encantadores filhos, Cyril e Vyvyan, então respectivamente com seis e cinco anos.

Contudo, um desagradável incidente veio perturbar o escritor: um trecho do *Journal*, de Edmond de Goncourt, publicado no *L'Écho de Paris* de 17 de dezembro de 1891. Esse fragmento, que fez Wilde estremecer de indignação, referia-se à maneira como Goncourt relatava o primeiro encontro entre eles em abril de 1883, o qual se concentrara em torno da figura de Swinburne, a quem o autor de *O retrato de Dorian Gray* teria então tratado, em razão de sua suposta "pederastia", de "fanfarrão do vício".[36] Wilde, que sempre se irritou com esse tipo de imprecação, sentiu-se imediatamente no dever de responder numa carta que foi publicada dois dias depois, em 19 de dezembro de 1891, na mesma coluna do *L'Écho* – jornal cujo editor colocou como questão de honra apresentar "o esteta Oscar Wilde [...], o *great event** dos salões literários parisienses", como "uma das mais curiosas personalidades da literatura inglesa contemporânea".

> O senhor afirmou que eu apresentei o sr. Swinburne como um fanfarrão do vício. Isso espantaria sobremaneira o poeta [...]. Eis o que eu quis dizer. [...] O sr. Swinburne publicou seus *Poems and Ballads*, uma das obras que marcaram mais profundamente uma nova era em nossa literatura. [...] O público inglês [...] hipócrita, pudico e filisteu, não soube enxergar a arte na obra de arte: ele procurou nela o homem.[37]

Linhas essenciais que reiteram – para além de sua tomada de posição em favor de Swinburne – a tese que Wilde empregara, em suas cartas dirigidas um ano e meio antes ao diretor do *The Scots Observer*, para defender seu próprio *O retrato de Dorian Gray* contra qualquer acusação de imoralidade: de que haveria uma distância entre o artista e sua obra. Nota-se como era de fato ele mesmo, mais do que o poeta, que Wilde tentava desesperadamente defender frente aos terríveis ataques dos quais seria mais uma vez o injusto porém constante alvo a partir de sua volta a Londres. Ainda mais porque Bosie – de personalidade nervosa e imatura, e amante neurótico e invasivo – nada faria para poupá-lo desse triste destino.

Mal Wilde retornou a Londres, Gide, que recuperara a calma depois da crise de desespero, anotou em seu *Journal* (na data de 1º de janeiro de 1892), manifestamente aliviado com essa partida: "Wilde só me fez [...] mal. Com ele, desaprendi a pensar".[38] Palavras duras essas de Gide em relação a Wilde, ainda que fossem ditadas mais pelo ressentimento do que pela cólera. E curiosamente não muito distantes daquelas pronunciadas por Dorian Gray no final de *O retrato*, embora se referissem ao romance *Às avessas*, de Huysmans:

---

* Grande acontecimento. Em inglês no original. (N.T.)

"Um dia [você] me envenenou com um livro. [...] Quero que me prometa uma coisa, Harry, jamais emprestar aquele livro para alguém. É um livro maléfico".[39]

Esse foi o principal argumento utilizado pelo marquês de Queensberry que, de modo a persuadir a justiça inglesa a condenar Wilde à pena mais severa possível, apresentou-se como um pai preocupado em proteger seu jovem filho da alma maléfica que o autor de *O retrato de Dorian Gray* supostamente seria! Razão pela qual Wilde propõe uma segunda vez sua "Teoria do Infante Samuel" em *De profundis*:

> Teria sido bom [...] se você tivesse feito um protesto qualquer contra a versão [...] que seu pai apresentou sobre a nossa amizade, tão absurda em suas ilações a seu respeito quanto desonrosa em suas referências à minha pessoa. Aquela versão passou agora a fazer parte da história; [...] o pregador a utiliza em seus sermões e o moralista como tema de seu discurso estéril. E eu, que consegui ser apreciado por pessoas de todas as idades, tive de aceitar o veredito de um homem a quem considero um símio e um palhaço. [...] Tal é a ironia das coisas que seu pai ainda acabaria por tornar-se um personagem dos textos lidos da Escola Dominical, que você seria comparado ao infante Samuel e que eu ocuparia um lugar entre Gilles de Retz e o Marquês de Sade.[40]

Todavia, foi somente a partir de maio de 1892, cerca de um ano após o primeiro encontro entre eles, que essa simples mas intensa amizade transformou-se, como um incêndio que devora tudo a sua passagem, na paixão que logo destruiria Oscar Wilde.

Foi durante os cinco meses de relativa calmaria, que se estenderam entre seu retorno a Londres e o início de sua relação mais forte com Bosie, que Wilde dedicou-se a compor *O leque de Lady Windermere*, peça montada em 20 de fevereiro de 1892 no St. James's Theatre. Essa obra teatral, escrita no Lake District de Windermere ao longo do verão de 1891, viria a lhe conferir uma verdadeira notoriedade. Com suas 197 representações londrinas e lotação esgotada durante cinco meses seguidos, até 29 de julho do mesmo ano, a peça conheceu um triunfo fenomenal.

Se a brilhante comédia conquistou tal sucesso, constituindo uma virada decisiva na carreira literária de Oscar Wilde, é porque continha os ingredientes necessários para seu êxito, tanto na forma quanto no conteúdo, para além de seu aspecto subversivo em relação à sociedade vitoriana.

Primeiramente do ponto de vista estilístico, com uma coletânea de aforismos, uns mais brilhantes do que os outros, como este: "A vida é sempre uma coisa demasiado importante para que dela se fale seriamente".[40a] Em seguida do ponto de vista narrativo, com uma série de situações-tipo e personagens perfeitamente elaborados – semelhantes aos que ele criaria em suas três comédias posteriores, seguindo um procedimento literário bastante recorrente em seu teatro. A esses trunfos acrescentava-se o fato de Oscar Wilde não hesitar em se colocar em cena. Na estreia de *O leque*, por exemplo, assim que as cortinas baixaram, Wilde apareceu de improviso à frente do palco do teatro, onde dirigiu ao público estupefato, com um cigarro de ponta dourada na mão e um cravo azul-metálico na lapela, o seguinte discurso, meio teatral, meio insolente:

> Esta noite me causou um imenso prazer. Os atores interpretaram de maneira [...] encantadora esta peça [...] deliciosa, e vosso julgamento quanto a ela se mostra dos mais inteligentes. Eu vos felicito portanto do sucesso considerável de vossa participação, a qual me convence que vós tendes uma opinião quase tão elevada desta obra quanto eu mesmo.[41]

E o auditório abarrotado aplaudiu com entusiasmo a audácia da parte daquele que de repente se mostrava como um autêntico homem de teatro! Quanto a Wilde, ele saiu clandestinamente para terminar a noitada nos braços do jovem Edward Shelley, a quem convidara para assistir a esse memorável *happening*, no Albemarle Hotel, estabelecimento luxuoso situado perto de seu próprio clube, abandonando assim pela milésima vez a pobre Constance e, ao mesmo tempo, embora ainda secundariamente naquela época, Bosie... o qual, furioso por ter sido excluído, não tardou a se manifestar.

Foi em maio de 1892 que Lord Alfred Douglas começou a aparecer de maneira permanente na vida de Oscar Wilde. Mas por uma razão que não tinha nada a ver com qualquer ciúme amoroso: Douglas, que tinha por hábito utilizar os serviços de jovens prostitutos, estava tendo que enfrentar diversos chantagistas que lhe exigiam dinheiro. Wilde, já apaixonado por esse jovem e belo aristocrata, e doravante rico e famoso (as representações de *O leque de Lady Windermere* rendiam-lhe setenta libras esterlinas por semana, aproximadamente sete mil euros hoje), não hesitou, generoso como era, em lhe fornecer, por intermédio de seu advogado, Sir George Lewis, o dinheiro necessário para acabar com a chantagem.

Foi a partir desse momento que sua amizade, paralelamente a suas relações sexuais, consolidou-se de verdade, de tal modo que, a não ser por curtos períodos, praticamente não mais se deixaram até o processo de maio de 1895. Três anos durante os quais, a julgar pela lista de rendimentos e despesas que a administração judiciária publicou quando de seu decreto de falência, Wilde dilapidou – para agradar a seu amante, saciar seus menores desejos e satisfazer seus caprichos – a bela soma de cinco mil libras esterlinas ou o equivalente nos dias de hoje a meio milhão de euros! É o que Wilde recrimina a Bosie em *De profundis*:

> Entre o outono de 1892 e a data da minha prisão, gastei com você e em você mais de cinco mil libras em moeda corrente, além das dívidas que contraí por sua causa. [...] Sei que "vida simples e pensamentos elevados" eram naturalmente um tipo de ideal que você teria sido incapaz de apreciar na época, mas tamanhas extravagâncias acabaram sendo a nossa desgraça.[42]

Em um mundo codificado como o da sociedade vitoriana, esse tipo de vida só poderia conduzir a sua perda, acabando por arruiná-lo, tanto do ponto de vista artístico quanto do financeiro e inclusive do moral. Esse é um fato que Wilde reconhece, revelando ao mesmo tempo uma notável lucidez quanto a sua parte de responsabilidade na catástrofe anunciada:

> Aqui na minha cela escura, envergando este uniforme de prisioneiro, um homem desgraçado e totalmente arruinado, eu me julgo culpado. [...] Culpo a mim mesmo por ter permitido que uma amizade que nada tinha de intelectual [...] dominasse inteiramente a minha vida. Desde o início, sempre houve um abismo muito grande a separar-nos. Você [...] nunca foi capaz de entender que um artista [...] como eu, para quem a qualidade das obras que cria depende de uma intensificação da personalidade, necessita, para que sua arte possa desenvolver-se, de um ambiente onde haja perfeita comunhão de ideias, de uma atmosfera intelectual, de silêncio, paz e solidão. [...] Culpo-me por ter permitido que você me levasse à mais completa e absoluta decadência. [...] Porém, mais do que tudo, culpo-me por ter permitido que você me levasse à mais completa degradação moral. A vontade é a base do caráter, e a minha vontade estava totalmente submetida à sua.[43]

Resta saber como um homem tão inteligente e sensível, profundo e culto como Wilde pôde se deixar levar assim facilmente – no momento em que obtivera afinal, com *O leque de Lady Windermere*, a glória literária que tanto buscara nos quatro cantos do mundo – numa semelhante decadência existencial, a ponto de não ser mais, ao fim de sua vida, do que a sombra patética e debilitada de si mesmo.

Interrogação ainda mais legítima quando se considera que essa propensão à "autopunição", invocada por Robert Merle para explicar tal tragédia, por mais pertinente que seja, não pode certamente constituir razão suficiente para esta, dada a grandeza das consequências. Logo, é preciso procurar em outros lugares a explicação definitiva.

Um fato preciso veio a se superpor de maneira determinante na vida de Wilde no mesmo momento em que Bosie foi procurá-lo pedindo-lhe para remediar o problema da chantagem de que era vítima: a censura. Naquela primavera de junho de 1892, quando tudo estava pronto para a primeira representação de *Salomé* no Palace Theatre de Londres – peça à qual ele conferia uma importância particular havia alguns anos – esta foi proibida. Sarah Bernhardt iria representar o papel-título: "Cada ensaio foi uma fonte de prazer intenso. Ouvir minhas palavras pronunciadas pela mais bela voz do mundo constituiu a maior alegria artística que é possível sentir".[44]

Foi o Lorde Chanceler, auxiliado por Edward F. Smyth-Pigott, responsável oficial pela censura teatral, que proibiu a peça – sob o pretexto de que um decreto real proscrevia a presença de personagens bíblicos em cena. Álibi estúpido e falacioso, pois foi o caráter eminentemente erótico de *Salomé* que esses dois "mestres censores" estigmatizaram de fato ali, escandalizados pelo que qualificaram de "milagre da impudência [...] escrito num francês meio bíblico meio pornográfico".[45] Seja como for, essa proibição que infligiam tão brutalmente a seu texto desestabilizou a tal ponto Wilde – ainda mais ultrajado porque sua peça *O leque de Lady Windermere* era parodiada em algum obscuro teatro londrino – que ele não encontrou nada melhor a fazer do que se consolar, por desejo de vingança e de provocação e para manifestar seu desprezo em relação à moral vigente, na cama de Bosie, homem de modos abertamente depravados em contraste com esses burgueses empolados.

Wilde foi afetado por essa funesta decisão. É o que dá a entender o tom injurioso empregado numa carta que escreveu, no início do mês de julho de 1892, a seu amigo William Rothenstein. Ele se encontrava em Bad-Hombourg, estação de águas bastante frequentada pela aristocracia inglesa, para onde, pretextando junto a sua mulher uma cura de repouso, partira para encontrar seu amante:

> O censor das peças de teatro é nominalmente o chanceler da rainha, porém, na realidade, é um funcionário banal [...], o sr. Pigott, que beneficia [...] a hipocrisia do povo inglês, autorizando a farsa chula e o melodrama vulgar. Ele aceita inclusive que o teatro sirva para caricaturar a personalidade de artis-

tas. E, ao mesmo tempo em que proibiu *Salomé*, autorizou uma paródia de *O leque de Lady Windermere* na qual um ator vestido como eu imita minha voz e minhas maneiras![46]

Alguns dias depois, em 22 de julho, ele foi ainda mais além numa carta dirigida a William Archer, um dos únicos críticos a tê-lo defendido:

> Estou na estação de águas e não tenho nenhum exemplar de *Salomé*, ou teria ficado feliz de emprestar-lhe um, embora o censor tenha recusado que minha tragédia seja representada baseando-se unicamente em seu princípio estúpido e vulgar, que proíbe de tratar um assunto bíblico. [...] Gostaria de lhe dizer o quanto fiquei lisonjeado com sua carta [...] com seu vigoroso protesto contra a desprezível tirania oficial que existe na Inglaterra no que se refere ao drama.[47]

O ápice enfim: numa entrevista que concede à *Pall Mall Gazette*, Wilde afirma que, após esse milésimo ultraje, deseja mudar-se para Paris e requerer a nacionalidade francesa... Uma ameaça que apenas Bosie, obrigado a permanecer em Oxford para terminar seus estudos, dissuadiu-o de colocar em prática!

Wilde, cujo furor Bosie conseguira apaziguar, retornou por fim a Londres para voltar a partir quase imediatamente, mas dessa vez acompanhado de sua mulher e de seus dois filhos, a fim de se pôr de novo ao trabalho, instalado numa casa de campo que alugara na costa de Norfolk. Foi no vilarejo de Felbrigg, perto de Cromer, que redigiu durante os meses de agosto e setembro de 1892 (ano que se revelou bastante prolífico sob o ponto de vista da criação) sua segunda grande comédia: *Uma mulher sem importância*.*

Nesse caso absurdo e frustrante de censura em que Wilde se viu repentinamente privado de sua *Salomé*, o pior foi

---

* O título inicial era *A Good Woman*, peça que, após o sucesso de *O leque de Lady Windermere*, Herbert Beerbohm Tree, diretor do Royal Theatre de Haymarket, encomendou-lhe. A estreia aconteceu em 19 de abril de 1893, conquistando um sucesso quase idêntico.

que os mesmos que zombaram dele, com a péssima paródia intitulada *The Poet and the Puppets* (montada no Comedy Theatre em 19 de maio de 1892), foram os que lideraram a conspiração destinada a reunir o máximo de testemunhas de acusação durante o processo que três anos mais tarde Queensberry moveria contra Oscar Wilde. Foram eles que, cúmulo da infâmia, quando Wilde foi condenado a dois anos de trabalhos forçados e foi algemado para ser enviado à prisão, ofereceram na mesma noite um jantar ao marquês para festejar o acontecimento!

Percebe-se assim como Wilde – para quem o dandismo era "a afirmação da absoluta modernidade da Beleza"[48], como declarou em "A Few Maxims for the Instruction of the Over-Educated" – tinha razão de ficar indignado com o tratamento injusto que o *establishment* britânico reservou-lhe ao longo de toda a sua vida literária, como se quisesse fazê-lo pagar a todo preço por seu incontestável gênio. No fundo, foi o que escreveu, de maneira premonitória, nesse testamento filosófico que representa um texto como "O crítico como artista": "O público é prodigiosamente tolerante. Perdoa tudo, menos o gênio".[49]

A partir de então, ele mesmo seria confrontado a essa experiência terrível e fatal. Como se tivesse que pura e simplesmente realizar seu próprio e único destino, até a sua morte.

Uma ligação perigosa

> *As pessoas julgam chocante o fato de que eu tenha recebido tantos pecadores à minha casa. [...] A graça estava no perigo.*
>
> Oscar Wilde,
> De profundis[1]

O processo no qual Wilde confrontou Queensberry foi precedido por uma série de peripécias que só podiam resultar nesse fim trágico, dado que a homossexualidade era então considerada um crime pela lei britânica.

À medida que se estreitava a relação entre Wilde e Bosie, eles começaram a cometer algumas graves imprudências, da qual a mais evidente consistiu em se exibirem juntos em público de maneira demasiado ostensiva para o gosto da etiqueta vitoriana. Assim, enquanto redigia *Uma mulher sem importância*, Wilde não hesitou em convidar Bosie a passar alguns dias em sua casa, perto de Cromer, com sua família. Da mesma forma, pediu-lhe que viesse naquele outono encontrá-lo em Babbacombe Cliff, cidadezinha situada perto de Torquay, na região de Devon, onde alugara durante um pouco mais de três meses (do final de novembro de 1892 ao início de março de 1893), com sua mulher e seus filhos, o solar de Lady Mount-Temple, prima distante de Constance. Em seguida, entre essas duas longas temporadas em que se afastou do tumulto da capital inglesa, Wilde foi encontrar Bosie em Bournemouth, onde este estava convalescendo no Royal Bath Hotel após uma icterícia que o debilitara. Foi num dos quartos desse hotel luxuoso que aconteceu a primeira de suas violentas disputas: verdadeiras cenas nas quais os gritos e as pancadas, comuns em Bosie, assustaram mais de uma vez Wilde, levando-o às vezes a fugir, como relata em *De profundis*, esboçando aí um retrato bem pouco atraente de seu amante:

> Aquelas cenas constantes, que pareciam ter-se tornado para você uma necessidade quase física, durante as quais tanto a sua mente quanto o seu corpo como que se deformavam, fazendo com que você se transformasse em algo tão desagradável aos olhos quanto aos ouvidos; [...] a total falta de controle sobre as próprias emoções demonstrada durante os longos períodos em que mergulhava num silêncio rancoroso e taciturno e nos súbitos ataques de fúria quase epilética; todas essas coisas [...] foram a origem e a causa da minha fatídica submissão a você e às suas exigências [...]. Um caso típico de ditadura do mais fraco sobre o mais forte.[2]

E depois, um ano mais tarde, em dezembro de 1893:

> Após uma série de incidentes que culminaram com uma discussão mais chocante que as habituais [...] eu me vi de repente fugindo, na manhã seguinte, para escapar de você. [...] Lembro-me que [...] enquanto o trem avançava rapidamente, eu pensava na situação terrível, absurda e totalmente errada em que me encontrava. Eu, um homem conhecido em todo o mundo, via-me obrigado a fugir da Inglaterra para tentar livrar-me de uma amizade que estava destruindo o que de melhor havia em mim, tanto do ponto de vista intelectual quanto moral.[3]

Cenas que não deixam de evocar, por sua patologia e por sua frequência, as de um outro casal famoso da literatura, não menos infernal e igualmente "maldito": Verlaine e Rimbaud. Com a diferença que Bosie, embora não fosse um mau poeta, certamente não tinha a mesma genialidade que os outros e que Wilde, ao contrário deles, gozava nessa época gloriosa de sua vida de uma considerável fortuna, que não se privou de gastar, para agradar seu amante, com faustuosos jantares nos restaurantes mais luxuosos e presentes suntuosos dos mais caros joalheiros. É testemunha disso esta outra confidência extraída de sua confissão epistolar, esclarecedora quanto às enormes dívidas que contraiu:

> Aqueles jantares no Savoy [...], todas essas coisas ainda terão que ser pagas. As ceias no Willis [...], nada disso pode deixar de ser pago, como se fossem dívidas propositais de um cliente desonesto. Até as elegantes abotoaduras que eu mesmo desenhei e mandei executar por Henry Lewis como um pequeno presente especial [...] eu terei que pagar.[4]

Essa confissão de Wilde, formulada *a posteriori*, quando estava encarcerado em Reading, ganha aqui todo o seu sentido dramático:

> Deixei-me atrair por longos períodos de ócio sensual e insensato. Divertia-me ser um *flâneur*, um dândi, um homem da moda. Cerquei-me de [...] inteligências medíocres. Dissipar o meu próprio gênio e desbaratar uma juventude que me parecia eterna provocava em mim uma estranha alegria. Cansado das alturas, desci voluntariamente às profundezas em busca de novas sensações. O que o paradoxo significava para mim no âmbito do pensamento, a depravação passou a significar no âmbito das paixões. No fim, o desejo era como uma doença, uma loucura, ou ambas. [...] Desfrutava o prazer onde quer que o encontrasse [...]. Deixei de ser senhor de mim mesmo. Já não era mais o comandante da minha alma [...]. Permiti que o prazer me dominasse. E acabei caindo em terrível desgraça.[5]

E completava, algumas páginas adiante, fazendo de certos episódios de sua obra uma espécie de reflexo de sua própria vida dupla, incluindo, depois que os tormentos da prisão o levaram a se converter ao cristianismo, esse ato de arrependimento que constitui *De profundis*:

> Não me arrependo [...] de ter vivido para o prazer. Vivi intensamente, não houve prazer que eu não experimentasse. Joguei a pérola da minha alma dentro de uma taça de vinho. [...] Mas continuar naquela vida teria sido um erro [...]. Eu precisava ir adiante. O outro lado do jardim também tinha segredos para mim. [...] Tudo isso é prenunciado e pressuposto em meus livros. [...] Grande parte aparece no tom

sombrio que, tal como um fio púrpura, perpassa a textura de *Dorian Gray*. [...] Está presente no poema em prosa sobre o homem que teve que fazer com a imagem de bronze do "prazer que só viveu por um instante" a imagem do "sofrimento que durou para sempre".[6]

Prudência, no entanto! Pois acreditar que Wilde teria sido apenas, como não deixa de se apresentar em *De profundis*, a vítima inocente de Bosie, uma espécie de brinquedo nas mãos do cruel marquês de Queensberry, ou um bode expiatório para o puritanismo do *establishment*, seria precipitado, por maior que seja nossa compaixão para com ele. A verdade exige um mínimo de objetividade. De modo a restabelecer algum equilíbrio nesse caso, não seria inútil lembrar que foi o próprio Wilde quem insistiu com frequência, independente do que alegue nessa acusação, para que seu amante fosse encontrá-lo em seus diversos retiros. Como no inverno de 1892-1893 quando, longe da vida social londrina, entediavase totalmente. A prova está nesta ardente declaração de amor que lhe escreve de Babbacombe Cliff, em janeiro de 1893, quando sua mulher, assim como seus dois filhos, ali estava presente, devotada como de costume:

> Meu amigo só meu,
> Seu soneto é perfeitamente encantador e é maravilhoso que esses lábios vermelhos como pétalas de rosa que são os seus tenham sido criados tanto para a harmonia do canto como para a loucura dos beijos. Sua alígera alma dourada evolui entre a paixão e a poesia. Sei que Jacinto, que Apolo amou tão loucamente, era você no tempo dos gregos. Por que está sozinho em Londres [...]? Venha para cá quando quiser. A paisagem é deslumbrante, falta apenas você [...].
> Sempre seu,
>
> com um amor eterno,
> Oscar.[7]

O envio dessa carta ardente foi um dos gestos mais arriscados que Wilde realizou durante sua relação com Bosie. Após ter sido roubada de um de seus bolsos, ela serviu como prova documental em duas ocasiões: quando de uma chantagem orquestrada por alguns dos companheiros de libertinagem de Bosie e, depois, durante o processo movido por Queensberry. Esse último não se privou evidentemente de fazê-la ser lida, em pleno tribunal, a fim de que o juiz pudesse melhor avaliar os crimes cometidos por Oscar Wilde. E para envenenar ainda mais a situação, a *The Spirit Lamp*, revista literária de Oxford que Alfred Douglas dirigiu de novembro de 1892 a junho de 1893, publicou, algumas semanas depois, um soneto de Pierre Louÿs que fazia referência explícita à carta.

Entretanto, o que se verificou ainda mais arriscado da parte de Wilde foram suas primeiras aventuras com jovens prostitutos (alguns dos quais não tinham dezoito anos), as quais começaram nessa época, em março de 1893. Em companhia de Bosie, ele passou a frequentar assiduamente um bordel clandestino da Little College Street, 13, rua situada no bairro bastante policiado de Westminster. Entre eles, estava Alfred Taylor, que lhe servia de alcoviteiro e que foi acusado junto com ele em seu processo, assim como Charles Parker, Fred Atkins, Sidney Mavor e Alfred Wood, os quais foram arrolados como testemunhas de acusação. Negar que foram íntimos do escritor teria sido, aliás, impossível, já que Wilde tinha o hábito indiscreto de lhes oferecer presentes, como tabaqueiras com suas próprias iniciais gravadas. Esse gesto a tal ponto irrefletido serviu evidentemente como prova durante o processo.

É a eles que Wilde se refere quando, ao tentar explicar a atração temperada de morbidez que sentia por essa espécie de indivíduo, alude aos "maus elementos da vida" em companhia dos quais tanto gostava de jantar, numa atmosfera perfeitamente baudelairiana na qual volúpia e perigo mesclavam-se fortemente, como "panteras"... sem jamais suspeitar – pois o esteta que era prevalecia sobre as outras facetas de sua personalidade – que, depois de tê-lo seduzido, esses felinos escolados lhe plantariam de modo dissimulado as garras nas costas:

> Aos meus olhos de artista, eles pareciam deliciosamente sugestivos e estimulantes. Era como conviver com panteras: a graça estava no perigo. Eu costumava sentir-me como o encantador de serpentes [...]. Eles eram para mim como a mais dourada das serpentes e o veneno era parte do seu encanto. Ignorava que, quando dessem o bote, seria em obediência ao som da flauta e do dinheiro de outra pessoa.[8]

Não é em nada surpreendente que Wilde empregasse, para descrever esse gênero de sedução, a metáfora do "encantador de serpentes". Foi num contexto igualmente exótico, durante uma escapada com Bosie entre janeiro e fevereiro de 1895 aos piores covis de Argel e Blida, cidadezinha na qual se costumava praticar o turismo sexual, que teve, acompanhado de Gide (que encontrou ali por acaso), seus contatos carnais mais intensos, sempre pagos, com adolescentes menores de idade. Pior: era Wilde, com mais dinheiro que os outros dois, quem pagava para seus companheiros esse tipo de prazer pelo qual, tanto em Paris quanto em Londres, eles teriam sido incriminados por atentado ao pudor! É a tese defendida por Odon Vallet em *L'Affaire Oscar Wilde*:

> A partir do momento em que os amores recebem o opróbrio da lei e do povo, o que é fascinante num livro torna-se repugnante na vida e passamos rapidamente do sublime da obra de arte ao sórdido das notícias policiais.[9]

Foi em novembro de 1892, quando voltava de Bournemouth e preparava-se para ir a Babbacombe Cliff, que Wilde, ainda em Londres por alguns dias, cometeu a maior das imprudências. A menos que sua atitude, sempre tão insolente, tenha sido mais uma vez ditada por seu incompreensível senso de transgressão, pois o que fez infringiu todas as conveniências da etiqueta vitoriana: Oscar convidou Bosie, cujas poses amaneiradas eram óbvias aos olhos do público, para almoçar no Café Royal, restaurante muito apreciado pela alta sociedade londrina, mas sobretudo regularmente frequentado por Queensbery. E, por conseguinte, quem viram entrar ali naquele dia? O marquês, o qual, tomado de surpresa, pôde apenas constatar a que ponto Wilde, esse poeta que os rumores diziam despudorado, e Bosie, seu próprio filho, eram íntimos!

Esse primeiro encontro entre Wilde e Queensberry ocorreu, contudo, melhor do que se poderia imaginar. Matreiro, o escritor convidou gentilmente o marquês à sua mesa e a conversa foi tão jovial que Bosie, que tinha um outro compromisso, não hesitou em despedir-se deles, deixando-os a conversar num tête-à-tête regado de vinho. Foi assim que Wilde conseguiu num primeiro momento seduzir, com sua inteligência e seu humor, até mesmo o irascível Queensberry, o qual, levemente embriagado, acabou por reconhecer, nessa ocasião, que talvez o tivesse julgado mal. A bonança, porém, não durou muito.

Um acontecimento – e não dos menores – veio perturbar e depois arruinar definitivamente suas relações: a publicação, em 22 de fevereiro de 1893, três meses após eles terem se conhecido, da versão francesa de *Salomé*, peça já proibida nos teatros ingleses, cuja temática e cujo tratamento revelavam-se contrários aos costumes vitorianos. E ainda mais porque a capa dessa edição era ilustrada com um desenho sugestivo e iconoclasta de Félicien Rops, mestre inconteste do erotismo satânico. Via-se uma mulher com ares demoníacos, ataviada com asas de anjo e uma cauda de peixe. Completando o conjunto, uma inscrição em latim com ressonâncias singularmente perversas – *non hic piscis omnium*, significando "este peixe não é para todos" – dava a entender de modo claro que o texto não era para qualquer um. O crítico do oficialíssimo *Times* não deu ao texto nenhuma chance, recriminando-o de ser um condensado de "sangue e de crueldade, mórbido, bizarro, repugnante e [...] ofensivo em sua maneira de adaptar as Santas Escrituras a situações que são o extremo oposto do sagrado".[10] O esperto marquês de Queensberry, embora ateu, defenderia essa mesma tese durante o processo que moveria dois anos mais tarde contra Wilde, apoiado, nessa opinião, pela todo-poderosa corte dos conservadores de seu tempo.

No início do mês de março de 1893, após ter passado o inverno em Babbacombe Cliff, Wilde retornou a Londres. Em vez de voltar a viver tranquilamente em sua casa, no lar familiar da Tite Street, tomou o hábito ainda mais imprudente de alugar, no Savoy ou no Albemarle, caríssimos quartos de hotel. Invocando como pretexto para esse tipo de escapada a necessidade de solidão para escrever, Wilde começou a receber nesses hotéis, abandonando-se ao luxo extravagante, Bosie e um séquito de jovens prostitutos.

Foi do próprio Savoy, onde se hospedou durante todo o mês de março, gastando uma fortuna e reforçando sua má reputação, que Wilde enviou a Bosie um bilhete patético. A missiva tinha a intenção de comovê-lo, após a briga de Babbacombe Cliff, e fazê-lo voltar para junto dele, depois que ele tinha partido para encontrar a mãe em sua residência de Salisbury:

> Amigo mais querido de todos os meus amigos,
> [...] Estou triste e transtornado. Bosie, você tem que evitar me fazer cenas. Elas me matam, elas arruínam a beleza da vida. Não consigo vê-lo, você, tão grego e gracioso, desfigurado pela paixão. Não consigo ouvir seus lábios retorcidos lançar-me palavras atrozes. [...] Preciso vê-lo logo. Você é a criatura divina de quem necessito, uma criatura de graça e de beleza. [...] Por que não está aqui, meu caro, meu maravilhoso amigo? Temo ser obrigado a partir [...] com o coração apertado.
>
> Seu Oscar, só seu.[11]

Bosie, comovido por tal clemência, acabou por reunir-se a Wilde no Savoy, cuja suíte transformou-se então numa espécie de lupanar onde não paravam de desfilar, por vezes sob o olhar embasbacado dos funcionários do hotel, os piores gigolôs. Ainda mais porque uma das fantasias de Bosie, homem vaidoso e tirânico, e em cujas "maneiras despóticas de criança mimada" havia "tanta vida", conforme descreveu Gide, consistia em exigir que a sociedade inglesa fosse testemunha de seu idílio, como indica o escritor francês em *Se o grão não morre*, relatando uma confidência de Wilde:

> Bosie [...] fez-me uma cena, ah, uma cena terrível [...]. "Não quero", me dizia ele, "não tolero que você entre pela porta dos fundos. Exijo que você entre pela porta principal comigo; quero que todo mundo no restaurante nos veja passar e que cada um diga a si mesmo: "É Oscar Wilde e seu benjamim". Ah, não é verdade que ele é terrível?[12]

Durante esse tempo, sozinha na casa da Tite Street, Constance cuidava dos dois filhos e esmorecia assistindo, impotente, à decadência de um marido que a enganava publicamente e a deixava mergulhar na desonra mais apavorante aos olhos da sociedade vitoriana. Contrariada, ela foi diversas vezes ao Savoy, não temendo enfrentar chistes e zombarias, para suplicar ao marido, aflita mas disposta a perdoar, que retornasse ao lar conjugal. Em vão. Wilde, não sem uma consternadora dose de cinismo, respondia-lhe que fazia tanto tempo que não passava pela Tite Street que se esquecera até do número da casa! Pierre Louÿs – de passagem por Londres para assistir à estreia de *Uma mulher sem importância* – mostrou-se a tal ponto chocado com esse insulto de que foi testemunha embasbacada que, assim que voltou a Paris, rompeu relações com Wilde.

Foi nessa época que, após ter passado uma curta temporada na capital francesa, Wilde se viu mais cruelmente injuriado pela imprensa inglesa em razão dessa homossexualidade cada vez mais notória. E com uma eficácia cujas infelizes consequências o conduziriam, junto com vários outros elementos de acusação, diretamente aos tribunais. E dali para a prisão. De fato, a crítica escrita por Alfred Hamilton Grant para a *Ephemeral*, revista estudantil de grande influência nos meios universitários, na qual escarnecia as origens celtas de Oscar, intitulava-se "Ossian the Wild". Wilde era ali descrito como um "homem de costumes impuros e com a mente ainda mais impura".

Wilde – que pouco se inquietava com as fofocas que corriam sobre sua pessoa, multiplicando ao contrário os excessos e as provocações – acabou por incentivar a propagação do rumor, pois respondeu a essa infâmia publicando no

The Spirit Lamp seu segundo poema em prosa. "O discípulo", cujo tema de inspiração pagã era fortemente marcado pela homossexualidade, dava continuidade, a partir de um texto tão subversivo como *O retrato de Dorian Gray*, ao mito grego de Narciso. Pior: Wilde e Bosie partiram em seguida juntos, em 12 de junho de 1893, para a cidadezinha de Goring-on-Thames, onde, acompanhados pelo jovem Walter Grainger, seu criado ocasional e companheiro de libertinagem, alugaram, até o início do mês de outubro, por quatro meses seguidos, uma casa que batizaram com o nome de "Cottage"! Foi nesse vilarejo que Wilde começou a redigir, quando a personalidade intempestiva de Bosie assim lhe permitia, as primeiras linhas de *Um marido ideal*, texto com um título realmente irônico, considerando sua situação familiar, e no qual um dos personagens principais, e ao mesmo tempo um dos dândis mais bem-elaborados de sua obra teatral, chama-se Lord Goring, seguindo o costume que Wilde tinha de dar a seus heróis os nomes de lugares nos quais passava algum tempo. Foi em Londres, contudo, para onde voltou apenas em outubro de 1893, que escreveu o segundo e o terceiro atos da peça, num apartamento que alugou, até o fim de março de 1894, na St. James's Place, números 10 e 11.

De março de 1893 – data em que saiu do solar de Lady Mount-Temple – até março de 1894 – data em que saiu desse apartamento na St. James's Place – já fazia um ano que Oscar Wilde não morava mais sob o mesmo teto que sua mulher, não tendo reestabelecido o leito matrimonial nem por uma noite. Vê-se como Constance tinha todos os direitos de pedir o divórcio, visto que o adultério homossexual de seu marido era reconhecido. Porém, consciente das graves perseguições judiciais a que o pai de seus filhos seria submetido, ela jamais consentiu em fazer essa solicitação junto às instâncias jurídicas. Além disso, desejava permanecer fiel ao sacramento do matrimônio.

Wilde revelou-se tão ingrato para com sua esposa quanto esta se mostrou leal com ele. Em relação a Bosie, Oscar multiplicou os erros de julgamento, entre os quais o mais dramático era o fato de ter-lhe confiado a tradução inglesa de *Salomé*. O conhecimento que seu amante tinha do francês era rudimentar, e Wilde arrependeu-se rapidamente de ter-lhe oferecido essa tarefa. Bosie, contudo, não quis saber. Mais do que isso: acreditava, teimoso, que seu trabalho era impecável e, sem tolerar qualquer repreenda, estourava em fúrias terríveis quando Wilde ousava apontar alguma falha linguística. Essa atitude estúpida acabou por deteriorar ainda mais suas relações, a ponto de quase levá-los ao rompimento que Wilde, no íntimo, dividido por sentimentos contraditórios, desejava tão secretamente quanto temia. Eis como relata esses diversos episódios:

> Em junho, estávamos em Goring. [...] Você fez uma cena de tal modo horrível e penosa que eu declarei que deveríamos nos separar definitivamente. Lembro-me muito bem [...] quando eu procurei fazê-lo entender que estávamos estragando as nossas vidas, que você arruinava a minha e que era evidente que eu também não o fazia feliz e que, nessas circunstâncias, a atitude mais sábia seria uma separação total e definitiva. [...] Em setembro, novas cenas provocadas pelo fato de eu ter apontado os erros primários que você havia cometido ao tentar traduzir *Salomé*. [...] Numa das violentas cartas que me escreveu sobre o assunto, chegou a afirmar que não tinha qualquer tipo de compromisso intelectual comigo. [...] Senti que aquela tinha sido a única coisa verdadeira que já me havia escrito.[13]

Depois dessa cena terrível, Wilde, exaurido, decidiu repousar por duas semanas em Dinard, cidade marítima francesa situada perto de Saint-Malo, onde finalmente encontrou-se com a mulher e os filhos, com quem se divertiu, como o pai atencioso que sabia ser apesar de tudo, construindo na praia castelos de areia que enchia de soldadinhos de chumbo.

Logo que voltou a Londres, Wilde foi visitar, em segredo, a mãe de Bosie a fim de lhe expor as queixas e as apreensões que alimentava em relação ao seu querido mas impulsivo Alfred, de quem ela mesma conhecia bastante bem o caráter, semelhante em muitos aspectos ao do seu horrível marido, de quem acabava de se divorciar. Ele lhe explicou, evitando revelar o verdadeiro teor de sua relação, a que ponto seu filho tinha um temperamento "histérico", o quanto sua existência era "ociosa, desprovida de qualquer objetivo e mesmo de qualquer interesse, miserável e absurda, trágica e patética".[14] E aconselhou-a a afastá-lo durante algum tempo da Inglaterra: conselho que ela seguiu, já que não tardou a enviá-lo para a casa de Lord Cromer, então diplomata no Egito.

Era melhor mesmo que Wilde e Bosie, que já haviam se comprometido demais em casos embaraçosos, não se fizessem notar por um momento e se afastassem dos holofotes da capital inglesa. Sobretudo antes que o pai do belo Claude Dansey, jovem estudante belga que passou com eles alguns dias em Goring naquele verão, cumprisse suas ameaças: acusá-los na justiça por terem abusado sexualmente de seu filho menor!

Bosie partiu em 2 de dezembro de 1893 para o Cairo, enquanto Wilde, que reencontrou provisoriamente uma paz tão salutar como inesperada, seguiu mais uma vez para Paris, sem deixar endereço, já que temia as veleidades de seu impetuoso amante. Lá pôde terminar com tranquilidade, longe do tumulto da vida amorosa e da comoção suscitada na sociedade vitoriana, o quarto e o último ato de *Um marido ideal*, peça particularmente interessante, para além de seu primor, em razão das evidentes referências autobiográficas.

Quanto à tradução inglesa de *Salomé*, que foi publicada dois meses e meio mais tarde, em 24 de fevereiro de 1894, Wilde ofereceu-lhe uma solução que, embora definitiva, constituía-se num bom compromisso. Sem que o nome de seu amante aparecesse na capa, o livro era dedicado "a meu amigo Lord Alfred Bruce Douglas, tradutor da minha peça", enquanto as ilustrações, indissociáveis do texto em si (inclusive na versão francesa), eram obra de Aubrey Beardsley – embora Wilde tivesse preferido, para descrever essa "irmã mística de *Salammbô*", como gostava de qualificá-la, o erotismo simbolista de um Gustave Moreau.

Durante o trimestre que Bosie passou no Egito, Wilde conseguiu realizar, aproveitando a trégua que essa ausência lhe oferecia, muitas outras coisas em matéria de literatura, como um texto em versos, *Uma tragédia florentina*, centrado na relação existente entre a mentira e a verdade, e uma peça poética, *A santa cortesã*, cujo título ilustra por si só a coexistência, num mesmo ser, de dois estados de alma *a priori* opostos, o ascetismo e o hedonismo. No entanto, essas obras permaneceram inacabadas, pois Bosie, que as atividades diplomáticas do Cairo entediavam mais do que distraíam, voltou rapidamente à carga, solicitando uma vez mais o bom e caridoso Wilde. Este, após ter hesitado por muito tempo em responder aos telegramas, recusando qualquer contato com Bosie e repelindo suas investidas psicológicas, quando não eram ameaças de suicídio, acabou por ceder como de costume. Eles se encontrariam então em Paris. Nem é preciso dizer que esse reencontro, numa cidade tão afastada das convenções londrinas, não pressagiava nada de bom para Wilde!

O encontro, no qual Bosie suplicou, aos soluços, que reatasse com ele, foi para Wilde à altura de suas esperanças, assim como de seus temores:

> Quando cheguei a Paris, as lágrimas que você não se cansou de derramar durante toda a noite [...]; a sincera alegria que demonstrou ao ver-me [...] como uma criança terna e contrita; seu arrependimento tão sincero, tudo isso fez com que eu consentisse em renovar nossa amizade.[15]

Assim, quer esse arrependimento tenha sido fingido ou sincero, Wilde e Bosie reconciliaram-se e voltaram juntos para Londres. Dois dias depois, eles foram almoçar no Café Royal, onde o marquês de Queensberry os surpreendeu num tête-à-tête amoroso nem um pouco discreto. Esse segundo encontro com o marquês foi fatal para Oscar Wilde:

> Dois dias depois da nossa volta a Londres, ao ver-me almoçando no Café Royal, seu pai sentou-se a minha mesa, bebeu

do meu vinho e, naquela mesma tarde, em uma carta endereçada a você, lançou o seu primeiro ataque contra mim.[16]

Naquele 1º de abril de 1894, logo que chegou em casa, Queensberry escreveu uma carta a seu filho Bosie, na qual, depois de lhe recriminar sua "intimidade com esse indivíduo, esse Wilde", ameaçou-o de cortar-lhe a mesada e, se persistisse em seu erro, deserdá-lo. No mesmo impulso, descreveu a cena que, horrorizado, acabara de testemunhar durante o almoço:

> Não pretendo analisar essa intimidade [...], mas [...] tentar se passar por alguma coisa é tão errado quanto sê-lo. Com meus próprios olhos, eu os vi nos termos mais detestáveis e repugnantes, a julgar por sua atitude [...]. Não é surpreendente que as pessoas falem como o fazem. Acabo também de saber, de uma boa fonte, mas talvez seja falso, que sua mulher reclama o divórcio por sodomia e outros crimes. É verdade, ou você ignora? Se eu achasse que a história fosse verdadeira, e que se tornasse de notoriedade pública, eu estaria perfeitamente no direito de matá-lo em praça pública. [...]
>
> Seu assim chamado e desgostoso pai, Queensberry.[17]

Queensberry, que Wilde apelidara de "marquês escarlate" em razão de seu temperamento colérico, não parou por aí. Dois dias depois, ele acusou Wilde diretamente, ordenando, numa carta com um tom não menos ofensivo, que nunca mais revisse seu filho, sob pena de se expor a um terrível escândalo, tendo em vista o prejuízo que, de acordo com ele, assim como aos olhos da sociedade, a qual cada vez mais falava a seu respeito, Wilde causava-lhe. Mas se Oscar não se abalou nem um pouco, indiferente a essa enésima chantagem, Bosie, impetuoso e inexperiente, respondeu ao pai por meio de um telegrama com um conteúdo tão insolente – "o senhor é um belo idiota!"[18] – que, furibundo, este ameaçou aplicar-lhe um corretivo do qual se lembraria para sempre. Como para atiçar sua ira, um outro agravo se acrescentava, não menos humilhante para o antigo campeão de boxe que fora o marquês: seu filho mais velho, o visconde Drumlanrig, também mantinha em segredo uma relação homossexual com uma personalidade ainda mais eminente, já que seu amante era Lord Rosebery, ministro das Relações Internacionais. Ter dois filhos "sodomitas", como ele os qualificava, era mais do que podia suportar! Ainda mais porque ele próprio acabara de sofrer uma afronta das mais humilhantes no que se referia a sua suposta virilidade: sua jovem esposa, Ethel Weeden, com quem alguns dias antes se casara em segundas núpcias, movera uma semana após a primeira noite casada um processo de anulação do casamento, alegando "uma malformação dos órgãos genitais" que o tornava impotente. Fica claro então como Queensberry, cuja frustração atingira seu ápice, fulminava e, espumando de raiva, procurava febrilmente alguma vingança sólida. Assim foi em Wilde, cuja personalidade ambígua e cujo sucesso crescente faziam dele um bode expiatório perfeito, que se concentraram suas acometidas. Além de ser um alvo muito mais fácil, já que o escritor era bem mais vulnerável do que o ministro Rosebery.

Bosie, que sabia a que ponto seu pai podia mostrar-se perigoso quando acessos de furor irracionais o tomavam, preferiu afastar-se momentaneamente da Inglaterra para se refugiar em Florença, onde passou uma temporada de um mês no que ele chamava de uma *pensione*. Wilde, cujo poema "A esfinge" deveria ser publicado dois meses mais tarde, ilustrado com desenhos de Charles Ricketts, ficara por sua vez em Londres. Apesar da fortuna que suas primeiras peças de teatro continuavam a lhe render, seus problemas financeiros haviam recomeçado, e via-se perseguido por credores e uma horda de oficiais de justiça. Assim, não podendo mais pagar tão facilmente quanto antes os luxuosos quartos de hotel, decidiu voltar para seu lar da Tite Street, onde, sem contudo retomar sua vida conjugal, morria de tédio sem os ardores de seu amante, tal como lhe escreveu, numa carta com o tom cada vez mais apaixonado, em 16 de abril de 1894:

> Meu muito querido amigo,
> [...] Sinto infinitas saudades suas. A criança alegre, dourada, graciosa partiu – odeio todas as outras pessoas: são tão fastidiosas. Além disso, encontro-me nos vales vermelhos do desespero, e nenhuma moeda de ouro cai do céu para me alegrar. Londres é muito perigosa: os justiceiros saem à noite e prendem quem passa, o rugido dos credores logo na aurora é assustador e os notários enraivecidos mordem as pessoas. [...]
> Sempre seu, com um imenso carinho.[19]

Wilde, que essa ausência prolongada de Bosie tornava nostálgico, às vezes rabugento, não pôde esperar pacientemente essa espécie de retorno do herói junto de uma mulher que já não amava havia muito tempo. Embarcou então mais uma vez para Paris, onde ficou até o dia 6 de maio: intervalo de tempo que seu amigo e pintor William Rothenstein aproveitou para fazer um retrato dele em pastel que Wilde ofereceu em seguida, para selar sua relação, a Bosie, o qual não tardou a encontrar em Florença, onde passaram duas semanas.

Lá, em plena capital toscana, Wilde encontrou por acaso André Gide, o qual, fazendo um retrato bastante ingrato de seu amigo, relata a sua mãe esse acontecimento tão fortuito quanto constrangedor:

> Quem encontrei aqui? Oscar Wilde! Ele está envelhecido e feio, mas continua um extraordinário contador de histórias, um pouco, penso, como Baudelaire deve ter sido, mas talvez menos aguçado e mais encantador.[20]

O mesmo Gide confidenciaria mais tarde a Paul Valéry que, naquela ocasião, Wilde ficara "bem pouco à vontade [...] com o encontro, pois estava se escondendo!".[21]

Se essa escapada florentina durou menos do que o previsto, foi porque as finanças de Wilde continuavam a se esvair. A raiva de Queensberry, por outro lado, não se atenuara, muito pelo contrário. Assim, mal os dois voltaram para Londres, o "marquês escarlate" retomou seus hábitos sinistros, entre os quais o gosto suspeito pelo assédio. Em 30 de junho de 1894, esse comportamento doentio atingiu seu paroxismo, quando Queensberry e um de seus capangas irromperam na casa de Wilde, assim como este conta, enojado, em *De profundis*:

> Só uma vez havia experimentado tal sentimento de horror diante de outro ser humano: aconteceu num dia em que me encontrava na minha biblioteca da Tite Street quando seu pai entrou, agitando as mãos no ar, num ataque de fúria epilética e, tendo seu guarda-costas ou um amigo a separar-nos, proferiu todas as palavras mais imundas que a sua mente imunda poderia imaginar e gritou as repugnantes ameaças que mais tarde cumpriria com tanta astúcia. [...] Eu o expulsei.[22]

Wilde, que começava a se inquietar com o rumo que os acontecimentos estavam tomando, decidiu então consultar um advogado. Dirigiu-se de novo a George Lewis, o qual já o ajudara a resolver dois importantes casos de chantagem: o que Bosie tivera de enfrentar quando era estudante em Oxford e aquele do qual ele mesmo fora vítima quando Alfred Wood tentara extorqui-lo com uma de suas próprias cartas. Mas Queensberry, que tivera a mesma ideia, passara à sua frente nesse projeto e já contratara os serviços de Lewis para sua defesa. Então, Wilde foi falar com Charles Humphreys, advogado igualmente reputado, porém menos aguerrido, que Robert Ross lhe recomendara.

A mãe de Bosie, que compreendeu que a máquina judiciária estava começando a se aquecer, tentou acalmar Wilde, chegando a pedir a um de seus sobrinhos, George Wyndham, então deputado na Câmara dos Comuns, que dissuadisse o escritor a iniciar qualquer procedimento contra seu ex-marido, de quem conhecia bastante bem as reações irracionais. Além disso, Humphreys escreveu a Queensberry para instá-lo a retirar as acusações particularmente injuriosas com respeito a seu cliente sob pena de mover contra o marquês um processo por difamação. Mas isso de nada serviu! O pai de Bosie, disposto a brigar com o amante de seu filho, replicou que, não o tendo ainda acusado nominalmente, sua solicitação era infundada e que no fundo exigia apenas uma coisa: que Wilde e Bosie parassem de se encontrar! Assim, ele chegou ao ponto de prevenir os gerentes dos restaurantes mais chiques da capital como o Café Royal, o Willis's Rooms e o Albemarle Club, lugares onde Wilde e Bosie costumavam fazer suas refeições, de que os atacaria fisicamente, golpeando-os em público e provocando escândalo por toda parte em que os encontrasse juntos. Tais ameaças só aumentaram a fúria de Bosie, que lhe escreveu que não apenas o condenaria por calúnias, mas que atiraria nele, se porventura ousasse agredi-lo, com o revólver que sempre levava consigo: "Se o senhor tentar me agredir, eu me defenderei com o revólver carregado de que nunca me separo; e se eu atirar no senhor, estaremos inteiramente em nosso direito, pois teremos agido em legítima defesa contra um bruto violento e perigoso".[23]

Percebe-se como Wilde – cuja personalidade tornara-se o cerne dessa rivalidade que sempre existira entre esses dois homens de comportamento psíquico perverso – encontrava-se em maus lençóis nesse caso sórdido. Pressentindo o perigo, escreveu a Bosie:

> Quando seu pai começou a lançar seus primeiros ataques contra mim, foi [...] numa carta particular enviada a você. Assim que acabei de ler aquela carta repleta de ameaças obscenas e violências grosseiras, percebi imediatamente o terrível perigo que acabava de surgir no horizonte dos meus atribulados dias. Eu lhe disse então que não estava disposto a servir de instrumento na antiga guerra de ódio que existia entre vocês; [...] que seria injusto colocar-me [...] em tal situação e que eu tinha coisas melhores a fazer da minha vida do que brigar com um homem bêbado, *déclassé* e meio louco como o seu pai. Mas você não queria entender. [...] Já havia enviado a seu pai um telegrama tolo e vulgar. [...] Aquele telegrama determinou todo o seu relacionamento posterior com seu pai e, consequentemente, toda a minha vida.[24]

Apesar da tormenta e da tensão cada vez mais concreta, às quais se acrescentavam dificuldades financeiras, Wilde não parou de se dedicar a sua obra, encontrando inclusive tempo para se ocupar de suas últimas publicações, dentre as quais seus seis *Poemas em prosa* de julho de 1894. Assim, se é verdade que detestava escrever, pois "o simples fato de deitar algumas linhas no papel [lhe] era difícil"[25], como confessou à sua amiga Adela Schuster, Wilde não se dedicou menos, a partir daquele verão, à redação de uma nova peça de teatro, ainda que fosse para encher novamente seus cofres. Deixou mais uma vez Londres, onde Queensberry continuava a persegui-lo sem descanso, para se refugiar, sempre à procura dessa tranquilidade que lhe era necessária para criar, em Worthing, estação balneária situada na região de Sussex, onde compôs, numa pequena casa que alugou por uma soma relativamente módica, sua quarta e última grande comédia, "uma comédia frívola para pessoas sérias". *A importância de ser prudente*, obra-prima de derrisão, pateticismo e comicidade ao mesmo tempo, tanto por suas situações engraçadas e cômicas quanto pela virtuosidade de seus jogos de linguagem, estará na origem do teatro do absurdo.

Ainda bastante apaixonado, Wilde justificou, em uma carta que escreveu em julho de 1894 a Bosie, as razões de sua partida para Worthing:

> Tenho um débito de 41 libras esterlinas no banco; essa falta de dinheiro é realmente intolerável. Não tenho um tostão. Não posso suportar isso por muito mais tempo, mas não sei o que fazer. Parto para Worthing amanhã. Espero conseguir trabalhar. [...] Qualquer coisa é melhor que Londres. Seu pai recomeça a se comportar como um louco. Ele foi ao Café Royal para se inquirir sobre nós, proferir ameaças. [...] É odioso ser perseguido por um maníaco. [...] Que vales vermelhos de desespero precisamos atravessar! Felizmente há no mundo alguém a quem amar.
>
> Sempre seu, Oscar.[26]

Contudo, em Worthing, Wilde não se dedicava apenas à elaboração de sua nova comédia. Sentia um verdadeiro prazer em flertar na praia, não obstante a presença de sua mulher e de seus dois filhos, com jovens da região, para levá-los em seguida a passeios de barco, e às vezes outras coisas menos inocentes, ao largo da Mancha, na qual, sendo um excelente nadador, mergulhava com frequência alegremente. E por fim Bosie – a quem Wilde continuava a idealizar a despeito de tudo como "a atmosfera de beleza através da qual [ele] via a vida" e "a encarnação de todas as coisas adoráveis"[27], conforme escreveu a ele numa carta datada de agosto de 1894 – acabou por reunir-se a ele. Ainda assim foi em Worthing, apesar das inúmeras distrações, que Wilde completou *A importância de ser prudente*, e em menos de dois meses, no final de agosto, início de setembro de 1894.

Um acontecimento nem um pouco insignificante, visto que estava indiretamente ligado ao destino de Wilde, veio no entanto desestabilizar essa relativa calmaria de Worthing nesse verão fértil do ponto de vista literário. Em 12 de agosto de 1894, a polícia londrina entrou no imóvel de número 46 da Fitzroy Street, que abrigava um outro local de encontro entre homens, onde deteve, entre uns vinte prostitutos em flagrante delito, Alfred Taylor, que, quando trabalhava no bordel da Little College Street, 13, fora alcoviteiro de efebos para Wilde. É verdade que Taylor, cujas relações com alguns membros do Parlamento eram suscetíveis de serem desveladas em praça pública, foi logo liberado por medo de escândalo político. Mas, enfim, por mais rapidamente encerrado que tenha sido, esse incidente reforçou na mente de Wilde a ideia terrível mas legítima de que o cerco estava se fechando, auxiliado nisso pelas gesticulações exageradas de Queensberry. Ainda mais porque seus inimigos – dos quais alguns, cada vez mais numerosos à medida que seu sucesso aumentava, tinham o ódio tenaz e a vingança voraz – contribuíram então, num levante de uma rara coerência apesar de sua dissonância, para tecer de maneira cada vez mais pérfida os pontos da inextricável rede que logo cairia sobre ele, levando-o a uma queda irreversível.

A imprensa britânica ocupava um lugar de destaque em meio a essa intriga que tinha todos os elementos de uma conspiração. Na linha de frente, o *Sunday Sun*, que, não hesitando em levar a maquinação ao extremo, pôs-se a fabricar, para melhor assegurar sua perda, uma série de textos falsos. Entre esses, em agosto de 1894, um poema anônimo que, embora medíocre, foi-lhe atribuído em razão de seu teor subversivo do ponto de vista sexual. Nota-se como, a despeito dos dois desmentidos sucessivos que Wilde publicou na *Pall Mall Gazette*, a infâmia tinha alcançado então seu auge irrespirável e nauseabundo. O linchamento midiático alternava-se ao complô jurídico!

Não menos baixa foi a publicação em setembro de uma sátira intitulada *The Green Carnation*, um pastiche de *O retrato de Dorian Gray*. Seu autor, Robert Hichens, homossexual secretamente apaixonado por Bosie, alimentava um temível ciúme contra Wilde. E de fato, durante o processo contra Wilde, esse texto incendiário, cheio de um homoerotismo caricatural – no qual Oscar e Bosie eram ridicularizados sob os traços de Esmé Amarinth e Lord Reggie e que continha, além disso, alusões bufonas ao marquês de Queensberry –, serviria como principal elemento da acusação para provar a que ponto sua homossexualidade, paralelamente à influência nefasta que ele exercia sobre o jovem lorde, era doravante, aos olhos do público, um fato notório.

Enquanto isso, Wilde e Bosie ainda estavam em Worthing, de onde partiram, depois de o escritor dar seus últimos retoques em *A importância de ser prudente*, em 4 de outubro de 1894 rumo a Brighton, onde se hospedaram, a pedido de Douglas, no Grand Hotel. Infelizmente, Bosie caiu de súbito doente na noite em que chegaram, abatido por uma forte gripe. Nessa ocasião, Wilde mostrou-se, durante cinco dias seguidos, bastante devotado e paciente em relação àquele por quem continuava, a despeito de seus caprichos, perdidamente apaixonado, como relata não sem amargor, em razão do comportamento detestável que Bosie demonstraria em seguida, em *De profundis*:

> Eu o cumulei de atenções, proporcionando-lhe todos os luxos que o dinheiro pode comprar [...] e mais afeição, ternura e amor. [...] Eu não saí nunca do hotel. [...] Inventei coisas para agradá-lo, permaneci a seu lado ou no quarto contíguo, sentava junto ao seu leito todas as noites para acalmá-lo ou diverti-lo.[28]

Mal Bosie se recuperou, foi a vez de Wilde cair doente, com febre e pregado à cama por três dias, sem que seu amante, egoísta como sempre, consentisse lançar-lhe um único olhar, demonstrando ali uma terrível ingratidão com relação a ele. Chegou inclusive a abandoná-lo à sua sorte para fazer a festa em Londres!

A razão desse súbito desinteresse da parte de Bosie? O fato de que Wilde, cujos recursos financeiros esvaíam-se, foi forçado a deixar, assim que seu amigo se curou, o Grand Hotel de Brighton para hospedar-se num modesto apartamento mobiliado nessa pequena cidade do interior.

"Quando desce do seu pedestal, você não é nada interessante. Da próxima vez em que adoecer, eu irei embora imediatamente"[29], lançou-lhe Bosie, arrogante, como explicação para o seu odioso comportamento. Tomado de repente de uma cólera incontrolável, quase histérico, abandonou-se a uma cena a tal ponto assustadora, tanto por sua violência verbal quanto física, que Wilde, aterrorizado, saltou da cama, fugiu de seu quarto e precipitou-se escada abaixo para se refugiar junto do proprietário, que acorrera para o local alertado pelos gritos de seu locatário. Exasperado pelas reprimendas de seu amante doente, Bosie tivera aparentemente a intenção, nessa dramática noite de 13 de outubro de 1894, de matá-lo com o revólver cujas balas, segundo ele, havia reservado para seu pai!

Essa cena, que deixou Wilde traumatizado pelos seis anos que ainda lhe restavam a viver, também é relatada em *De profundis*:

> Atacou-me com as mais horríveis palavras que um temperamento descontrolado [...] pode sugerir. Por conta da terrível

alquimia da vaidade, você transformou o remorso em raiva. [...] Começou a repetir a mesma cena da noite anterior, com renovada ênfase e redobrada violência. A certa altura, pedi-lhe que saísse do meu quarto [...] mas [...], com um riso satânico e uma fúria histérica, avançou em minha direção. [...] Não sabia se naquela noite você trazia a pistola que havia comprado para amedrontar seu pai ou se sua mão esboçara um gesto em direção à faca que por acaso se achava sobre a mesa entre nós [...]. Fui tomado por um sentimento de intenso terror e senti que [...] você teria feito [...] alguma coisa que seria motivo de vergonha para o resto da sua vida, até mesmo para você.[30]

Mais uma vez, entre esses amantes incuráveis, aconteceu mesma e infindável litania: disputa, ruptura e depois reconciliação. Com a diferença de que essas últimas cenas ocorreram na mesma ocasião que um acontecimento ainda mais trágico: a morte acidental, durante uma caçada, do visconde Drumlanrig, irmão mais velho de Lord Douglas, o qual, muito apegado a ele, mostrou-se profundamente afetado. Ainda mais porque as circunstâncias dessa morte nunca foram elucidadas, ao contrário do que pretendia a versão oficial, suspeitando-se de um suicídio destinado a fazer calar os rumores sobre a sua relação com Lord Rosebery.

Comovido com a tristeza de Bosie, Wilde acabou escutando novamente seu coração mais do que sua razão e cedeu pela enésima vez a seus pedidos de perdão, assim como indica esta carta que escreveu a George Ives logo depois dessa nova reconciliação: "Foi um terrível golpe para Bosie: a primeira verdadeira dor de sua vida. As asas do anjo da morte o roçaram [...] e vejo-me obrigado a compartilhar de sua tristeza".[31]

Quanto a Queensberry, ele estava mais do que decidido a vingar a morte absurda de seu filho, cujo responsável, além de todo esse belo e hipócrita mundo vitoriano que carregava, segundo ele, essa "degeneração" chamada de homossexualidade, não era outro senão um de seus mais ilustres representantes: Oscar Wilde, cujas peças de teatro a sociedade londrina continuava a aplaudir!

Wilde não escreveu nessa época apenas comédias brilhantes e corrosivas destinadas ao grande público. Particularmente inspirado naquele outono, publicou também, em 17 de novembro de 1894, "A Few Maxims for the Instruction of the Over-Educated". Nessa série de dezenove aforismos, uns mais ácidos do que os outros, ao mesmo tempo em que reiterava sua hostilidade proverbial com relação à Inglaterra, voltava a enaltecer, por meio de uma crítica igualmente radical à educação nacional, o dandismo que encarnava e, na mesma linha, a Arte assim como a Beleza.

Aquele que o sucesso cada vez mais consolidado de suas obras tornava mais e mais impertinente acabava de cometer uma nova imprudência? Sem dúvida, se associarmos essas diversas sentenças aos dois poemas intitulados "In Praise of Shame" e "Two Loves", que Bosie publicou em dezembro do mesmo ano na *The Chameleon*, revista literária cuja finalidade sociopolítica estava dedicada à causa da homossexualidade. A fórmula utilizada por Bosie em seu segundo poema para designar essa última, um "amor que não ousa dizer seu nome", foi explorada pelo marquês de Queensberry, aconselhado por habilidosos advogados, para denegrir ainda mais Wilde, atribuindo-lhe abusivamente, durante o processo, a paternidade do texto.

É verdade que o próprio Wilde, sempre tão inconsciente do perigo que o espreitava, muitas vezes forneceu as armas que serviriam contra ele nesse contexto particularmente pudico que impregnava a sociedade de seu tempo. Foi exatamente o que se passou quando, persistindo nessa linha intelectual e indo cada vez mais além em sua liberdade de tom, propôs, algumas semanas mais tarde, as "Frases e filosofias para uso da juventude": 35 aforismos do mesmo feitio, porém ainda mais mordazes do que os dezenove precedentes.

O que reivindicava ele de tão essencial, nesses preceitos em que exaltava com uma rara audácia sua própria personalidade, senão uma total independência quanto aos meios de se desenvolver à margem de qualquer tabu, qualquer limitação moral ou qualquer norma social? "O primeiro dever na vida é ser tão artificial quanto possível. Qual seja o segundo dever, ninguém ainda descobriu", começa por proclamar. E, além disso, quintessência do dandismo: "A gente deveria ser ou uma obra de arte, ou usar uma obra de arte". Até finalmente concluir, após expor com sua ostentação característica muitos outros princípios, e conforme o que já deixara subentender Lord Henry em *O retrato de Dorian Gray*: "Amar a si mesmo é o começo de um idílio que dura a vida inteira".[32]

Nota-se facilmente como essa torrente contínua de provocações, essa série de insolências, essa onda de rebelião, esse sopro de liberdade, e esses apelos constantes à insubmissão começavam a se fazer sentir como um fardo não apenas no cérebro obtuso de Queensberry, mas também na cega balança da Justiça.

Enquanto isso, foi novamente com a lotação esgotada que aconteceu a estreia de *Um marido ideal*, em 3 de janeiro de 1895, no Haymarket Theatre. Seu sucesso foi quase tão retumbante quanto o de suas duas comédias precedentes, apesar das críticas que recebeu da parte de escritores renomados como H.G. Wells e Bernard Shaw. Até o dia seguinte da detenção de Wilde, 6 de abril de 1895, ela ficaria em cartaz por 184 representações! A despeito das agitações provocadas pelo caso, o espetáculo não pôde ser cancelado por completo; porém, a fim de evitar um escândalo ainda maior, foi transferido para uma sala de menos prestígio em Londres, no Criterion Theatre, onde continuou a ser encenado, enquanto seu autor já se encontrava atrás das grades, até o dia 27 de abril de 1895. A intuição formulada por Wilde em "A Few Maxims" era fundada, embora arranhasse ainda um pouco mais a imagem de seu país de adoção: "O único elo entre Literatura e Teatro que permanece atualmente na Inglaterra é o programa da peça"![33]

Extenuado de tanto trabalho e tantos dissabores ao mesmo tempo, Wilde partiu, por volta de 15 de janeiro, para Argel, onde, dois dias depois, instalou-se por quase duas semanas, com Bosie, no Hôtel de l'Europe. Então partiu ainda acompanhado de seu amante para Blida, viagem que assim descreve a Robert Ross:

> As colinas da Cabília são repletas de aldeias povoadas de faunos [...] e nós éramos constantemente seguidos [...] por adoráveis criaturas morenas. Os mendigos têm aqui uma boa aparência: o que nos permite resolver com facilidade o problema da pobreza.³⁴

Uma maneira mal-encoberta de fazer alusão à prostituição masculina, à qual acrescentou, nessa viagem, uma experiência inédita, a droga, já que foi nessa ocasião que se iniciou ao haxixe.

Foi também em Blida que Wilde encontrou mais uma vez Gide, o qual, como a maior parte dos estrangeiros, hospedara-se no Grand Hôtel d'Orient. Eis como Gide relata esse novo encontro com Wilde, que aconteceu em 27 de janeiro de 1895.

> Um acaso extraordinário cruzou novamente nossos dois caminhos. Foi em janeiro de 1895. [...] Eu fugira de Argel para Blida. [...] Wilde havia [...] mudado. Sentia-se em seu olhar menos moleza, algo de rouco em seu riso e de feroz em sua alegria. Ele parecia ao mesmo tempo mais seguro de agradar e menos ambicioso de tentar conseguir; estava endurecido, fortalecido, engrandecido. Coisa estranha, não falava mais por meio de apólogos; durante os poucos dias em que fiquei com ele, não pude arrancar dele a menor historieta. [...] Ele caminhava pelas ruas de Argel precedido, escoltado, seguido por um extraordinário bando de mendicantes; conversava com cada um deles; olhava todos com alegria e jogava para eles dinheiro ao acaso. [...] Permaneci diante de tudo isso cheio de espanto, admiração e temor. Conhecia sua situação agitada, as hostilidades, os ataques e que inquietação sombria ele tinha que dissimular sob sua alegria arrojada. Ele falava em voltar a Londres; o marquês de Q*** o insultava, o convocava, o acusava de fugir.³⁵

Impressionado com essa ideia do "prazer mais trágico" que Oscar não parava de reivindicar, Gide acrescentava que esse mesmo Wilde, consciente dessa "fatalidade que o conduzia" e colocando "todo o seu cuidado, sua virtude, a se exagerar o destino"[36], disse que, longe de se ater à prudência que seus amigos lhe aconselhavam, pretendia ao contrário não mais "voltar atrás". E, levando a provocação ao extremo, queria ir "tão longe quanto possível", até que "acontecesse alguma coisa... alguma outra coisa...".[37] Esse comportamento suicida de Wilde seria uma vez mais destacado por Gide em *Se o grão não morre*, no qual retoma demoradamente o insólito encontro de Blida, pois a "inquietação crescente" que Gide então percebera em Oscar já demonstrava, segundo ele, "uma apreensão confusa, uma espera de algo trágico, que receava mas quase desejava ao mesmo tempo".[38] E insistia no fato, esperando assim se redimir aos olhos da posteridade, de que foi ainda esse "dissoluto" Wilde, cujos apetites sexuais eram aparentemente aguçados por essa grande tentação que era Bosie, que de súbito tomado de "uma gargalhada, não tanto alegre quanto triunfante [...], interminável, incontrolável, insolente", "ofereceu-lhe" os serviços de um jovem flautista, enquanto ele, Wilde, reservara-se os favores de um tocador de *darbouka*. "Dear, você quer o pequeno músico?"[39], ter-lhe-ia então perguntado Wilde, um entusiasta desse tipo de efebo, assim como Gide confessa quase com vergonha. No dia seguinte, 28 de janeiro de 1895, Wilde deixou enfim a Argélia, enquanto Bosie ficou mais uns vinte dias, até 18 de fevereiro, em Biskra.

O final dessa história é conhecido, como conclui Gide na homenagem que lhe presta em 1902: essa "alguma outra coisa" atrás da qual Wilde parecia assim correr freneticamente foi o *hard labour*... dois anos de trabalhos forçados nas piores prisões da Inglaterra!

Antes desse desfecho dramático, um último lampejo deveria ainda iluminar sua curta porém densa vida: a montagem, em 14 de fevereiro de 1895, no St. James's Theatre, de *A importância de ser prudente*, peça "deliciosamente frívola", ainda que marcada por uma verdadeira "filosofia da vida", como a descreveu, e cujos ensaios supervisionou por duas semanas. Nela também, como nas suas três comédias precedentes, houve o mesmo sucesso de público, com uma crítica, dessa vez, unanimemente positiva. Foi portanto um verdadeiro sucesso, complementado por uma *standing ovation** que a plateia, subjugada pelo encanto desse texto repleto de reviravoltas, mais uma vez lhe reservou. Então, quando o espetáculo acabou, ele se apresentou à frente do palco, como fizera na estreia de *O leque de Lady Windermere*, sempre elegante e afetado, com seu eterno cigarro de ponta dourada na mão e seu não menos lendário cravo verde na lapela.

Essa representação, contudo, anunciava-se mal. O centro de Londres estava paralisado nessa fria noite de inverno por uma tempestade de neve. As ruas, mal-iluminadas e encobertas da neblina que subia das margens alagadas do Tâmisa, estavam bloqueadas por enormes montes de neve. E as carruagens, cada vez mais numerosas à medida que se aproximava o teatro, avançavam com dificuldade, escorregando pelo calçamento congelado, patinando na lama. Além disso, o marquês de Queensberry tinha a firme intenção de provocar naquela noite um escândalo bem maior do que aqueles com os quais Wilde já se acostumara. Assim, ele reservara uma poltrona na orquestra, de onde contava denunciar publicamente, proferindo suas insanidades e vociferando com todo o clamor, as "imposturas" desse dramaturgo de sucesso. Wilde, a quem seu amigo Algy Bourke prevenira sobre esse possível incidente, conseguiu todavia, por meio de diversos estratagemas, impedi-lo de entrar na sala, que mandara guardar, vigiando todos os acessos, por uns vinte policiais. Foi assim que o marquês, que rodou por diversas horas em torno do teatro, espezinhando a calçada congelada como os cavalos batiam a neve suja, teve finalmente que se contentar, como invectiva, em colocar diante da porta de entrada principal, engolindo sua raiva e ruminando sua vingança futura, um irrisório maço de nabos!

Esses detalhes, foi Wilde quem expôs numa carta que escreveu – três dias mais tarde, a Bosie, que se encontrava ainda em Biskra – do Avondale Hotel, em Piccadilly, já que,

---

* Aplausos de pé. Em inglês no original. (N.T.)

para a contrariedade de Constance, não retornara ainda ao domicílio conjugal:

> O marquês escarlate havia conspirado para arengar a plateia da estreia de A importância de ser prudente! [...] Não deixamos seu pai entrar. Ele estava encarregado de me oferecer um grotesco maço de legumes! Isso torna [...] sua conduta idiota e retira-lhe toda dignidade. [...] Ele rodou em volta do teatro durante três horas, depois foi embora resmungando como um monstruoso símio.[40]

Cenas absolutamente burlescas que só fizeram com que a alta sociedade londrina, arrebatada por uma bela gargalhada a despeito de seus ares contritos, zombasse com alegria da situação. Era desconsiderar a espantosa dose de tenacidade do bilioso marquês, à qual se acrescentava uma não menos temível faculdade de importunar seus inimigos, que se verificava em geral eficaz não obstante sua tolice inerente. Em 28 de fevereiro de 1895, duas semanas depois de ter se tornado a chacota de seus conterrâneos, Queensberry, mais decidido do que nunca a arruinar o amante de seu filho, voltou à carga, precipitando Wilde numa noite ainda mais negra do que o mais sombrio de seus pesadelos ousaria imaginar.

Naquele dia, Wilde foi a seu clube, o Albemarle, onde não aparecia desde o seu retorno de Argel. Quando lá chegou, o porteiro, cujas feições pareciam constrangidas, saudou-o cordialmente, entregando-lhe um cartão de visitas que, inserido num envelope não lacrado, fora deixado para ele pelo famoso marquês dez dias antes, em 18 de fevereiro (quatro dias após o escândalo frustrado). Algumas palavras pouco legíveis haviam sido rabiscadas às pressas, visto que continham um grosseiro erro de ortografia, sinal concreto e indelével da ignorância, nesses assuntos delicados, de seu autor: "To Oscar Wilde posing as somdomite [sic]", ou seja, literalmente, "Para Oscar Wilde que passa por somdomita [sic]"!

Foi a essa mensagem incisiva e absurda que o dramaturgo achou-se na obrigação de responder, sentindo-se ferido no mais profundo de seu ser e irremediavelmente atingido em sua honra. Por sua vez, ele acusou Queensberry de tê-lo difamado e moveu um processo que acabou, paradoxalmente, por se voltar contra si, como um imprevisível mas fatídico bumerangue. Dessa queda inexorável – infelizmente para sua pessoa e para a literatura – Wilde não se ergueria jamais, senão muito tempo após sua morte, quando seria enfim reabilitado.

O processo

> *Eu não surgi do nada para a fama passageira que o crime confere, mas de uma espécie de fama eterna para uma infâmia eterna.*
>
> Oscar Wilde,
> De profundis[1]

Assim, exasperado, Wilde não viu "outra solução senão processar na justiça" esse homem "ignóbil" que era Queensberry, sujeito capaz de "acabar com a vida de qualquer um", fazendo-a "desmoronar", conforme confiou a Robert Ross no dia em que recebeu esse "cartão de visitas cheio de palavras odiosas".[2] O amigo aconselhou-o a não cair na armadilha do marquês e ignorar o bilhete. Mais do que isso: rogou-lhe para não responder a Queensberry e deixá-lo resolver sozinho a velha e pesada contenda que tinha com seu filho Bosie. Esse último, por outro lado, tinha uma opinião bem diferente. Ávido por ver o pai arrastado para os tribunais, foi ele mesmo quem incitou Wilde a mover um processo por difamação. Em *De profundis*, Wilde reconhece ter cometido um erro monumental:

> No momento mais tragicamente crítico de toda a minha vida, um pouco antes que eu concordasse em dar o lamentável passo, iniciando aquela ação absurda, eu tinha, de um lado, o seu pai, que me atacava com cartões hediondos entregues no meu clube e, do outro, você, que me atacava também com cartas não menos odiosas. [...] Entre os dois, acabei por perder a cabeça. Minha capacidade de julgar abandonou-me totalmente, substituída pelo terror. [...] Sem saber como escapar a ambos, eu cambaleava às cegas como um boi a caminho do matadouro. Cometera um gigantesco erro psicológico.[3]

Antes de pôr em marcha a infernal máquina judiciária, Wilde foi consultar seu advogado, Charles Humphreys, o qual lhe perguntou se havia qualquer fundo de verdade na acusação de Queensberry – ao que Oscar respondeu negativamente. E Humphreys, a quem Wilde mentira de maneira descarada ao esconder-lhe sua homossexualidade, objetivamente fundamentada, predisse-lhe que ganharia o processo, já que a difamação era evidente nesse caso. Essa mentira, encerrando uma série de erros de avaliação da mesma forma catastróficos, seria fatal para o resultado do processo, que o escritor havia assim praticamente perdido de antemão. Ainda mais porque Wilde – que não recebeu a ajuda financeira que a mãe e o outro irmão de Bosie, Percy, haviam-lhe prometido – já não dispunha mais do dinheiro necessário para levar a bom termo tal procedimento.

Em 1º de março de 1895, o dia seguinte ao que recebeu no clube o funesto bilhete, Wilde dirigiu-se em companhia de Bosie e de Humphreys à delegacia da Marlborough Street. Ali, clamando sua inocência diante do crime de que era acusado por Queensberry, obteve uma ordem de prisão contra este, o qual, depois de ter sido interpelado no Carter Hotel por dois oficiais de polícia, foi levado à delegacia da Vine Street e de lá ao tribunal de instância da Great Marlborough Street, onde foi denunciado por difamação.

Primeiro round. Foi portanto em 2 de março de 1895 que Oscar Wilde e John Douglas, marquês de Queensberry, encontraram-se diante do tribunal pela primeira vez. Robert Milnes Newton, o juiz que presidia a audiência, deu a palavra a Charles Humphreys, que lhe explicou que seu cliente, homem casado e pai de dois filhos, estava sendo perseguido havia algum tempo por Queensberry. Foi então a vez de Sidney Wright, o porteiro do Albermarle Club, que relatou as circunstâncias nas quais o famoso cartão de visitas lhe foi entregue. Em seguida veio Thomas Greet, o inspetor de polícia que prendera o marquês. Ao fim dessa primeira sessão, o juiz limitou-se a registrar as diversas declarações e, sem emitir veredito, concedeu a Queensberry liberdade mediante fiança, anunciando que a próxima oitiva de testemunhas aconteceria na semana seguinte.

Os dois adversários reencontraram-se em 9 de março de 1895 numa sala lotada diante do mesmo tribunal, onde a audiência foi retomada com o mesmo juiz. Wilde ainda era representado por Charles Humphreys, enquanto Queensberry, insatisfeito com a morosidade de Sir George Lewis, trocara de advogado. E que advogado! Pois não era outro senão Edward Carson, que desde os tempos do Trinity College revelara-se como um dos estudantes mais hostis em relação ao comportamento brincalhão do jovem Oscar, de quem conhecia muito bem o caráter – tanto seus pontos fortes quanto suas fraquezas. Particularmente revelador este comentário de Wilde: "Serei interrogado pelo velho Ned Carson. [...] Não há dúvida de que ele realizará a tarefa com um adicional de acrimônia que só um antigo colega de classe é capaz".[4] E de fato não se enganara.

O que o segundo depoimento de Wilde visava determinar era se a queixa tinha mérito suficiente para justificar um processo por difamação contra uma personalidade tão irrepreensível quanto Queensberry, descontando seus excessos de cólera quando estava sob o domínio do álcool. Humphreys alegou, com razão, que existiam muitas outras provas concretas, dentre as quais várias cartas injuriosas, para atestar a legitimidade das acusações emitidas por seu cliente contra o marquês, mas esse argumento não funcionou. Quando a palavra passou à outra parte, Queensberry, repentinamente revigorado pelos conselhos de seu advogado, começou a inverter os papéis ao apresentar-se como um pai dedicado, preocupado tão somente com o bem-estar do filho. "Excelentíssimo Senhor Juiz, [...] escrevi esta carta com a única intenção de precipitar as coisas [...] a fim de salvar meu filho. E mantenho o que escrevi"[5], lançou ao juiz. Este, tocado por essa declaração de um aparente bom pai de família, encerrou imediatamente a sessão para transferi-la, sem que ainda nenhuma sentença tivesse sido pronunciada, para uma data posterior e, sobretudo, para uma outra jurisdição. Como as coisas haviam tomado de súbito um rumo mais sério do que o previsto no início, o juiz recomendou encaminhar o caso para a muito mais poderosa Corte Criminal Central de Old Bailey: considerando a gravidade das suspeitas que pesavam sobre o escritor, era preciso recorrer aos serviços do fórum criminal de Londres!

Se Queensberry, cuja posição começava a se equilibrar em relação à de seu adversário, conseguisse provar a homossexualidade de Wilde, este seria enquadrado como criminoso pela lei penal inglesa da época. Em 1895, ano do processo de Oscar Wilde, já se tinham passado dez anos desde que o puritaníssimo Parlamento de Westminster adotara um novo parágrafo (o *Amendment Act*, defendido por Henry Labouchère) para a *Criminal Law* em vigor:

> Todo homem que comete [...] um ato de atentado grave ao pudor com uma outra pessoa do sexo masculino [...] torna-se culpado de um delito passível [...] de uma pena de prisão de até dois anos, com ou sem trabalhos forçados.[6]

Foi portanto um processo parcial e iníquo que Wilde teve de enfrentar, na medida em que a Justiça britânica da época poupou, pelas mesmas ofensas, um lorde (Alfred Douglas) enquanto condenava um poeta (Oscar Wilde). Sentindo a maré mudar, Charles Humphreys, seu advogado, que não se deixara enganar, preferiu abandonar esse caso delicado e aconselhou-o a contratar para assegurar sua defesa de maneira mais eficaz um dos mandarins dos tribunais londrinos, Sir Edward Clarke. Este, por sua vez, só aceitou o caso sob uma imperiosa condição: que Wilde, mais uma vez, jurasse por sua honra, como "gentleman inglês", que as acusações de Queensberry eram infundadas. E Wilde – que não via ali nenhum perjúrio, já que nunca se sentira verdadeiramente "inglês" devido à sua origem irlandesa – fez-lhe o juramento. Essa mentira, de um prodigioso desplante, foi ainda mais decisiva do que a primeira para o seu destino!

Inconsciente dos perigos que o espreitavam, Wilde deixou-se convencer, estimulado por seu amante, a deixar Londres durante alguns dias. "Vou viajar uma semana com

Bosie e depois volto para lutar contras as panteras", escreveu a Ada Leverson em 13 de março de 1895, superestimando suas forças. Para onde ia? Monte Carlo, um dos lugares mais "terríveis que existem neste mundo de Deus"[7], onde, continuando a gastar somas faraônicas, eles se hospedaram, alternando os jogos de cassino e as partidas de bacará, no Hôtel Prince-de-Galles.

Quando retornou dez dias mais tarde, em 24 de março, preocupado com o rumo dos acontecimentos, Wilde foi ver Frank Harris, cuja posição social – era o editor de revistas tão influentes quanto a *Fortnightly Review* e a *Saturday Review* – poderia ser-lhe de uma ajuda nada desprezível. Temendo que as teses defendidas em *O retrato de Dorian Gray* fossem exploradas em detrimento de seu autor pelos advogados de Queensberry, Harris sugeriu-lhe que retirasse a queixa: "Você certamente perderá"[8], insistiu. Petrificado, Wilde quase cedeu. Mas Bosie, teimoso e ainda mais vingativo com relação a seu pai, voltou à carga. "O que está dizendo prova que não é amigo de Oscar"[9], lançou a Harris, o qual, embasbacado com essa reação pueril e injustificada, compreendeu então que não fora Wilde quem desencaminhara Bosie nesse perigoso caso, mas, contra todas as aparências, era este quem manipulava o outro. Preocupado, Harris alertou isso a Wilde, que, sem forças, contentou-se em lhe responder com estas palavras enigmáticas: "Não posso fazer nada, Frank. Sinto-me impotente. Profetizando uma catástrofe, você só consegue me angustiar ainda mais".[10] Percebe-se como o destino de Wilde, cuja indolência só era equivalente à imprudência, já parecia selado naqueles dias, pois sabia o quanto estava sob o domínio de Bosie. Uma página de *De profundis* faz um resumo perfeito, lúcido e articulado da situação:

> Depois de ter obtido a ordem de prisão, foi a sua vontade que [...] prevaleceu e assim, no momento em que eu deveria estar em Londres, ouvindo os sábios conselhos de um advogado e examinando calmamente a hedionda armadilha em que me deixara prender – armadilha digna de uma criança, como seu pai a chama [...] –, você insistiu para que eu o le-

> vasse a Monte Carlo. [...] Ao voltarmos a Londres, aqueles entre meus amigos que realmente se preocupavam com o meu bem-estar imploraram para que eu deixasse o país e não enfrentasse um julgamento absurdo. [...] [Você me] obrigou a ficar em Londres para enfrentar a situação no banco dos réus e vencê-la, se possível lançando mão de mentiras e falsos testemunhos totalmente absurdos e tolos. Quando tudo acabou, eu fui para a prisão, é claro, e seu pai tornou-se o herói do dia.[11]

Que não faltavam razões para se preocupar, era uma coisa que Wilde claramente sabia. Ele não ignorava que Queensberry, cuja grosseria tanto quanto a obstinação eram notórias, lançara a seu encalço, em Londres assim como em Brighton, Goring e Worthing, uma corja de informantes encarregados de espioná-lo, com grandes reforços de dinheiro, onde quer que ele fosse em companhia de Bosie – hotéis e restaurantes, mas também lugares bem menos frequentáveis, como o bordel clandestino da Little College Street, 13.

A essas preocupações vinham acrescentar-se as eternas dificuldades financeiras que as loucuras de Mônaco só agravaram. Elas eram ainda mais inquietantes porque Wilde tinha de pagar os honorários dos advogados sem maiores delongas, se não quisesse ficar sozinho nesse processo que já começara mal. Em desespero de causa, voltou-se aos poucos amigos que ainda lhe restavam. Os fiéis Ada e Ernest Leverson emprestaram-lhe de imediato quinhentas libras.

Reconfortado com a beleza do gesto, dois dias antes do início do importante mas duvidoso processo, cuja primeira audiência fora marcada para 3 de abril de 1895, e tendo por fim reintegrado o domicílio conjugal, Wilde quis demonstrar publicamente tanto sua dignidade quanto sua desenvoltura e, se não sua inocência, ao menos sua boa-fé. Ele foi jantar, em companhia de Constance e Bosie, num dos restaurantes mais chiques da capital inglesa, onde não deixaria de ser notado pela alta sociedade vitoriana. Seguiu então, acompanhado ainda dos dois, ao St. James's Theatre, onde reservara um camarote para assistir à representação de *A importância de ser prudente*. Tudo isso porque queria que Constance, sua legítima esposa, servisse-lhe, em público, de álibi destinado a eximi-lo de qualquer suspeita acerca do rumor que corria com insistência sobre sua homossexualidade e, paralelamente, sobre suas relações duvidosas com Bosie. Constance, cuja intuição pressentia a iminência do perigo, não pôde contudo dissimular seus temores. Ao despedir-se dela, Bosie notou que seus olhos marejavam e estavam avermelhados pela tristeza, cheios dessas lágrimas às quais as inúmeras infidelidades do marido já a haviam habituado até demais e as quais, arqueando agora sob o peso de uma possível desonra, ela só conseguia conter com muito esforço.

Essa foi a última vez que eles se encontraram – a esposa mortificada e o amante imponderado – lado a lado e com Wilde posando no centro do trio tomado de uma inverossímil altivez.

Segundo round. Depois das duas audiências preliminares, a segunda parte do processo ocorreu entre a quarta-feira, 3, e a sexta-feira, 5 de abril de 1895, diante da soleníssima Corte Criminal de Old Bailey numa sala lotada.

Nessa manhã de abril, o juiz Richard Henn Collins, que presidia as sessões, deu de início a palavra, como exigia o procedimento, ao advogado do queixoso, Sir Edward Clarke. Este estabeleceu num primeiro momento o histórico das ligações exclusivamente amigáveis e desprovidas de qualquer ambiguidade que uniam seu célebre cliente, escritor de reputação mundial, a Lord Alfred Douglas. O jovem gentleman, explicou, era com regularidade recebido por Oscar e Constance Wilde, e seu cliente frequentava, de maneira não menos formal, tanto a mãe, Lady Queensberry, quanto o irmão de Alfred Douglas, Percy. Evocou em seguida outros fatos, como a história da carta roubada a Wilde por chantagistas e que seria supostamente uma declaração de amor dirigida a Bosie. De fato, afirmava o advogado de maneira peremptória se não convincente, nada mais era do que o rascunho literário de um soneto a ser publicado, como de fato ocorreu, em 4 de maio de 1893, numa revista estudantil intitulada *The Spirit Lamp*, que naquele tempo era editada pelo próprio Lord Alfred. Fez também referência ao brilhante percurso universitário de Wilde, assim como ao sucesso obtido por suas peças nos palcos dos melhores teatros. O deplorável incidente ao qual Wilde fora confrontado quando Queensberry invadiu, em companhia de um de seus capangas, sua casa da Tite Street, 16, para ameaçá-lo não foi tampouco esquecido por Clarke. E o advogado levou seu profissionalismo ao ponto de se arriscar a fazer uma análise bastante pertinente de *O retrato de Dorian Gray*, visto que tomou o cuidado de distinguir, segundo os preceitos exaltados por seu autor, o plano narrativo do aspecto moral. Essa arguição de Clarke não foi objeto de nenhuma contestação da outra parte.

O tom mudou bruscamente quando, após ter escutado com paciência todos esses discursos, entrou em cena o advogado de Queensberry, Edward Carson, que continuava tão aguerrido quanto antes com relação a seu antigo rival do Trinity College.

Carson, que conhecia tudo a respeito da infância e da juventude de seu velho camarada dublinense, começou maliciosamente por observar diante da Corte que Wilde – cuja vaidade só estava à altura da leviandade – trapaceara deliberadamente, embora houvesse prestado juramento, sobre sua verdadeira idade, já que afirmara ter apenas 39 anos quando na realidade já passara, ainda que pouco, dos quarenta. Fato que, por mais anódino que fosse do ponto de vista legal, mostrava-se contudo revelador – insistiu de maneira bastante tendenciosa, de modo a logo desacreditá-lo aos olhos do júri – de sua deplorável propensão à mentira. Essa primeira estocada do ferino Carson foi com efeito devastadora para a credibilidade de Oscar Wilde, que no entanto nada perdeu de seu garbo, exibindo com orgulho seu perpétuo cravo verde na lapela.

Veio em seguida uma série de questões baseadas nas investigações que Queensberry mandara realizar sem o conhecimento de Wilde sobre os lugares onde esse último estivera em companhia de Alfred Douglas. Cortês, Wilde respondeu de maneira pontual, sem manifestar o menor embaraço. Contudo, a situação complicou-se quando Carson abordou certas teses desenvolvidas na revista *The Chameleon*, na qual, em seu poema intitulado "Two Loves", Alfred Douglas falara de um "amor que não ousa dizer seu nome" ao aludir à homossexualidade. Da mesma forma, perguntou a Wilde se ele considerava "indecente" um texto, também publicado na *The Chameleon*, como "The Priest and the Acolyte". Ao que, permanecendo fiel a seus princípios e posicionando-se apenas no nível da literatura, o escritor respondeu que "para um homem letrado, só é possível julgar um texto por seus defeitos literários".[12] Uma maneira de reiterar o preceito, fundamental em sua estética, que já enunciara antes, sob forma de aforismo, no prefácio de *O retrato de Dorian Gray*: "Não existem livros morais ou imorais. Livros são coisas bem-escritas ou mal-escritas. É só".[13]

Carson, que também lera essa grande obra, agarrou a oportunidade sonhada para a sequência de sua arguição: "Penso que sua opinião, sr. Wilde, seja a de que não existe livro imoral".[14] E Wilde, esquecendo-se que estava diante de um tribunal, e não sobre um palco de teatro, aquiesceu orgulhosamente, lançando ao júri, como um ator dirigindo-se ao público, um gracejo a respeito desse padre e desse acólito que teve o efeito de provocar a hilaridade geral e de fazer com que ele mesmo caísse na gargalhada. "É pior do que isso: é mal-escrito"[15], exclamou, apenas confirmando, do alto de seu perpétuo esnobismo, a que ponto não tinha senão desdém, ao menos em matéria de literatura, pela moral. Se a réplica suscitou um efeito positivo sobre o público, ela foi recebida com consternação pelos juízes. Wilde – que, superestimando seus talentos de comediante, parecia interpretar um papel teatral, sem se ter cercado de nenhuma precaução oratória – pagaria muito caro por essas bravatas...

Carson, que compreendera todo o proveito que podia tirar desse "tropeço", rebateu de imediato, reportando-se aos aspectos "blasfematórios" de "The Priest and the Acolyte", o qual, ainda que de maneira implícita, continha insinuações de ordem sexual nas descrições de suas cenas litúrgicas. E Wilde, que continuava a privilegiar a estética em detrimento da ética, recusou-se mais uma vez a empregar o termo de "blasfematório" a propósito dessa obra, preferindo utilizar o adjetivo, exclusivamente qualitativo, "repugnante". Era demais para Carson: como fizera em suas obras mais subversivas, Wilde não hesitava em se situar, seguindo a linha dos filósofos "degenerados", além do bem e do mal. Sua verdade era decididamente demasiado subjetiva!

A continuação desse primeiro interrogatório, que durou toda a tarde do dia 3 de abril de 1895, viu opor Wilde a Carson num combate intelectual não menos explosivo. Aproveitando-se da distinção que, desde o seu prefácio, um livro como *O retrato de Dorian Gray* estabelece entre a arte e a moral, perguntou bruscamente a seu autor, e de forma tão perniciosa quanto engenhosa, se "um livro imoral porém bem-escrito [...] que defendesse opiniões sodomíticas poderia ser um bom livro".[16] Ao que Wilde, que começava a ver em que ponto Carson queria chegar, retorquiu, não menos habilidosamente, que não sabia o que ele entendia ao certo pela expressão "romance sodomítico". E Carson aproveitou mais uma vez a brecha. "Pois bem, sugiro *Dorian Gray*. É possível interpretá-lo como um livro sodomítico?"[17], retrucou de modo ainda mais dissimulado, fazendo enfim alusão ao crime do qual Queensberry o acusava. A resposta de Wilde foi das mais mordazes:

> Apenas para brutos grosseiros. [...] As opiniões dos filisteus sobre a arte não valem de nada, pois sua estupidez é incalculável. O senhor não pode me perguntar sobre que espécie de interpretações errôneas de minha obra os boçais, os ignaros, os imbecis podem ter. Isso não me diz respeito. [...] Não me importo nem um pouco com o que os outros pensam do meu trabalho.[18]

Injuriado com essa resposta com a qual Wilde visava na realidade Queensberry, Carson pôs-se então a ler em voz alta, como para provar a legitimidade de suas conclusões, um trecho de *O retrato*... aquele, particularmente explícito, em que Basil Hallward confessa a Lord Henry seu amor, ainda que platônico, por Dorian Gray.

Um tanto desconcertado, porém ainda bastante seguro de si, Wilde não se deixou descontrolar por essa nova manobra de Carson. Assim, lançou-se por sua vez, para contrapor, em uma réplica destinada a estabelecer uma clara distinção entre uma "bela pessoa" e uma "bela personalidade". Que seja!, admitiu Carson, exasperado. Contudo, insistiu insidiosamente: "O senhor já experimentou esse sentimento de louca adoração por uma bela pessoa do sexo masculino alguns anos mais jovem que o senhor?".[19] E a resposta de Wilde disparou então como a bala de um rifle... com o pequeno detalhe de que esse excesso de espirituosidade, beirando a insolência, acabou mais uma vez por se voltar contra ele. "Nunca senti adoração por ninguém, a não ser por mim mesmo"[20], exclamou, blefador como sempre, soltando mais uma estrondosa gargalhada.

Era decididamente demais para Carson, enfiado em seu dogmatismo e em sua toga. Wilde, cuja desenvoltura beirava a impertinência, ultrapassara, nesta enésima respostada, os limites do que é tolerável ouvir num tribunal. No entanto, o imperdoável ápice dessa arrogância foi alcançado quando Wilde, mais presunçoso do que nunca, confessou ficar às vezes em admiração diante da beleza de alguns de seus próprios escritos. E na mesma esteira repreendeu Carson com veemência por ter lido mal uma frase extraída da carta de amor que escrevera a Bosie – embora fosse das mais comprometedoras. Foi então que Carson – cujo orgulho acabara de ser rudemente ferido com essas palavras afrontosas – enfureceu-se e, para demolir seu rival em definitivo, começou a citar um a um o nome de todos os jovens prostitutos junto dos quais Wilde fora buscar favores sexuais, ora pagando-os fartamente, ora oferecendo-lhes presentes (as famosas tabaqueiras de ouro ou prata): Taylor, o dissoluto alcoviteiro do bordel da Little College Street; Wood, Allen e Cliburn, esse bando de pífios e notórios chantagistas; Edward Shelley, o patife que levava para jantar nos melhores hotéis do país; Alfonso Conway, gigolô miserável encontrado nas praias de Worthing; Sidney Mavor que, movido pelo único atrativo do ganho, não se privaria, alguns dias mais tarde, de incriminar seu antigo protetor para logo em seguida se retratar; e sobretudo Alfred Douglas em pessoa, jovem e belo gentleman que Wilde desencaminhara de maneira não menos sórdida nas suítes luxuosas do Savoy Hotel, onde os criados encontraram vergonhosas manchas de esperma nos lençóis desfeitos.

Foi com essas revelações particularmente devastadoras para Oscar Wilde que se encerrou a primeira sessão de seu processo. Inútil dizer que suas chances de sair ileso eram mínimas.

Cansado, desorientado, Wilde cometeu então outra imprudência, fornecendo um argumento suplementar a seus inimigos. Em vez de voltar tranquilamente para casa, foi em companhia de Bosie para o Holborn Viaduct Hotel, onde seus dois advogados, Humphreys e Clarke, o encontraram para fazer uma análise desse primeiro e pesado dia de combate. Homens sensatos e experientes, eles não se mostravam nem um pouco otimistas quanto à sequência dos acontecimentos.

O segundo dia do processo, quinta-feira, 4 de abril de 1895, não se revelou menos penoso para Wilde. Por meio de uma súbita mas habilidosa inversão de papéis que o levou a ser afinal convocado a depor, ele parecia passar da posição de queixoso para endossar as culpas do réu. Carson, que decidira não deixar mais escapar sua presa, voltou à carga, continuando a desfiar os nomes de outros jovens, vindos em sua maioria de meios desfavorecidos e incultos, pelos quais Wilde se mostrara interessado – tudo isso com base nos relatos dos informantes que Queensberry contratara com esse intuito.

Os nomes desses prostitutos notórios que eram Taylor e Mavor foram de novo evocados, porém com muito mais detalhes na descrição da relação puramente física que haviam tido, durante certo tempo, com Wilde. Então chegou a vez dos outros trapaceiros, pequenos cafajestes pertencentes aos meios londrinos mais duvidosos, como Charles Parker e Fred Atkins. No que se refere a esse último em particular, Wilde o levara um dia a Paris, onde se hospedaram juntos no hotel, especificou Carson. Para se ter uma ideia de qual era então o grau de intimidade entre eles! Houve igualmente, lembrou o advogado, o jovem Ernest Scarfe, que Wilde convidou, em companhia de um segundo patife, Sidney Mavor, ao Avondale Hotel, onde às vezes organizavam orgias.

Até aquele momento, Wilde conseguira esquivar-se dos golpes de Carson manipulando humor e zombaria. Contudo, mais preocupado em seduzir seu auditório com belos ditos espirituosos do que em se defender por meio de argumentos sólidos, e levado pelo sucesso que parecia ter obtido em relação a seu adversário, cometeu então um erro que se revelou fatal. Quando Carson perguntou-lhe – à queima-roupa para melhor desestabilizá-lo – se ele já beijara o jovem Walter Grainger, seu antigo criado, Wilde respondeu, fazendo uma cara de nojo, com estas palavras que soaram, paradoxalmente, como uma terrível confissão de sua homossexualidade: "Oh, não, nunca, nunca! Era um rapaz muito sem graça. [...] Sua aparência era, coitado..., muito feia".[21] Ora, dizer que a única razão por ter se recusado a beijar o pobre rapaz foi sua "feiura", insistiu Carson, como para dar mais clareza à sua demonstração, dava no mesmo que confessar que um esteta como Wilde não se teria por certo privado de realizar um tal gesto se, porventura, Grainger fosse, ao contrário, "belo". Carson, que conhecia as inclinações de Wilde pelos efebos, sabia bem do que falava!

Encurralado a tal ponto que mesmo sua lendária agilidade de espírito pareceu de repente abandoná-lo à sua triste sorte, Wilde perdeu definitivamente pé, e depois a peleja, nessa batalha. Atolando-se lamentavelmente em suas mentiras, como um viajante perdido num terreno de areia movediça, pôs-se a gaguejar, a se atrapalhar, a se contradizer: o cúmulo para esse "príncipe do paradoxo"! O dândi, até então quase perfeito, começou a perder segurança, serenidade, atitude, embaralhando-se em sua própria retórica e enroscando-se em seus sofismas, de tal forma que Carson, sentido a vitória por fim a seu alcance, acabou por ganhar irremediavelmente vantagem. Assim, depois que essa segunda fase do processo foi interrompida para o almoço, o resto foi para ele apenas uma simples formalidade. Confiante em seu triunfo, multiplicou as críticas quanto ao caráter profundamente "imoral" da obra de Wilde, retomando o argumento inicial que consistia em realçar o desejo – dos mais louváveis – que o marquês de Queensberry tinha de salvar seu filho, Lord Alfred, de semelhante inferno. Mais do que isso: anunciou que convocaria a depor como testemunhas de acusação todos os rapazes cujos nomes foram citados durante as audiências. Em suma: a causa estava de fato perdida – acabou por concluir Clarke, advogado dócil demais para as garras afiadas de Carson – e junto com ela a própria pessoa de Wilde!

Ao fim da sessão de quinta-feira, 4 de abril, Clarke aconselhou Wilde a retirar a queixa e a reconhecer, ao mesmo tempo, a legitimidade das acusações de Queensberry. Rogou-lhe que deixasse a Inglaterra o mais rápido possível para se refugiar em Paris, que o escritor conhecia tão bem. No entanto, à maneira de sua mãe em seus jovens e loucos anos de nacionalismo revolucionário, Wilde respondeu-lhe, não sem um excesso de heroísmo, que nunca fugiria a seu destino e que, ao contrário, contava permanecer em Londres para levar a cabo esse duro combate. De seu lado, era tudo o que Carson queria, a tal ponto desejava digladiar-se enfim com seu velho concorrente do Trinity College.

Prudência, todavia, mais uma vez! Em *De profundis*, Wilde invoca um motivo bem menos glorioso para justificar essa recusa a deixar a Inglaterra: suas dívidas.

> Se naquela sexta-feira funesta eu tivesse conseguido deixar o Hotel Avondale, em vez de permanecer no escritório de Humphreys assistindo passivamente à minha própria ruína, eu poderia agora estar livre e feliz na França, longe de você e de seu pai [...]. Mas o pessoal do hotel recusou-se terminantemente a permitir que eu partisse. Tínhamos ficado lá durante dez dias, você chegara mesmo a trazer um amigo para se hospedar conosco. Minha conta [...] chegara a quase

> 140 libras. O proprietário declarou que não poderia permitir que eu retirasse a minha bagagem até que essa conta tivesse sido paga. Foi isso que me reteve em Londres. Se não fosse pela conta do hotel, eu teria partido para Paris na manhã de quinta-feira.[22]

O processo foi retomado na manhã de sexta-feira, 5 de abril. A sala continuava abarrotada, mas nesse terceiro e último dia a sessão foi muito mais curta. Carson reiterou suas acusações reafirmando ao mesmo tempo a pertinência das suspeitas de Queensberry. Foi então que Clarke interveio, para que as coisas não se deteriorassem mais, clamando que, tudo bem considerado, seu cliente aceitava o veredito de "inocente" em benefício do acusado. Satisfeito, o juiz convidou então o júri, estupefato, a se pronunciar nesse sentido. Assim, após uma curta deliberação, Queensberry foi absolvido. Os custos do processo couberam a Wilde, e o marquês deixou a sala sob aclamações. Pouco depois, às 11h15, a corte retirou-se e, 45 minutos mais tarde, ao meio-dia, Wilde deixou por sua vez o Old Bailey debaixo das vaias da multidão.

Os acontecimentos poderiam ter tomado um rumo bem diferente, com a verdade irrompendo à luz e a vantagem voltando para Wilde, se este tivesse consentido que Bosie testemunhasse contra seu pai. Contudo, Wilde – cujo amor que sentia pelo amante consistia também em protegê-lo dos preconceitos da sociedade e das condenações de sua família – dissuadiu-o, preferindo carregar sozinho esse fardo e, com ele, a ignomínia. Refugiando-se mais uma vez no Holborn Viaduct Hotel, escreveu ao diretor do *Evening News* nesse 5 de abril de 1895:

> Foi-me impossível defender minha causa sem colocar Lord Alfred Douglas no banco das testemunhas para depor contra seu pai. [...] Antes de colocá-lo numa situação tão difícil, preferi retirar minha queixa e carregar em meus ombros a vergonha e a ignomínia que teriam podido resultar da ação movida por mim contra Lord Queensberry.[23]

Ele enviou também um bilhete curto a Constance, no qual, ansioso, recomendava que ela não deixasse ninguém entrar na casa da Tite Street e, sobretudo, em seu escritório. Além disso, pediu que a partir daquele momento só visse seus amigos mais fiéis. Temia provavelmente que a polícia revistasse sua casa e encontrasse, ao remexer em seus papéis, algum outro documento comprometedor. Wilde tinha de fato sérias razões para se preocupar, pois, apesar de sua absolvição, Queensberry não renunciara: invertendo então definitivamente os papéis, ele queria agora denunciar Wilde e, se possível, mandá-lo para a prisão.

Terceiro e último round. Carson, cuja sede de vingança era tão insaciável quanto a de seu cliente, enviou ao procurador da rainha os autos das sessões em que enfrentou o escritor durante esses três dias de audiência. Queensberry, que nada fazia parar, tinha um outro importante argumento, do qual usaria e abusaria, mediante chantagem se necessário, caso seu requerimento não fosse deferido – assim como salientou a seu novo representante, Charles Russell: a homossexualidade de alguns políticos britânicos, entre os quais Lord Rosebery, antigo amante de seu filho Drumlanrig, cuja morte supostamente acidental o enchera de ódio contra a classe dirigente de seu país. Foi assim que, temendo um escândalo público de ainda maior envergadura, o trâmite judiciário lançado contra Wilde acelerou-se de súbito. Às 15h30 desse 5 de abril de 1895, foi expedido um mandado de prisão por atentado ao pudor contra ele, sem que nem mesmo o influente deputado George Wyndham, primo de Bosie, tenha podido interceder em seu favor.

Mas as coisas não pararam por aí. Wilde – que para escapar à horda de jornalistas se mudara para o Cadogan Hotel – dispunha ainda de algumas horas para se apresentar espontaneamente ao posto de polícia da Bow Street. Ele tinha portanto tempo de sobra para fugir, como o encorajaram Robert Ross e Reginald Turner, saltando no primeiro trem para Douvres e de lá para um barco que o teria de imediato conduzido à França, onde encontraria refúgio certo junto de seus pares. Em vão: a despeito das súplicas de amigos, Wilde recusou-se obstinadamente a partir! Por que tal atitude, que revelava tanto orgulho quanto lassidão? É Yeats quem dá a explicação mais plausível ao evocar as palavras da mãe de Oscar, Lady Wilde, pronunciadas quando ela se encontrou com o filho no Cadogan Hotel em suas últimas horas de liberdade:

> Se ficar, ainda que seja mandado para a prisão, você permanecerá meu filho. Isso não mudará em nada a afeição que sempre tive por você. Mas, se partir, eu nunca mais lhe dirigirei a palavra.[24]

"O trem já partiu; é tarde demais!"[25], limitou-se a responder Wilde, afundando-se numa poltrona com uma taça de vinho branco na mão, como se tivesse apenas cedido, mais uma vez, à chantagem afetiva de sua velha mãe.

Wilde, que bebeu até a embriaguez nesse fim de tarde, teve contudo ainda a coragem, ao mesmo tempo que a lucidez, de pedir para Ross ir ver sua mulher a fim de informá-la acerca dos últimos acontecimentos. A conversa foi certamente dolorosa, porém Constance encontrou forças para lhe dizer que esperava que seu marido fugisse. Ross, certo de convencer seu amigo a partir enfim para fora da Inglaterra, veio imediatamente relatar essas palavras a Wilde, o qual, bêbado, permaneceu débil, abatido e apático, atirado em sua poltrona. Então foi a vez de um repórter do *Star*, o qual sempre se mostrara benevolente para com ele, acorrer ao Cadogan para tentar persuadi-lo a fugir sem mais tardar. Eram cinco da tarde e a situação estava ficando desesperadora. Wilde, sentindo-se ameaçado, cercado por todos os lados, teve um breve sobressalto, chegando a pedir a Ross que lhe adiantasse a soma necessária à viagem. Resignado, acabou no entanto por balbuciar, num último suspiro de abandono: "Ficarei e cumprirei minha sentença, qualquer que ela seja!".[26]

Renunciando definitivamente a qualquer tentativa de fuga, ele pegou uma folha de papel e, com sua melhor caligrafia, a despeito da mão que tremia sob o efeito do álcool, redigiu um bilhete para seu amante:

> Meu querido Bosie,
> Estarei esta noite no posto de polícia da Bow Street. Liberdade provisória impossível [...]. Você poderia enviar um telegrama a Humphreys para que ele se apresente à Bow Street para me defender [...]? Venha me ver. Sempre seu, Oscar.[27]

Enquanto isso, Queensberry exultava. A cerveja corria, e seus inúmeros partidários puderam então se permitir a contar as piadas mais triviais a propósito do pobre Wilde.

Às seis da tarde em ponto, esse lamentável caso conheceu enfim o seu desfecho: dois inspetores da Scotland Yard apresentaram-se à porta do quarto 53 do Cadogan Hotel munidos de um mandado de prisão. Bêbado, Wilde deixou-se algemar, sem uma palavra, e os seguiu, cambaleando, para um carro que o conduziu de imediato ao posto de polícia da Bow Street, onde foi oficialmente denunciado por atentado grave ao pudor. A ele caberia uma pena de dois anos de trabalhos forçados.

Na manhã seguinte, sábado, 6 de abril de 1895, Wilde compareceu, ao mesmo tempo que Alfred Taylor, à sala de acusação da Bow Street, então presidida por Sir John Bridge. Foram também convocados, como únicas testemunhas de acusação, quatro prostitutos da Little College Street, 13.

Oscar Wilde, a quem o juiz recusara a liberdade sob fiança enquanto aguardava seu segundo processo, entabulou sua vida atrás das grades. Ironia do destino, foi nessa mesma prisão de Holloway, para onde Wilde foi de imediato transferido após sua acusação, que Algernon Moncrieff, personagem de *A importância de ser prudente*, vê-se ameaçado de ser encarcerado quando não pode pagar suas dívidas.

Nesse meio-tempo, a imprensa continuou a apedrejar o escritor num tom cada vez mais injurioso. "Oscar Wilde está perdido e condenado à danação"[28], vituperou o *Écho*, enquanto a *Pall Mall Gazette* declarava: "com a detenção de Wilde, começamos a respirar um ar mais puro".[29] Da mesma forma, o *National Observer* considerava que Wilde não era nada mais do que um "impostor obsceno"[30], e o *Daily Telegraph* concluía em tom triunfante: "já aguentamos demais esse sr. Oscar Wilde".[31] Até alguns de seus antigos amigos homossexuais, como Aubrey Beardsley, que lhe devia parte de seu renome graças às ilustrações de *Salomé*, entraram na linha de ataque, a ladrar em coro no meio dessa matilha de cães raivosos, como se buscassem reabilitar-se de algum erro.

A partir dessa data, e mesmo durante seu exílio parisiense, Wilde nunca mais deixou de ser jogado aos leões, vilipendiado, demonizado. Inclusive seus livros, na frente dos quais figurava *O retrato de Dorian Gray*, foram retirados de circulação. E ainda que as representações das peças *Um marido ideal* e *A importância de ser prudente* continuassem, por simples e levianos motivos comerciais, até o mês de maio do mesmo ano, seu nome foi pura e simplesmente apagado dos cartazes e dos programas, o que por consequência imediata o privou de todos os direitos autorais e, por conseguinte, de suas rendas. Tal ocorrência só aumentou a fúria de seus credores, os quais, estando diante de tal engrenagem e manifestando uma mesquinharia chocante, não se privaram de apresentar queixa contra ele por quantias às vezes irrisórias, jogando-o ainda mais em sua miséria. Em suma: uma queda tão assombrosa que o próprio Henry James, que não gostava nem um pouco de Wilde, comoveu-se: esse caso é "horrível, atrozmente trágico"[32], e confessou a Edmund Gosse. Raros foram os que, aliás, diante de tal ostracismo, tal clima de ódio e tal caça às bruxas, ousavam ainda confessar, ainda que discretamente, sua homossexualidade. Alguns, atemorizados com a ideia de sofrer sorte semelhante, chegaram a abandonar a Inglaterra, como John Gray e André Raffalovich, que partiram para Berlim, ou Reginald Turner e Robert Ross, que se instalaram em Calais.

Bosie preferiu permanecer em Londres, onde, manifestando uma inegável dose de coragem, empenhou-se em responder, com o auxílio de Will Rothenstein, a essa torrente de calúnias que a imprensa britânica não parava de despejar sobre seu amante, doravante trancafiado. Melhor: foi visitá-lo quase todos os dias na prisão de Holloway, onde Wilde, com a barba por fazer e os cabelos desgrenhados, recebia-o cheio de gratidão, com lágrimas nos olhos:

> Um homem delgado, de cabelos dourados como os de um anjo, está sempre a meu lado. Sua presença me protege. [...] Que catástrofe abateu-se sobre mim! [...]. Eu queria apenas defendê-lo de seu pai. Não queria outra coisa, e agora...[33]

E foi mais além numa carta dirigida a More Adey e Robert Ross, igualmente marcada de efusão sentimental: "Bosie é tão maravilhoso que não penso em mais nada".[34]

Bosie "maravilhoso"? Era com certeza esquecer bem rápido – fraco como era em relação àquele que chamava ainda de "um ser cujo nome é amor"[35] – com o quanto seu amante contribuíra para precipitar sua decadência. Ainda mais porque seria Bosie o primeiro a traí-lo, e depois a abandoná-lo, sem escrúpulos nem remorsos, quando Wilde seria definitivamente jogado na prisão por dois longos e cruéis anos.

Foi em 11 de abril de 1895, uma semana após ser detido, que Wilde compareceu, pela segunda vez, diante do tribunal da Bow Street. Essa audiência foi apenas a repetição da primeira. Com a pequena diferença de que foram chamados a testemunhar, além dos prostitutos da Little College Street, 13, criados e senhorios dos hotéis e casas que Oscar frequentara, os quais o incriminaram ainda mais. A essa avalanche de acusações vieram se opor – como por milagre, mas sem efeito algum para o andamento do processo – as cartas de apoio que seus amigos parisienses, artistas e intelectuais, enviaram, indignados com o destino que lhe estava sendo reservado. Entre elas, as de Pierre Louÿs, Edmond de Goncourt, Jean Moréas e Sarah Bernhardt, a qual, embora rica e famosa, jamais se dispôs, apesar da insistência de Wilde em lhe vender (por dez mil francos) os direitos de sua *Salomé*, em ajudá-lo financeiramente...

Desamparado e mais sozinho do que nunca, emagrecido e com os traços repuxados, suas roupas ainda mais negligenciadas, visto que não o haviam autorizado até então a receber nenhuma encomenda, Wilde foi convocado uma terceira vez diante do mesmo tribunal em 18 de abril de 1895. As acusações contra ele foram então declaradas "procedentes", conforme o artigo XI do *Criminal Law Amendment Act*, por um júri, composto de 23 membros, presidido por um jornalista francês, Paul Villars, correspondente londrino do *Le Figaro*. Cinco dias depois, em 23 de abril, o procedimento no qual Alfred Taylor era acusado foi acoplado ao de Oscar Wilde – o que só agravou seu caso. A despeito dessa nova dificuldade, este decidiu declarar-se "inocente"... contra os conselhos de seu advogado, Sir Edward Clarke, que, condoído pela miséria na qual seu cliente havia afundado, dispusera-se a defendê-lo gratuitamente.

A esse desastre veio acrescentar-se, como para lhe dar o golpe de misericórdia, um enésimo drama, ainda mais doloroso para um esteta como Wilde. Diante da incapacidade em que se encontrava para pagar suas dívidas (que somavam aproximadamente mil libras esterlinas), seus inúmeros credores, aos quais Queensberry se associou exigindo o pagamento imediato de suas custas judiciais, solicitaram sua falência pessoal e, em consequência, o leilão de todos os seus bens. Foi assim que, em 24 de abril de 1895, logo após ser declarado "inadimplente" (a despeito do fato de suas peças de teatro supostamente ainda lhe renderem cinco mil libras esterlinas por ano), sua bela e rica casa da Tite Street foi esvaziada de todos os seus inestimáveis tesouros. Tudo sumiu, vendido a troco de nada: não apenas os móveis e os objetos pessoais, mas também um grande número de manuscritos, alguns dos quais foram roubados. Vendidos, desaparecidos, dispersados: as litografias de Whistler, os desenhos de Blake e de Burne-Jones, seus quadros de Simeon Salomon e de Monticelli, os tapetes de William Morris, o soneto escrito pela mão de John Keats, assim como dezenas de livros com a dedicatória dos maiores autores do século XIX. Até mesmo as obras de seus próprios pais, assim como os brinquedos de seus filhos, foram liquidados por alguns tostões...

O pior, contudo, ainda estava por vir para Wilde, que a vida, como confessou a Ada Leverson em 23 de abril de 1895, "parecia ter abandonado" e que se sentia preso "numa terrível armadilha".[36] Em 26 de abril de 1895, novamente diante do tribunal de Old Bailey, começou seu segundo processo.

Esse processo, presidido por Sir Arthur Charles, no qual, mudando de estratégia de defesa, Oscar Wilde adotou um tom muito mais humilde, desenvolveu-se um pouco melhor do que o previsto. E isso apesar de o substituto do procurador da rainha, Charles Gill, ter combinado com o advogado de Alfred Douglas que o nome de seu cliente não seria citado durante as sessões, fazendo assim toda a responsabilidade do caso recair apenas sobre Wilde, contra quem a sociedade vitoriana em seu conjunto se tinha congregado. Gill, temendo que o filho do marquês de Queensberry fosse atingido por alguma revelação, abandonou no quarto dia do processo a acusação – em vista do que realmente se tramara nos salões corrompidos da Little College Street, 13 – de "formação de quadrilha". Essa retratação foi entendida pelo júri como um elemento positivo a ser colocado na conta do réu. Wilde, que recuperara um pouco as esperanças, conquanto mantivesse agora uma atitude mais modesta, soltou um dito dos mais inspirados a respeito desse "amor que não ousa dizer seu nome". Não era essa a exata maneira – lançou numa réplica digna das melhores tragédias – outrora empregada para definir o mais nobre entre os sentimentos, qual seja, a afeição pura que por vezes sentem, no plano intelectual, as maiores personalidades: Platão, Shakespeare, Montaigne e Michelangelo? Mais ainda, concluiu, fazendo de repente ressoar sua voz clara e melodiosa de homem culto, sob um estrondo de aplausos:

> É apenas por causa dela, dessa amizade tão sutil e perfeita, natural e contudo tão incompreendida em nossa sociedade, a ponto de só podermos chamá-la de "amor que não ousa dizer seu nome", que eu me encontro, neste momento, aqui.[37]

Wilde acabava de ganhar um pouco de terreno... Mas estaria tranquilo quanto a seu destino, ciente de que a prisão e a "desonra" que se seguiria deviam ser seu "quinhão", assim como afirmou numa carta datada de 29 de abril de 1895 para Bosie (seu "junquilho", sua "flor-de-lis"), o qual se encontrava desde 25 de abril em companhia de um certo Charlie na capital francesa? Aparentemente não, a julgar pelo conteúdo dessa correspondência. Ao mesmo tempo em que reiterava seu amor "eterno", aconselhava-o, em meio a pueris e patéticos arroubos líricos, a fugir da Inglaterra para viver na Itália ou em alguma "ilha encantada do Mediterrâneo", onde eles passariam, unidos até que a morte os separasse, seus dias de velhice.

Enquanto isso, era preciso curvar-se ao veredito desse segundo processo, cujas sessões finais foram retomadas três dias mais tarde. O juiz Charles, homem íntegro, colocou ao júri quatro questões capitais. Teria Wilde cometido atos considerados "indecentes" ou "imorais" com pessoas do sexo masculino? Taylor servira-lhe de intermediário? Wilde e Taylor haviam tentado levar outros rapazes a se comportar de maneira "inconveniente"? Taylor cometera atos "repreensíveis" com outros homens? Os membros do júri retiraram-se e, após deliberarem durante mais de três horas, só entraram em acordo quanto a um ponto: nem Wilde nem Taylor haviam realizado nada de ilícito. Quanto às três outras perguntas, eles confessaram, perplexos pela falta de provas, a impossibilidade de responder de maneira formal.

Assim, diante da dúvida e da confusão criada por todos esses testemunhos, ordenou-se um novo inquérito e o processo foi diferido. Wilde foi reconduzido à prisão de Holloway, onde passou os cinco dias seguintes. Ada Leverson, a quem apelidara "Sphinx", enviou-lhe alguns livros. Ele leu todos. Mas os dias continuavam a parecer intermináveis. Ainda mais porque, devorado pelo tédio, atormentado pela angústia, ele dormia mal. Em 6 de maio de 1895, escreveu a Ada Leverson:

Não recebi hoje carta de Flor-de-lis. [...]. Sinto-me muito infeliz quando ele não me manda notícias e, hoje, este confinamento está me deixando doente [...]. Os dias me parecem sem fim [...] Oh! como desejo que tudo se resolva e que eu possa voltar à Arte e à Vida! Morro de inanição aqui.[38]

Felizmente, no dia seguinte pela manhã, chegou uma boa notícia: seu pedido de liberdade provisória acabava de ser concedido pelo juiz Pollock. Sob a condição de pagar de imediato uma fiança no valor de 2.500 libras esterlinas. Soma enorme, mas que Percy Douglas, irmão de Bosie, consegui no entanto reunir pela metade, enquanto a segunda parte foi paga pelo reverendo Stewart Headlam, o qual considerava que esse processo estava longe de ser equitativo. Em 7 de maio de 1895, ele saiu da prisão de Holloway.

Wilde, cuja mulher e cujos filhos gozavam da hospitalidade de Lady Mount-Temple, logo seguiu para o Midland Hotel, perto da estação de Saint-Pancras, onde Ernest e Ada Leverson haviam reservado um quarto em seu nome. Porém, mal chegara lá, teve de voltar: o gerente, que os homens de Queensberry tinham ameaçado de retaliação caso o hospedasse, anunciou-lhe que não podia ficar em seu estabelecimento. Por falta de dinheiro para conseguir uma outra hospedagem, onde o acesso lhe teria sido de qualquer maneira recusado, teve que se submeter e pedir abrigo a seu irmão Willie, na Oakley Street, 146, onde encontrou refúgio pouco antes da meia-noite. Impaciente por rever o filho livre, Lady Wilde também estava lá. Oscar, que Willie não parava de repreender por esse desastre contra o qual o prevenira, passou ali apenas alguns dias. Deprimido e doravante alcoólatra, preferiu ficar com os Leverson, os quais o acolheram em sua residência do Courtfield Gardens, 2, até o dia 25 de maio, data do último dia de seu terceiro e derradeiro processo.

Nessa casa, onde foi recebido como um hóspede de prestígio, com todas as honras devidas a sua posição social, Wilde recobrou, quase intacta, sua dignidade. Mais do que isso: demonstrou uma magnífica prova de caráter e de valentia quando Constance – que fora consultar uma vidente da Mortimer Street para saber seu futuro – suplicou-lhe que deixasse a Inglaterra o mais rápido possível, certa como estava de sua condenação. Oscar recusou-se mais uma vez a fugir, conforme escreveu numa carta para Bosie datada de 20 de maio de 1895:

> Decidi que é mais nobre e mais belo ficar. Não poderíamos partir juntos e não gostaria de ser tratado como covarde e desertor. Um nome emprestado, fingir-me de outra pessoa, uma vida acuada, nada disso é para mim.[39]

No auge de um idealismo que os maiores românticos de seu século teriam certamente aprovado, ele conclui:

> Oh! amor mais delicioso, ente mais amado de todos, minha alma une-se à sua alma, minha vida é a sua vida e, em todos os universos de penúria e de prazer, você é meu ideal de admiração e de alegria.[40]

E, de fato, Wilde teve de se armar de muito mais coragem para enfrentar, com a cabeça erguida e o olhar orgulhoso, seu terceiro processo, que iniciou, em 20 de maio de 1895, pela última porém decisiva vez, diante da intimidante e severa corte de Old Bailey.

A sala do tribunal estava a tal ponto abarrotada que, não tendo encontrado lugar para se sentar, Queensberry foi obrigado a acompanhar a sessão de pé. O presidente era o extremamente meticuloso Sir Alfred Wills, enquanto Sir Frank Lockwood, cujo rigor moral era notório, fora escolhido como procurador da rainha – nomeações que diziam bastante sobre a vontade da Coroa de concluir esse caso sombrio impondo uma pena exemplar. O advogado de Wilde, Sir Edward Clarke, conseguiu que o processo de Taylor fosse separado do de seu cliente, considerando que parte da acusação fora abandonada. Na realidade, essa indulgência não serviu em nada ao caso de Wilde. Se Taylor fosse julgado primeiro, uma eventual condenação teria consequências nefastas sobre seu próprio caso.

O terceiro e definitivo processo, que foi apenas uma espécie de repetição dos dois primeiros, durou cinco dias. Nenhuma das arguições, que se sucederam num ritmo frenético, perturbaram minimamente o presidente, cujas posições, ao contrário das dos juízes precedentes, eram bastante claras. Segundo ele, não havia a menor dúvida de que a acusação de "sodomia" feita por Queensberry contra Wilde com o objetivo de salvar seu filho era justificada. Assim, era inútil continuar a se escarafunchar em palavrórios, conjecturas, gesticulações e outras cartas na manga destinados a seduzir o público. Inclemente, divisando exclusivamente seu código penal, ele convidou afinal o júri a se retirar para deliberar. Após duas horas de discussão, veio enfim o veredito final, implacável e sem apelação: o acusado era "culpado de atentado grave ao pudor"! Manifestamente satisfeito, o juiz Wills condenou Wilde e Taylor à pena máxima prevista pelo *Criminal Law Amendment Act*: dois anos de prisão com trabalhos forçados, com efeito imediato.

Ao ouvir a sentença – que Taylor recebeu sem reagir – Wilde, com o rosto decomposto e o olhar perdido, vacilou ligeiramente, abatido, murmurando com uma voz fraca estas palavras irrisórias, considerando a imensa e pesada porta que acabava de se fechar de súbito atrás de si: "E eu, Meritíssimo, não posso dizer nada? Pois sou eu, afinal de contas, o queixoso neste caso!".[41]

Oscar Wilde, mais habilidoso em manipular as palavras do que em defender sua própria causa, já não tinha mais direito à palavra. Estava doravante condenado a representar, como muitos poetas antes dele, o único papel que lhe deixava a sociedade: o de bode expiatório. Impassível e sem sequer olhar para ele, o juiz, com um gesto firme e altaneiro, fez sinal para que os dois policiais a seu lado o levassem, algemado, para a cela contígua à sala de audiência. Então um carro veio buscá-lo para conduzi-lo – sob os escárnios de prostitutas em júbilo à ideia de se verem assim desembaraçadas de uma parte da concorrência masculina – à prisão de Newgate, onde passou dois dias antes de ser enviado à penitenciária de Pentonville, seu novo local de detenção, da qual seguiu para Wandsworth, cujas condições de vida revelaram-se das mais atrozes, e por fim a Reading, onde cumpriu, alquebrado como raramente um homem de letras fora antes dele, o restante da pena.

Porém, o mais patético nesse caso foi que, logo no dia seguinte, o ardiloso marquês de Queensberry celebrou alegremente esse terrível veredicto num festim ao qual convidou quarenta dignitários londrinos.

Quanto aos amigos de Wilde – liderados por Bosie, que tentou em vão fazê-lo ser agraciado pela rainha –, eles ficaram evidentemente desconsolados. Alguns dos escritores britânicos mais célebres tentaram inclusive, ainda que timidamente por medo de possíveis retaliações, defendê-lo. Entre eles: Hardy, Swinburne, Browning, Shaw, Wells, Arnold, Meredith e até mesmo Henry James.

No entanto, foi mais uma vez de Paris que vieram os protestos mais vigorosos. Assim, Louis Lormel, pseudônimo de Louis Libaude, publicou em 15 de abril de 1895, na revista *La Plume littéraire, artistique et sociale*, um artigo intitulado "A Monsieur Oscar Wilde", no qual fustigava a noção de "imoralidade". Algumas semanas mais tarde, em agosto de 1895, Hughes Rebell escreveu no jornal *Le Mercure de France* um texto igualmente veemente que se chamava "Défense d'Oscar Wilde":

> Um ato detestável, inacreditável, [...] acaba de desonrar Londres. Oscar Wilde, um dos mais eminentes escritores da Inglaterra, viu-se repentinamente levado de seu domicílio, jogado numa cela, acusado diante de um tribunal, insultado pelo público e pelos magistrados e, finalmente, condenado a trabalhos forçados.[42]

Antes de concluir:

> Com que alegria eu veria a penitenciária de Pentonville em chamas! E não é apenas por causa de Wilde que eu me

regozijaria, mas por causa de todos nós, artistas e escritores pagãos, que somos de direito prisioneiros honorários.[43]

Paul Adam, na edição de maio de 1895 da *La Revue blanche*, não se mostrou menos corrosivo com relação aos inimigos do dramaturgo, assim como Laurent Tailhade, simpatizante anarquista e admirador de Jaurès, o qual, em seu panfleto intitulado "Un martyr", publicado pelo *L'Écho de Paris* de 29 de maio de 1895, enfurecia-se contra os juízes ingleses "togados de hipocrisia".[44] No mesmo jornal, tomaram ainda posição em favor de Wilde o crítico literário Henry Bauër e Jean Lorrain: "A literatura é que foi atingida [...]. Quando se pensa que trechos de *O retrato de Dorian Gray* foram lidos e censurados ao autor durante os interrogatórios".[45] Octave Mirbeau também tomou parte nessa defesa ao denunciar, em *Le Journal* de 16 de junho de 1895, o aspecto inumano da pena imposta a um homem tão sensível quanto Wilde. Contudo, foi Stuart Merrill quem se revelou o mais sensato e o mais pertinaz nesse caso doloroso. Alertado por uma carta na qual Robert Sherard, que acabava de visitar Wilde, dizia-se horrorizado com o que o amigo tinha de suportar, Merrill comunicou suas inquietações, em 15 de novembro de 1895, a Léon Deschamps, editor da *La Tribune libre*: "Estão matando um grande artista em segredo", confiou-lhe ele ao mesmo tempo em que se insurgia contra o destino que fora reservado a Wilde. Assim, propôs publicar em seu jornal uma petição, dirigida à rainha Vitória, que os maiores nomes da intelligentsia francesa decerto assinariam, acreditava. Uma espécie de manifesto de intelectuais – baseado no *J'accuse!* de Émile Zola em favor de Alfred Dreyfus, outro caso famoso na época – que contaria com as assinaturas de escritores além de Zola, do porte de Proust, Mallarmé, Verlaine, Heredia, Barrès, Alphonse Daudet, Paul Fort, François Coppée e Jules Renard. Diante de um processo tão delicado quanto o da homossexualidade, muitos se recusaram a se engajar e a petição não foi adiante...

Até mesmo Gide, um dos primeiros a condenar esse "escandaloso processo intentado contra Wilde"[46], teve que se resignar, como muitos de seus semelhantes, às convenções. Essas mesmas convenções sociais das quais Wilde, um dos maiores espíritos de seu tempo, acreditara, sem razão, poder sair ileso pelo poder de seu gênio literário. Oscar Wilde, suficientemente conhecido como escritor para que sua punição fosse brandida ao povo como exemplo, porém não suficientemente poderoso do ponto de vista sociopolítico para que sua pessoa fosse intocável ou mesmo poupada, tornara-se, aos olhos da sociedade vitoriana e da moral de sua época, o perfeito bode expiatório.

A prisão de Reading:
*de profundis clamavi**

> *Jesus! Os próprios muros da prisão*
> *Tremer de súbito parecem*
> *E o céu no alto sobre mim se torna*
> *Um elmo d'aço abrasador.*
>
> OSCAR WILDE,
> A balada da prisão de Reading[1]

Restava-lhe apenas um pouco mais de cinco anos de vida quando Wilde, aos quarenta anos, foi encarcerado, em 28 de maio de 1895, na prisão de Pentonville. Muito mais severa do que as de Holloway e Newgate, ela fora especialmente concebida para os forçados mais indisciplinados. Logo ao chegar a esse pedaço de inferno na Terra, o novo detento foi obrigado a se submeter às formalidades usuais, humilhado e como se já tivesse levado alguma advertência. Teve que se despir completamente, entregar suas roupas e objetos pessoais a um guarda e deixar-se auscultar, nu como um verme, até as partes mais íntimas de seu corpo. Um outro vigia, também taciturno, tomou nota de seus traços característicos. Rasparam-lhe os cabelos, como a um vulgar galeriano, e obrigaram-no a tomar banho numa água gelada e turva. Enfim, vergonha suprema, entregaram-lhe seu medonho uniforme de prisioneiro – o famigerado pijama listrado – antes de levá-lo, com algemas nos punhos e ferros nos pés, para uma cela exígua e sem janelas onde imperava, sendo destituída de qualquer arejamento, um odor pestilento. E por um só motivo: um simples penico, enferrujado e esburacado, servia de privada nesse buraco fétido!

A cama tampouco era mais confortável: uma tábua de madeira, sem colchão, coberta com dois lençóis sujos e um

---

* Grito das profundezas. Referência a um poema de Charles Baudelaire. Em latim no original. (N.T.)

velho cobertor carcomido de traça. Quanto à comida, era particularmente nojenta: um mingau de aveia ralo, semelhante ao que se dava a cavalos de tração, acompanhado de um pedaço de pão preto. Esse inacreditável estado de decadência é evocado por Wilde, em *De profundis*, com uma força inigualável:

> Depois da terrível sentença, quando eu já vestia o uniforme de presidiário e as portas da prisão se haviam fechado atrás de mim, permaneci imóvel entre as ruínas da minha maravilhosa vida, esmagado pela angústia, a mente confusa pelo terror que sentia, atordoado pelo sofrimento.[2]

Foi em meio a tal miséria que Wilde teve que realizar, durante todo o primeiro mês desse período de cárcere, o mais penoso dos trabalhos forçados, tanto do ponto de vista mental quanto do físico: o *treadmill* ou "moinho de disciplina". Tratava-se de uma enorme roda de madeira que o detento, de pé em seu interior, era obrigado a fazer girar continuamente, seis horas por dia, acionando pequenas placas móveis com a ajuda dos pés nus. Esse dispositivo bárbaro, em tudo igual a um instrumento de tortura, Sir Edward Clarke, o advogado de Wilde, descreveu como segue:

> Imagine uma imensa roda dentro da qual existem degraus circulares. Oscar Wilde, colocado sobre um dos degraus, faz mover a roda com a ajuda dos pés. Os degraus se sucedem sob seus passos a um ritmo rápido e regular. Suas pernas são submetidas a um movimento precipitado que produz uma fadiga enervante e assustadora ao cabo de alguns minutos. Mas ele tem que dominar a fadiga, o enervamento e o sofrimento, pois precisa continuar a movimentar as pernas sob pena de cair e ser projetado pela ação da roda. Esse exercício impressionante dura quinze minutos. Wilde recebe cinco minutos de descanso. E, em seguida, o exercício recomeça por uma duração total de seis horas.[3]

Ao ouvir semelhante descrição, entende-se por que Octave Mirbeau tinha razão de comparar essa faina particularmente cruel a um daqueles infames suplícios medievais. Eis o que escreveu num artigo de *Le Journal*, de 16 de junho de 1895, que suscitou uma justa indignação junto aos defensores de Wilde:

> A visão desse desafortunado – e de mil outros mártires obscuros girando a roda do suplício com um terror constante da morte se, no limite das forças, no limite da coragem, param um instante de rodar – atormenta-me como um terrível pesadelo. E nada falta a esse pesadelo, nem mesmo a cara brutal e raspada do *clergyman**, substituindo aqui o monge encapuzado, e que vem todos os dias falar com esses seres sofridos sobre a justiça dos homens e a bondade de Deus.[4]

Porém, muitos outros tipos de labuta, igualmente aberrantes, foram impostas a Wilde. Ele era forçado a transportar balas de canhão de um lado para o outro do pátio, que em seguida devia arrumar numa série de pilhas perfeitamente simétricas, antes de desfazê-las para reconstruí-las mais uma vez numa sequência de movimentos absurdos. E depois, não menos degradante, conforme explicou Clarke, Wilde era ainda obrigado, sozinho em sua cela,

> sentado numa banqueta durante um certo número de horas, a reduzir em pedaços minúsculos enormes cordas betumadas, dessas que servem para amarrar navios. Ele executa esse trabalho com a ajuda de um prego e de suas unhas. Trabalho penoso, atroz, feito para rasgar e destruir irremediavelmente as mãos.[5]

É desnecessário dizer que apenas um número mínimo de condenados sobrevivia a esse regime particularmente extenuante. Isso sem contar que toda correspondência e toda visitação lhe foram proibidas durante os três primeiros meses de encarceramento, no intuito de isolá-lo ainda mais e diminuir de maneira mais eficiente sua capacidade de fazer mal, aumentando ao mesmo tempo seu sentimento de culpa. Nem ao menos se dignaram informá-lo da publicação em forma

---

* Clérigo. Em inglês, no original. (N.T.)

de livro, em 30 de maio de 1895, de sua obra *A alma do homem sob o socialismo*. Quanto à leitura, foi-lhe autorizada durante esse período apenas a da *Bíblia* e a de livros de oração destinados à penitência. A prisão de Pentonville, como todos os estabelecimentos desse gênero, também era dotada de uma biblioteca, mas suas estantes eram essencialmente constituídas de obras clericais que o detento só podia pegar emprestado, e apenas uma por semana, após um parecer favorável do capelão.

Fica evidente como tudo ali – desde os trabalhos forçados até os ofícios religiosos aos quais os prisioneiros eram obrigados a assistir todas as manhãs sob pena de solitária em caso de recusa – havia sido estabelecido para derrubar os indivíduos.

Wilde, cuja sensibilidade da alma e dos anos de dandismo tinham tornado particularmente vulnerável à hediondez do mundo, suportou mal essas terríveis condições de vida. Vítima da falta de higiene, sofrendo de insônias e mal-alimentado, ele não tardou em ficar doente, com terríveis infecções intestinais, diarreia e violentos surtos de febre – a tal ponto que até mesmo seus guardas temeram por sua saúde mental ao vê-lo prostrado na obscuridade de sua cela. Nessas horas de terror, Wilde, que decaía a olhos nus, pensou no suicídio. Uma perícia foi ordenada. Contudo, o médico desse lugar infame estabeleceu um diagnóstico forjado: segundo ele, Wilde era perfeitamente capaz de fazer girar o moinho disciplinar com o auxílio de suas pernas.

E então, quando estava afinal decidido a acabar com sua vida, recebeu uma ajuda inesperada por ocasião de um acontecimento não desprovido de importância. No início de junho de 1895, Richard Burdon Haldane, deputado liberal que o ministro do Interior encarregara de investigar a administração penitenciária, foi visitar Wilde, que havia conhecido em outros tempos e de quem apreciava o talento literário. Comovido com seu destino ao vê-lo tão emagrecido e desesperado, propôs enviar-lhe alguns livros cuja lista estabeleceriam juntos, transgredindo todas as regras. É claro que não poderiam ser obras proibidas, mas algumas eram de indiscutível qualidade filosófica. Assim, entre julho e setembro de 1895, Wilde recebeu os livros pedidos: quinze volumes, entre os quais as *Confissões*, de santo Agostinho, os *Pensamentos*, de Pascal, e os ensaios de John Henry Newman e de Walter Pater, dois de seus principais mestres de Oxford.

A dura vida carcerária de Wilde seguia seu curso implacável, embora o prisioneiro estivesse momentaneamente distraído de suas ideias mais sombrias. Em 4 de julho de 1895, ele foi transferido para uma outra cadeia, onde as condições de detenção eram ainda mais execráveis: "A prisão de Wandsworth é a pior de todas. Não pode existir um antro mais horrível nas profundezas do inferno"[6], confessou alguns anos mais tarde a Frank Harris. Além disso, seu estado de saúde física continuava a se deteriorar, principalmente por ele ter sido vítima de um acidente que, por falta de cuidados apropriados, deixou graves sequelas até o final de sua vida.

Aconteceu em 13 de outubro de 1895, na capela da prisão. Wilde fora ali se recolher mas, tomado de súbita perda de equilíbrio em razão de seu estado de fraqueza, sofreu uma queda na qual, batendo a cabeça contra o canto de um banco, feriu gravemente o ouvido direito. O tímpano foi atingido, perfurado, e a hemorragia bastante abundante. Porém, como testemunhou Robert Sherard quando foi visitá-lo na enfermaria do presídio, ele não foi tratado da forma correta: "Restou dele apenas uma carcaça, e ele afirma que não vai tardar a morrer". Wilde, a quem um início de loucura espreitava tamanha a sua depressão, não era mais do que a sombra de si mesmo. A dor em seu ouvido nunca mais o abandonou, às vezes suportável, às vezes lancinante. Até que, no ocaso de sua vida, uma terrível infecção acabou por agravar subitamente sua saúde ao se ligar a uma recrudescência da sífilis que contraíra em sua juventude, causando sua morte cinco anos após esse acidente.

Não surpreende, portanto, que um dos prisioneiros de Wandsworth, igualmente comovido com esse estado de decadência no qual o escritor parecia soçobrar de maneira irremediável, tenha lhe murmurado um dia, enquanto faziam a ronda no pátio da prisão, esta frase cheia de compaixão: "Tenho pena de você. É mais difícil para pessoas como você do que para nós!".[7] Porém, até mesmo essa simples reflexão, por mais inofensiva que fosse, os torturadores de Wilde o fizeram pagar. Comovido por sua vez com essas palavras misericordiosas, ele respondeu de pronto – infringindo assim a interdição de falar entre prisioneiros – que "neste lugar, todo mundo sofria da mesma maneira".[8] Um guarda, tendo surpreendido esse diálogo com o outro detento, condenou-o a três dias de solitária, onde tinha por única alimentação um pão dormido e água turva.

E Bosie? O que fazia enquanto seu antigo amante, o grande Oscar Wilde, o maior de todos os dândis da Inglaterra, apodrecia sozinho no fundo de sua masmorra por tê-lo querido e amado demais, contra tudo e contra todos? Irremediavelmente frívolo, para não dizer indiferente quanto ao destino de seu amigo, ele se bronzeava no sul da Itália, nas praias da baía de Nápoles, na companhia de outros rapazes. Desejando adquirir alguma notoriedade literária, ele acalentava o ambicioso mas inquietante projeto de escrever, para o *Le Mercure de France*, um texto dedicado ao "caso Wilde", ao qual seriam anexadas as famosas cartas incriminatórias, tão íntimas e tão pessoais. Wilde, que Bosie nunca teve a decência de consultar quanto a isso, mas que Sherard tivera a percepção de informar, opôs-se firmemente, indignado com a ideia de ver essa parte de sua vida, a mais secreta, lançada de forma tão vulgar, sem o menor pudor, na cara de um público ávido de sensacionalismo. É isso o que mais uma vez se sobressai em *De profundis*:

> Robert Sherard [...] contou-me que você estava prestes a publicar um artigo a meu respeito, incluindo trechos das minhas cartas [...]. Perguntou-me se eu havia dado a minha permissão. Surpreso e bastante aborrecido, apresso-me a tomar todas as providências para impedir que tal coisa aconteça. [...] Mas que pensasse seriamente em publicar trechos escolhidos de todas [as cartas] era algo em que eu mal podia

acreditar. [...] Estas foram as primeiras notícias que tive de você. Elas me desagradaram profundamente.⁹

Felizmente o livro de Alfred Douglas nunca foi publicado. Então foi a vez de Constance ir visitá-lo – a qual adotara o patrônimo de "Holland", segundo nome de seu irmão Otho, pois o sobrenome Wilde tornara-se difícil demais para ela e as crianças usarem. Em 21 de setembro de 1895, escutando como sempre apenas seu coração, encheu-se de coragem para ir ver o marido na prisão de Wandsworth. E, embora separada dele por uma grade dupla, aproveitou para lhe mostrar algumas fotos de seus dois filhos, que Wilde contemplou, silencioso, debulhando-se em lágrimas.

Mesmo devastada pela dor, Constance encontrou ainda meios de se confortar, esperando que seu marido fosse finalmente se emendar. Ingênua como sempre e cultivando ilusões, confiou a Sherard: "Oscar disse que se comportou como um louco nos três últimos anos e que, se visse Douglas agora, ele o mataria".¹⁰

Porém, foi a um acontecimento ainda mais duro que quatro dias mais tarde Wilde – a quem a visita inesperada de sua doce mulher já perturbara sobremaneira – foi confrontado. Em 25 de setembro de 1895, o tribunal de falências pronunciou a liquidação de todos os seus bens. E para agravar a situação, cerca de dois meses depois, em 12 de novembro, ele foi obrigado a comparecer diante desse mesmo tribunal para ser notificado pessoalmente dessa desgraça definitiva! Aterrado com esse destino que se obstinava contra ele com tanta crueldade, Wilde mergulhou uma vez mais em crises graves e profundas de neurastenia. Até mesmo o diretor da prisão chegou a pensar que ele talvez estivesse a caminho de perder a razão, a tal ponto ficou alarmado com seu profundo estado de prostração, no qual um completo mutismo duelava com uma total apatia. Então mandou chamar dois psiquiatras do asilo de alienados de Broadmoor, os quais, embora insistissem que Wilde não sofria de nenhuma deficiência mental, apesar dos sintomas de depressão nervosa, recomendaram, para que seu moral não despencasse ainda mais, uma mudança de atmosfera, fora de Londres se possível, acrescentando à sua rotina atividades como a jardinagem ou a encadernação como terapia.

Assim, depois de seis meses passados nos presídios de Pentonville e de Wandsworth, sempre acorrentado, Oscar Wilde foi transferido, em 20 de novembro de 1895, sob parecer médico, para a prisão de Reading, outro lugar miserável, onde terminaria sua pena após um ano de reclusão.

Foi durante o trajeto que o levava à sua nova prisão que Wilde, vigiado por dois policiais armados, sofreu a humilhação mais dolorosa desses dois anos de cárcere. O fato ocorreu na plataforma central da estação de Clapham Junction, onde, vestido com o uniforme de prisioneiro e de braços algemados, foi obrigado a esperar por meia hora o trem para Reading. Como a multidão o reconheceu, ele teve de enfrentar uma avalanche de pilhérias, umas mais monstruosas do que as outras, além de uma torrente de insultos e de sarcasmos aos quais não podia responder. Afronta suprema: um homem cuspiu-lhe no rosto.

Quando chegou a seu destino, ele conheceu, aterrorizado, a prisão: uma feia e massiva fortaleza de tijolos vermelhos cujos altos muros, todos guarnecidos de pequenas frestas por onde filtrava apenas uma luz pálida, eram encimados com arame farpado e torres com sentinelas. Foi o diretor – o austero e grosseiro Henry B. Isaacson, militar aposentado que Frank Harris descreve como um ser "quase inumano" – quem o recebeu, orgulhoso de ter sido escolhido para "reeducar" esse famoso detento. Então, depois de lhe rasparem mais uma vez a cabeça, levaram-no para sua cela: a terceira do terceiro andar do bloco C... razão pela qual Wilde passou a ser designado, acabando de perder definitivamente toda identidade, como matrícula C.3.3!

As condições de detenção não eram nem um pouco mais favoráveis em Reading do que em Pentonville ou Wandsworth, e Wilde, cujo espírito fundamentalmente rebelde continuava a repugnar a ideia de obedecer às ordens de seus carcereiros, sentia as mesmas dificuldades em realizar as corveias diárias, como descascar batatas, varrer os corredores ou limpar a cela. E, embora tivesse o direito de ler algumas horas por dia, ainda era proibido de escrever. Mas isso não era nada perto desta outra infelicidade que, três meses após sua chegada a Reading, abateu-se sobre ele: a morte, em 3 de fevereiro de 1896, de sua mãe, Lady Wilde, a quem o Ministério do Interior recusou a autorização de ver seu filho pela última vez antes de falecer. Constance foi pessoalmente anunciar a Oscar essa triste notícia duas semanas mais tarde, em 19 de fevereiro, o que o arrasou ainda mais, enchendo-o de uma dor indescritível, como repetiria a Bosie de seu fétido cárcere. Para dar a notícia, sua esposa saíra de Gênova, onde passara a residir e onde logo iria, também, morrer em resultado das sequelas de uma queda nas escadarias de sua casa.

> Fui transferido para cá. Passam-se mais três meses e morre a minha mãe. [...] Eu a amava e respeitava. Sua morte foi para mim um golpe terrível, mas eu [...] não tenho agora palavras para expressar toda a minha angústia e a minha vergonha. [...] Nenhuma pena pode descrever, nem papel algum registrar o que sofri então – e o que ainda hoje sofro.[11]

Todavia, tão completamente absorto pelo luto de sua querida mãe, sozinho e doente, estaria Wilde ciente de que ele mesmo estava próximo de seu próprio fim? Constance, impressionada com o indescritível estado de decrepitude no qual encontrou o marido, escreveu a seu irmão Otho logo após essa dolorosa visita: "Fui a Reading quarta-feira e vi meu pobre Oscar. Disseram que ele vai bem, mas está um verdadeiro esqueleto em comparação ao que era".[12] Essa foi a última visão que Constance teve de Oscar, já que faleceu dois anos mais tarde, em 7 de abril de 1898.

Felizmente para Wilde, nem tudo foi tão sombrio durante essa temporada em Reading. Um acontecimento importante chegou inclusive a animá-lo um pouco naquele inverno morno: a estreia parisiense, em 11 de fevereiro de 1896, no

Théâtre de l'Œuvre*, sob a direção de Lugné-Poe, de sua *Salomé*. Embora Sarah Bernhardt não tenha interpretado o papel-título – ocupada demais em cuidar de sua imagem para se comprometer com um dramaturgo tão aviltado em seu país –, a peça atingiu tal sucesso junto ao público francês que a imprensa inglesa só pôde repercutir. Os carcereiros de Oscar Wilde perceberam, afinal, o incontestável gênio literário que tinham diante de si e começaram a modificar sua atitude para com ele. Mais do que isso: ele foi enfim autorizado a escrever a seus próximos, como atesta esta carta que dirigiu, um mês depois, em 10 de março de 1896, a Robert Ross:

> Faça o favor de escrever a Stuart Merrill, em Paris, ou a Robert Sherard, dizendo-lhes do quanto me alegrou a representação de minha obra e faça com que chegue a Lugné-Poe a expressão de minha gratidão. É já alguma coisa que, em um tempo de desgraça e de vergonha, seja eu ainda considerado como um artista. Quisera sentir maior satisfação, mas me parece que já estou morto para toda emoção, salvo para a angústia e o desespero.[13]

De comum acordo com o Ministério do Interior, que contudo lhe recusou uma redução da pena e uma apelação, o diretor da prisão o autorizou a retomar a leitura de alguns de seus escritores favoritos, entre os quais os poetas gregos e latinos. Foi seu amigo More Adey quem lhe enviou os livros.

Mas o que descobrimos sobretudo nessa carta de Wilde a Ross – na qual, sempre tão atormentado, confessa sentir "horror da morte, [e um] horror ainda maior de viver no silêncio e na miséria"[14] – é que a indulgente Constance, na qual afirma ter "plena confiança", prometera legar-lhe no dia em que morresse, e assim como previa seu contrato de casamento, um terço de seus bens. Uma soma de dinheiro que corresponderia a uma espécie de pensão vitalícia e que, por mais modesta que fosse para suas necessidades, ele poderia receber a partir de sua saída da prisão até a própria morte.

---

* De que seu amigo Stuart Merrill era o gerente.

Nessa época, Ross não se limitou a dar boas notícias a Wilde, como prova o conteúdo e o tom seco dessa outra carta que Oscar escreveu-lhe em 30 de maio de 1896, irritado como raramente ficou em toda a sua vida. O que Ross lhe anunciara poucos dias antes só podia entristecê-lo: Bosie, preocupado em reaparecer sob os holofotes mundanos mais ainda do que sob os literários, alimentava um projeto tão inoportuno quanto aquele outro que considerara antes para o *Le Mercure de France*. Queria dedicar-lhe uma coletânea de poemas que acabava de compor... Uma sugestão que Wilde – cada vez mais desapontado com o comportamento daquele que chamava agora simplesmente de Douglas, como se quisesse marcar assim uma verdadeira distância em relação a ele – declinou de maneira bastante firme:

> Caro Robbie, [...] você me contou que Douglas iria me dedicar um volume de poemas. Peço-lhe o favor de escrever imediatamente para ele dizendo-lhe que não deve fazer isso. Eu não poderia aceitar nem permitir tal dedicatória. A proposta é revoltante e grotesca.[15]

Ainda bastante contrariado, ele pedia com insistência para que Bosie lhe enviasse, "sem exceção", todas as cartas que ele lhe escrevera – que deveriam ser "lacradas" e, se viesse a morrer na prisão, "destruídas" por Ross – assim como todos os presentes que lhe dera! Concluindo com o que soava como um ato de ruptura definitivo:

> A ideia que ele esteja usando ou possua algo que eu lhe tenha dado [...] me é [...] repugnante. Não posso [...] me livrar das revoltantes lembranças dos dois anos em que tive a infelicidade de tê-lo ao meu lado, nem da maneira como ele me precipitou neste abismo de ruína e desgraça para satisfazer o ódio que tinha por seu pai e outras paixões ignóbeis. Mas não quero que fique com minhas cartas e meus presentes. Mesmo se eu vier a sair deste lugar abominável, sei que só poderei levar uma vida de pária – na desonra, na miséria

e no desprezo – mas, pelo menos, não terei mais nada a ver com ele nem permitirei que se aproxime de mim.[16]

Votos deveras vazios quando se sabe com que pressa, senão frenesi, mal saído de Reading, Wilde lançou-se, como um cordeiro na boca do lobo, nos braços daquele que o levara à sua perda!

Enquanto isso, ele ainda tinha exatamente um ano a passar atrás das grades. Nenhuma das quatro petições – que ele encaminhou sucessivamente, entre 2 de julho de 1896 e 22 de abril de 1897, para o ministro do Interior, Sir Matthew White Ridley, buscando obter sua liberdade antecipada – levou a nada, embora elas tivessem sido ditadas por um sincero e comovente *mea culpa* em que confessava, ao fim do que chamava de uma "súplica", seu terror de soçobrar na loucura, senão na demência, ao término dessa degradação moral e física de que se dizia a presa.

Sua cela de Reading comportava um outro terrível elemento de sofrimento. Como suas paredes uniformemente brancas, pintadas a cal, eram iluminadas durante toda a noite pelas chamas de lampiões a gás, Wilde temia tornar-se cego ao consumir seus olhos sob as reverberações dessa luz constante, além de se sentir privado de qualquer descanso verdadeiro.

A essa série interminável de reveses, cujo horror foi acentuado pela vingança popular e pela intransigência disciplinar, acrescentou-se, em 7 de julho de 1896, um outro acontecimento que transtornou Wilde: o enforcamento, aos trinta anos, de Charles Thomas Woolridge, cavaleiro da Guarda Real, que fora condenado à morte, a despeito de seu arrependimento, por ter degolado sua esposa adúltera em 29 de março do mesmo ano. Foi essa execução que inspirou a Wilde "A balada da prisão de Reading", embora ele afirme mais tarde a Ross que a ideia "começara a se cristalizar nele enquanto se erguia no tribunal para ouvir sua sentença".[17] Essa foi sua última obra, mas sobretudo, apesar de seu tamanho incomum, um dos poemas mais pungentes da literatura do século XIX, composto entre os meses de julho e de outubro de 1897.

Se é verdade que foi com essa admirável "Balada" que Wilde imortalizou, ainda que para o pior, a prisão de Reading, é ainda mais certo que foi graças a outro texto, escrito dos recônditos mais tenebrosos do cárcere, que ele passou para a posteridade. Por sua dimensão crística, a imensa devoção que transparece e a profunda humanidade pela qual é marcado, *De profundis* é considerado por alguns como uma espécie de "quinto evangelho". E isso embora o texto – redigido sob a forma de uma carta dirigida a esse amante que nunca foi vê-lo durante seus dois anos de cárcere – pareça mais uma "epístola" do que uma longa confissão ou uma espécie de autobiografia. A prova está no fato de que seu título original, redigido em latim, era *Epistola: in carcere et vinculis*. Foi apenas muito mais tarde – quando de sua publicação póstuma, em fevereiro de 1905, numa versão sem seus ataques mais severos contra Douglas, de modo a evitar um eventual processo por difamação que este teria podido intentar – que Robert Ross, o herdeiro literário de Wilde, conferiu-lhe o título definitivo *De profundis*. Quanto à sua versão completa, em conformidade com o manuscrito original, ela só foi publicada em 1962, após muitas peripécias editoriais, 65 anos depois de sua elaboração!

Foi o major James Osmond Nelson, nomeado diretor da prisão de Reading em julho de 1896, que, sensível à aflição de alguns de seus detentos, forneceu pena, tinta e papel a Wilde, permitindo-lhe que escrevesse durante dois meses seguidos, entre janeiro e março de 1897, o que se tornaria, além de sua obra-prima literária, seu testamento espiritual: *De profundis*.

Muito mais do que uma acusação dirigida contra seu amante de outrora – embora recheada de declarações de amor implícitas –, esse texto revela uma das mais espetaculares conversões religiosas. Uma espécie de *Vita nova*, como Wilde a qualifica parafraseando Dante, feita de uma imbricação permanente de apologia do cristianismo e louvor ao individualismo. De fato, encontra-se aí resumida toda a dinâmica de seu percurso existencial, particularmente complexa, já que se trata de uma mistura – típica do dandismo – de hedonismo epicurista e ascese estoica. Muito mais: é na figura do Cristo – que ele afirma ser a forma sublimada, e ao mesmo tempo concreta, da Arte – que Wilde se reconhece de bom grado, a ponto de se identificar com ela! Assim, sintetizando algumas das ideias contidas em *A alma do homem sob o socialismo*, dentre as quais sua teoria do individualismo, ele afirma:

> O que Cristo procura sempre é a alma do homem. [...] Cristo não foi apenas o supremo individualista, mas o primeiro individualista da História. [...] Na sua visão da vida, ele se iguala ao artista.[18]

Quanto à razão pela qual Wilde procura assimilar a figura de Cristo à do Artista, encontramos sua explicação no fato de que Jesus representaria, a seus olhos de recém-convertido, o precursor e a encarnação do ideal romântico como processo ligado a essa eminente faculdade intelectual que é a imaginação. É inclusive isso o que o distingue, conforme explicou a Gide numa de suas temporadas parisienses, da arte clássica:

> Sinto um intenso prazer ao pensar que muito antes que o sofrimento tivesse se apossado dos meus dias e me prendido à roda do suplício, eu já tinha escrito em *A alma do homem sob o socialismo* que aquele que vivesse uma vida semelhante à de Cristo deveria ser inteira e absolutamente fiel a si mesmo [...]. Lembro que uma vez disse a André Gide, quando conversávamos sentados num café qualquer de Paris, que, embora a metafísica tivesse muito pouco interesse para mim e a moral absolutamente nenhum, não havia nada que Platão ou Cristo tivessem dito que não pudesse ser transposto imediatamente para o âmbito da arte [...]. Podemos perceber em Cristo aquela união da personalidade com a perfeição e que constitui a verdadeira diferença entre os movimentos

clássicos e românticos na vida, mas a própria base da sua natureza era igual à da natureza do Artista – uma imaginação intensa, semelhante a uma chama.[19]

Resta saber como explicar o súbito – embora tardio – retorno de suas antigas afinidades religiosas, que acreditávamos extintas diante da vida de libertinagem que levou com Bosie. Sem dúvida, é preciso ver aí uma inclinação real para o cristianismo, cujo credo sempre preferiu, em seus anos de juventude, à visão protestante do mundo, apesar de suas origens sociais. Será que o sentimento de culpa, de que os carcereiros eram entusiastas, acabou por operar nele essa redenção quase exemplar, repentinamente reconduzindo ao "bom" caminho um homem rebelde a qualquer autoridade, com o espírito sempre ávido de transgressão e, como tal, maldito entre os malditos? A resposta é dada pelo próprio Wilde em uma carta que escreveu a Ross no dia 1º de abril de 1897: essa *Epistola*, além de explicar sua conduta quanto a Queensberry e Alfred Douglas,

> contém também certas passagens que tratam de meu desenvolvimento mental na prisão e da inevitável evolução que se produziu em meu caráter e em minha atitude intelectual a respeito da vida.[20]

É fato: as leituras que Nelson o autorizou a fazer certamente foram importantes para essa conversão única na história da literatura universal. Foi sobretudo a *Vida de Jesus*, de Ernest Renan, mais do que seus poetas favoritos – entre os quais Dante, de quem leu na prisão *A divina comédia* em italiano –, que Oscar Wilde estudou com afinco, além de uma biografia desse grande místico que foi são Francisco de Assis. Muitas outras leituras, nitidamente mais profanas, vieram ainda iluminar os últimos dias que Wilde passou na prisão: os jornais que lhe trazia todas as manhãs Thomas Martin, o modesto e bondoso guarda de Reading que tomou simpatia pelo poeta, assim como ensaios e romances que More Adey sempre lhe enviava, a seu pedido, sem nunca falhar – a não ser pelos livros de Swinburne e Huysmans que, considerados "inapropriados", foram-lhe sistematicamente recusados pelo Ministério do Interior. Wilde também pediu que Adey lhe enviasse a correspondência de Rossetti, na qual ele descobriu com um prazer não dissimulado – apesar dos anos passados na "Casa do Sofrimento", como definiu Reading em *De profundis* – que esse pintor pré-rafaelita que tanto amava tinha outrora apreciado *Melmoth, o viandante*, de Charles Maturin (o marido de sua tia-avó materna).

Durante as últimas semanas que passou em Reading, Wilde ainda se mostrou chocado que chicoteassem um detento, cujos gritos ouviu ressoar, pela única razão de ele haver simulado a loucura; ou que ousassem ali prender três crianças pobres porque haviam sido surpreendidas a caçar lebres numa propriedade privada. Tantos escândalos que ele denunciou com vigor, assim que foi libertado, em sua primeira carta sobre a prisão, publicada em 27 de maio de 1897 no *Daily Chronicle*.

Cada vez mais suscetível, Wilde indignou-se junto a Ross quanto à precariedade de sua situação financeira, pois subsistia um profundo desacordo com relação ao usufruto do dote de sua esposa, a despeito da generosidade que ela sempre manifestara para com ele. Em caso de falecimento prematuro de Constance, Oscar deveria se beneficiar até o fim de sua vida, como sabemos, dos rendimentos anuais de oitocentas libras. Foi nesse sentido, ao menos, que Ross e Adey – que Wilde apontara como procuradores para defender seus interesses junto ao notário Hansell – trabalharam ao longo de todo o litígio que, diante do enfraquecimento da saúde de sua mulher, aconteceu pouco antes de sua liberdade. Constance, sentindo-se lesada pelo comportamento de seu marido, aceitou muito mal essa situação. Ofendida com tanta ingratidão, quase pediu o divórcio a conselho de seus advogados. Oscar certamente não se opunha, mas isso só teria agravado ainda mais sua posição, na medida em que um divórcio ajudaria a reavivar, aos olhos da sociedade vitoriana, as acusações com que Queensberry o assolara. Um compromisso amigável foi então estabelecido: Oscar renunciaria à sua parte da renda vitalícia sobre o dote de sua mulher, a qual iria naturalmente a seus dois filhos, e Constance abandonaria seu projeto de divórcio. Apenas uma separação oficial foi pronunciada entre os dois esposos. Quanto a Wilde, ele receberia apenas, conforme havia sido a princípio previsto em seu contrato de casamento, uma renda anual fixada em 150 libras: com a qual supriria suas necessidades materiais mais básicas.

Uma série de cláusulas draconianas foi acrescentada ao que se assemelhava mais a escombros de um vago e frio "acordo cordial": Wilde deveria abandonar seus direitos paternos em benefício de um dos primos de Constance, Adrian Hope; deixar o país e viver para o resto de sua vida fora da Inglaterra, longe dos filhos, de modo que sua vida dissoluta não pudesse exercer nenhuma influência nefasta sobre eles; prometer, enfim, não ter mais nenhuma relação com sua mulher. Pior: sua renda seria imediatamente suprimida se porventura ele reatasse com "companheiros de má reputação"... manobra destinada a impedi-lo de rever Bosie!

Foi assim que, para evitar uma situação ainda mais dolorosa, como a de ficar sem um tostão, Wilde foi afinal obrigado, com o coração na mão e perturbado ao extremo, a assinar, em 15 de maio de 1897, apenas quatro dias antes de sua libertação, a qual ocorreu oficialmente em 19 de maio, esse ato jurídico notificando sua separação de Constance. Nem é preciso dizer que, destituído assim de seus direitos mais elementares, ele alcançara de fato o ponto mais baixo de sua decadência, sobretudo quando se considera essa derradeira privação de seus bens mais caros: seus dois filhos, que ele nunca deixaria de amar! Mais cruelmente lúcido e também mais desesperadamente só do que nunca, ele escreveu:

> Na grande prisão onde então me encontrara encarcerado, era apenas um número e uma letra fixados na porta da pequena cela que ocupava numa longa galeria, um entre milhares de números inanimados, uma entre milhares de vidas sem vida.[21]

Fica claro por que, diante de uma condição humana tão baixa, o mais importante para Wilde naqueles dias era se empenhar – preocupado antes de tudo em corrigir sua imagem e restabelecer a verdade aos olhos da posteridade – na redação dessa longa e minuciosa *Epistola* dirigida a Bosie, que ele contava enviar-lhe de Reading quando terminada. Infelizmente, essa nova solicitação também esbarrou em uma milésima recusa da parte do Ministério do Interior! O diretor Nelson foi encarregado de conservar o manuscrito a fim de entregá-lo, intacto, a seu autor assim que saísse da prisão. Ordem que foi perfeitamente executada em 18 de maio de 1897, data na qual Wilde deixou Reading.

Wilde preparou meticulosamente essa libertação tão esperada, a despeito de seu esmorecimento e de sua compreensível animosidade. Assim, desejando cuidar de novo de sua aparência física, ele que havia muito se sentia "horrível, acabado e grotesco", bem como recobrar os ares do esteta que fora antes de sua condenação, pediu a seu amigo More Adey que lhe arranjasse, de acordo com uma série de indicações extremamente precisas informadas numa carta datada de 6 de maio de 1897, um guarda-roupa digno desse nome. E, de fato, era impressionante esse catálogo do perfeito dândi – caráter que permanecera o seu apesar dos últimos dois anos de brutalidade – que abundava de detalhes quanto ao cuidado acerca da confecção de sua aparência, de sua nova imagem pública. Contudo, Wilde estava aborrecido por ter "agrisalhado demais" na prisão: tinha "a impressão de ter os cabelos quase brancos", confessou a Adey. Assim, cúmulo da vaidade, pediu que conseguisse para ele, como tintura capilar, "um produto maravilhoso, chamado de Koko Marikopas [...] que faz maravilhas para tonificar os cabelos".

Poderíamos certamente nos espantar, tendo em vista o estado de miséria existencial ao qual seus juízes o haviam reduzido, dessa prova de frivolidade às vésperas de sua liberdade. Ele mesmo oferece uma explicação bastante satisfatória:

> Por razões psicológicas, preciso sentir-me inteiramente purificado do ponto de vista físico das sujeiras e máculas da vida da prisão, de modo que todos esses detalhes – por mais fúteis que possam parecer – têm de fato uma enorme importância.[22]

Nessa época, numa correspondência que trocou com Reginald Turner, Wilde também se preocupou em saber para que cidade fora da Inglaterra ele iria, como haviam exigido os advogados de Constance no dia seguinte de sua libertação. Assim, depois de muitas hesitações, Dieppe, cidade situada no litoral francês voltado para a Mancha, foi escolhida como primeiro destino.

Na manhã de 18 de maio de 1897, após ter cumprido integralmente sua pena, Oscar Wilde, vestido com um velho paletó, deixou a prisão de Reading. Diante dos portões desta o esperavam dois jornalistas. Ele foi em seguida conduzido em diligência, escoltado por dois guardas, com sua preciosa *Epistola: in carcere et vinculis* debaixo do braço, à estação de Twyford, de onde, acompanhado de seus inseparáveis vigias, tomou o trem para Londres. Ao chegar à capital inglesa, desceu numa discreta estação do subúrbio, Westbourne Park, onde um segundo carro o esperava para levá-lo ao presídio de Pentonville, onde passou sua última noite preso.

Foi nesse lugar, o mais maldito entre todos, onde ele se matava a fazer rodar o terrível moinho de disciplina, que os mesmos guardas que o receberam no dia seguinte de seu processo entregaram-lhe agora, prontamente, seus objetos pessoais e suas roupas que ele deixara lá, dois anos antes, no início de seu encarceramento. Na manhã seguinte, às seis e quinze do dia 19 de maio de 1897, as portas lhe foram afinal abertas. Wilde estava definitivamente livre!

À sua saída da prisão o esperavam, numa carruagem, More Adey e Stewart Headlam, aquele pastor que se oferecera para pagar metade de sua fiança. O encontro foi tão caloroso quanto comovente. Então, o carro dirigiu-se diretamente para a residência de Headlam, na Upper Bedford

Place, 31, no bairro de Bloomsbury, onde Wilde mergulhou de imediato num banho quente, trocou de roupas e tomou um farto desjejum. Os Leverson vieram reunir-se a ele, na mesma manhã, assim que se instalou na casa do reverendo. Eis como Ada se lembra, muitos anos depois, desse instante em que Wilde, que não perdera nada de sua verve nem de sua galantaria, reapareceu repentinamente diante dela, como se voltasse de uma longa viagem, com seu garbo habitual:

> Ele entrou falando, rindo, fumando um cigarro, com os cabelos ao vento, uma flor na lapela e o aspecto nitidamente melhor, mais esbelto e mais jovem do que dois anos antes. Suas primeiras palavras foram: "Sphinx, como é maravilhoso que tenha sabido exatamente que chapéu convinha usar às sete da manhã para receber um amigo ao fim de sua ausência"! [...] Manteve por algum tempo uma conversa leve, depois escreveu uma carta e mandou-a entregar de carruagem num monastério católico vizinho, perguntando se poderia fazer um retiro ali durante seis meses. [...] O mensageiro voltou e entregou-lhe a resposta. [...] Não poderiam aceitá-lo nesse monastério sob um impulso de momento. [...] Na realidade, recusaram-no. Então, ele desabou soluçando amargamente.[23]

À leitura desse relato, fica claro como a desenvoltura que demonstrou nessa circunstância era, na verdade, fingida, como que guiada unicamente por seu pudor e por sua inabalável necessidade de agradar.

Rejeitado agora por toda parte, incluindo as instituições que se pretendiam mais caridosas, e também repudiado pela maior parte de seus colegas, inclusive espíritos tão subversivos quanto Whistler ou Pater, e portanto irrevogavelmente banido da sociedade, Wilde deixou naquele mesmo dia a Inglaterra, que não reveria nunca mais, para se refugiar na França, onde morreria três anos mais tarde na mais completa miséria. De suas primeiras e dramáticas horas de viagem para esse exílio definitivo, mais do que uma liberdade ilusória, foi Robert Ross quem fez o relato mais fiel e mais comovente:

> Como o vapor entrava deslizando no porto, a alta silhueta de Wilde, que dominava os outros passageiros, foi-nos facilmente reconhecível, do grande Crucifixo do cais onde estávamos empoleirados. Aquele ponto de referência tinha para nós um alcance simbólico impressionante. Precipitamo-nos imediatamente para o pontilhão: Wilde nos reconheceu, fez-nos um sinal com a mão e seus lábios delinearam um sorriso. Seu rosto perdera a rudeza e ele recobrara o aspecto que devia ter em Oxford, nos tempos em que eu ainda não o conhecia e que não vimos mais nele a não ser em seu leito de morte. Muitas pessoas, mesmo seus amigos, achavam sua aparência quase repulsiva, mas a parte superior de seu rosto era extraordinariamente inteligente e bela. Tivemos que esperar o fim das irritantes formalidades de praxe; então, com essa singular cadência pesada que nunca vi em outra pessoa, Wilde desceu majestosamente a rampa. Ele segurava entre as mãos um grande envelope lacrado. "Eis, meu caro Robbie, o importante manuscrito cujo conteúdo você conhece." [...] O manuscrito era evidentemente *De profundis*.[24]

Ross fez em seguida uma breve descrição das bagagens de Wilde, mas sem se prolongar, tamanho o seu pesar ao revelar esse importante detalhe. Eram decerto malas belas e novas, porém marcadas pelas dolorosas e indeléveis letras: S.M. Iniciais de Sebastian Melmoth, o novo nome que seria seu a partir de então... Ao mesmo tempo "judeu errante" e "mártir cristão", como aquele efebo quase nu, com o corpo trespassado de flechas e as mãos presas a seu calvário, que Wilde admirara na aurora de sua juventude, no sublime e cruel quadro de Guido Reni, *São Sebastião*.

Pois era precisamente isso – um mártir errante, destituído até mesmo de seu estado civil – que Oscar Wilde, então com pouco mais de 42 anos, preparava-se para ser durante os três últimos anos que lhe restavam a viver, confrontado ao opróbrio e ao banimento.

Fim de jogo:
o exílio de Sebastian Melmoth

> *Sei [...] que no dia da minha libertação passarei simplesmente de uma prisão para outra, e há momentos em que o mundo inteiro não me parece maior do que minha cela e tão cheio de terrores quanto ela.*
>
> OSCAR WILDE,
> Carta a Robert Ross[1]

Um dos gestos mais tragicamente significativos realizados por Oscar Wilde, aliás Sebastian Melmoth, assim que desembarcou em Dieppe, seu primeiro local de exílio, foi ajoelhar-se diante de um arbusto que abraçou, aos prantos, sem se dar conta de seu pateticismo. Por mais comovente que tenha sido aos olhos dos amigos que ali foram recebê-lo, tal atitude simplesmente lhes revelava o profundo estado de agonia moral em que Wilde se encontrava ao sair de Reading. A prova é o fato de que Robert Ross, de hábito tão clemente para com ele, dessa vez não o achou "muito engraçado", notando seu "espírito pueril", fruto de uma "natureza artificial".[2]

Foi a conjunção desses dois traços de personalidade, aos quais convém acrescentar sua propensão para a fabulação, que permitiu a Wilde – absorto como estava a saborear sua liberdade – fantasiar estranhamente sua antiga prisão, assim como Ross destacou:

> Ele sentiu prazer em reencontrar as árvores, a grama, os perfumes e os sons da natureza, de um modo que eu nunca vira antes nele; como um menino da cidade se diverte no dia em que chega ao campo. [...] Durante esse dia e muitos dos que se seguiram, ele só falou da prisão de Reading, que se tornara uma espécie de castelo mágico no qual o major Nelson era a boa fada. As terríveis torres com balestreiros eram convertidas em minaretes; os próprios guardas, em bondosos servos

e nós, em paladinos recebendo Ricardo Coração de Leão ao retorno de seu cativeiro.[3]

Mas a verdade é que esse quadro intencionalmente idealizado de Reading não o impediu de denunciar suas terríveis condições de detenção uma semana mais tarde, ao saber da demissão do guarda Martin, considerado permissivo demais por seus superiores. Em 27 de maio de 1897, Wilde publicou, no *Daily Chronicle*, sua primeira carta sobre a prisão com um título bem explícito: "O caso do guarda Martin (algumas crueldades da vida no cárcere)". E menos de um ano depois, em 23 de março de 1898, preconizando uma reforma geral do sistema penitenciário, criticou novamente a vida carcerária em outra carta que enviou ao mesmo jornal. "Não leia isso se quiser ser feliz hoje", prevenia o título da matéria como introdução à arguição. O que acusava nas autoridades – com base em sua experiência pessoal, a de um homem cuja sensibilidade crítica recém-descoberta fizera posicionar-se em defesa dos oprimidos – era querer aniquilar o moral dos detentos, senão sua individualidade: "O sistema atual das prisões parece feito de propósito para causar a perda e a destruição das faculdades intelectuais. Se seu fim não é produzir a loucura, é este, certamente, seu resultado"[4], vituperava. Esse artigo mostrava-se ainda mais crível pelo fato de ser assinado pelo autor de "A balada da prisão de Reading".

Embora não fosse um homem completamente acabado após seus dois anos de detenção, Wilde revelou-se no entanto bastante diminuído, desfeito, alquebrado. Afora suas cartas sobre a prisão, as quais tiveram uma verdadeira influência sobre a reforma penitenciária, assim como "A balada da prisão de Reading", Wilde não escreveu mais nada de substancial, do ponto de vista literário, em seus últimos três anos de vida. Ao contrário, esquecendo as boas resoluções para uma *vita nova* que devotara para si em *De profundis*, sempre tão fraco e impulsivo, ele retomou rapidamente seus antigos vícios, entre os quais o mais temível era encarnado – como a mais irresistível das tentações, segundo o que teria dito Lord Henry em *O retrato de Dorian Gray* – pela mesma pessoa que o precipitara ao inferno, Bosie, cuja "influência maléfica" continuava a temer, como confessou a Ross.

Menos de uma semana após sua chegada à costa francesa, Wilde deixou Dieppe, pequeno porto sem graça onde cruzava com ingleses demais para seu gosto, para se instalar, a partir de 26 de maio de 1897 e com o nome de Sebastian Melmoth, alguns quilômetros mais adiante, em Berneval-sur-Mer. No simpático e muito mais agradável Hôtel de la Plage – graças à ajuda financeira de alguns poucos amigos que lhe permaneceram leais a despeito da má sorte que parecia recair sobre ele –, retomou, mas por algumas semanas apenas, o dispendioso estilo de vida (junto com a abundante correspondência) pelo qual fora famoso. Assim, ofereceu novamente jantares para os quais convidou, sensível como sempre ao charme masculino, alguns jovens artistas britânicos perdidos como ele nessa cidadezinha, entre os quais o poeta Ernest Dowson, o músico Dalhousie Young e o pintor Charles Conder. Nesse tranquilo local de veraneio, Wilde também organizou, em 22 de junho de 1897, data em que foi celebrado o jubileu da rainha Vitória, uma festa grandiosa para as crianças da aldeia.

Eis o que contou a Bosie, cujo espectro o assombrava incansavelmente embora ainda não o tivesse revisto, numa carta de tom jovial e de maravilhosa candura que escreveu logo no dia seguinte, quarta-feira, 23 de junho de 1897, do Café Suisse de Dieppe, lugar que costumava frequentar com Fritz von Thaulow, pintor norueguês que o recebeu diversas vezes em sua Villa des Orchidées:

> Recebi quinze garotos com um festim [...]. Encomendei um enorme bolo gelado, no qual estavam escritas as palavras "Jubileu da Rainha Vitória" [...]. Eles cantaram a *Marselhesa* e [...] tocaram *God Save the Queen*. [...] Eu os fiz beber à saúde da Rainha da Inglaterra [...]! Então pedi que aclamassem a França, mãe de todos os artistas, e, finalmente, o Presidente da República [...]. Então eles gritaram todos ao mesmo tempo: Viva o Presidente de República e viva o senhor Melmoth!

Assim meu nome se viu acoplado ao do presidente. Foi divertido para mim que saí da prisão há pouco mais de um mês apenas.[5]

Dessa festa que ofereceu em honra à rainha da Inglaterra – a soberana que se recusara a interceder em seu favor enquanto apodrecia na prisão, mas de quem não sentia rancor algum – Wilde falou ainda demoradamente, não sem emoção, a André Gide, quando este foi visitá-lo em Berneval alguns meses depois. Eis como Gide se lembra desse novo e doloroso encontro, marcado pela melancolia:

> Assim que saiu da prisão, Oscar Wilde voltou para a França. Em Ber***, aldeia discreta nas proximidades de Dieppe, estabeleceu-se um senhor chamado Sebastian Melmoth: era ele. [...] Como Wilde pudera escolher B***? Era lúgubre. [...] O hotel, asseado, agradavelmente localizado, hospedava apenas alguns seres de segundo plano, coadjuvantes inofensivos [...]. Uma triste sociedade para Melmoth! [...] Diante de estranhos [...] ele não quer parecer comovido. E minha emoção desaparece quase imediatamente ao encontrar Sebastian Melmoth tão parecido com o velho Oscar Wilde: não mais o lírico fanático da Argélia, mas o doce Wilde de antes da crise; e vejo-me voltar, não dois, mas quatro ou cinco anos para trás; o mesmo olhar cansado, o mesmo riso divertido, a mesma voz... Ele ocupa dois quartos [...] e mandou que fossem decorados com muito bom gosto. [...] Noto [...] que a pele de seu rosto tornou-se vermelha e comum; a das mãos ainda mais, embora elas tenham recuperado os mesmos anéis. [...] Seus dentes estão terrivelmente estragados. Conversamos. Menciono nosso último encontro em Argel. Pergunto se ele se lembra que eu lhe pressagiara alguma catástrofe e que me respondera rindo e num tom de desafio: "Acha mesmo?".[6]

Então, depois de ter apresentado esse comovente mas sórdido cenário, Gide evoca a maneira quase evangélica, cheia de caridade cristã e de compaixão humana, como Wilde contou-lhe, sem rancores contra Bosie, os dois anos de reclusão que marcaram sua vida para sempre. Foi na miséria mais absoluta e às vezes no limite da loucura que leu, tocado pela graça divina, conforme confessou como se revelasse o segredo de sua conversão, *A divina comédia*, de Dante:

> Li Dante todos os dias; em italiano; li-o inteiramente, mas nem o Purgatório nem o Paraíso me pareciam escritos para mim. Foi o Inferno sobretudo que li; como não teria gostado dele? O inferno, eu estava lá. O inferno é a prisão...[7]

Wilde não parou por aí, conta ainda Gide. Explicou-lhe também, depois de ter reiterado seu amor pela grande literatura russa, da qual apreciava a noção de piedade, que contava completar – isolado em "uma encantadora casinha a duzentos metros do hotel, que [havia] alugado"[8] – dois novos projetos de literatura tão vastos quanto ambiciosos: um drama sobre Faraó e um conto sobre Judas. Ele inclusive já imaginara, insistiu, os respectivos títulos: *Faraó* para o primeiro e *Acabe e Jezabel* para o segundo. No entanto, por mais apaixonantes que fossem, todas essas ideias nunca foram postas em prática, como tantas outras a partir dessa trágica época de sua vida!

Porém, do ponto de vista da criação literária, nem tudo estava ainda perdido para Wilde naquele momento. Muito pelo contrário, já que foi instalado no Chalet Bourgeat de Berneval, seu segundo local de exílio, que compôs, do início de julho ao fim de agosto de 1897, o que permaneceria, aos olhos da posteridade, como sua obra-prima em matéria de poesia: "A balada da prisão de Reading". Essa longa e perturbadora meditação fúnebre não deixa de lembrar, por sua intensidade e por sua temática, a "Balada dos enforcados", de François Villon.

Que Wilde estivesse ciente de ter realizado uma obra capital é o que transparece nas cartas que escreveu a seus amigos e a seu editor, Leonard Smithers, que publicaria o poema seis meses mais tarde.

Esse período de criatividade literária, por mais essencial que tenha sido, não durou muito. No fundo, parece ter sido – para essa alma em sofrimento, esse ser despojado de tudo, condenado doravante ao exílio – apenas um vago e tímido lampejo. Uma espécie de marco destinado a se desviar provisoriamente, a fim de melhor indicar em seguida o rumo definitivo, dos caminhos por onde vagaria dali para frente. Naquela época, uma única coisa o obsedava a ponto de torturá-lo: rever Bosie, seu cruel e belo amor de outrora! Ainda mais porque – pagão incorrigível apesar de seus impulsos para o lado do cristianismo – Wilde entediava-se a tal ponto nesse terno vilarejo de província que chegou a pensar em suicídio, tal como quando estava em Reading. Em 28 de maio de 1897, escreveu a Ross, que voltara a Londres:

> Começo a me dar conta do meu terrível isolamento e passei o dia revoltado, com o coração angustiado. Não é triste? Pensei que estivesse aceitando tudo tão bem e de maneira tão fácil, mas tive acessos de raiva completamente contrários a minha natureza. [...] Estou apavorado com a ideia de que muitos daqueles que amam você vão me achar [...] egoísta por aceitar e até mesmo desejar [...] que venha me ver de tempos em tempos. Mas eles deveriam ver a diferença entre você estar junto de mim nos dias de minha infâmia dourada – de minhas horas neronianas, ricas, libertinas, cínicas, materialistas – e sua vinda para reconfortar o homem abandonado, desonrado que me tornei, mergulhado na desgraça, na obscuridade e na pobreza.[9]

Nesta outra carta, enviada em 6 de setembro de 1897 a Carlos Blacker, depois que fugiu de Berneval para Rouen, mostra-se ainda mais desesperado:

> O tempo estava tão medonho em Berneval que vim para cá, onde o tempo está bem pior. Não posso ficar no norte da Europa: o clima me mata. Tanto faz para mim estar sozinho quando tenho sol e alegria de viver a minha volta, mas meus últimos quinze dias em Berneval foram sombrios, horríveis, [...] propícios ao suicídio. Nunca fui tão infeliz. Tento conseguir dinheiro para ir para a Itália e espero encontrar um meio de chegar até a Sicília.[10]

O que Wilde omite de propósito nessa carta escrita do Grand Hôtel de France é que, quando terminou de escrever "A balada da prisão de Reading", foi a Rouen para se encontrar com Bosie, acabando afinal por ceder à tentação! É isso o que comprova este bilhete, bem menos patético do que os anteriores, que Wilde escreve a seu terrível amante, na manhã de terça-feira, 24 de agosto de 1897, em resposta a um telegrama:

> Meu querido amigo todo meu,
> Recebi seu telegrama há uma hora e envio-lhe apenas uma palavrinha para dizer que sinto que encontrar com você é minha única esperança para realizar uma obra artística nova e bela. [...] Como desejo que não sejamos nunca mais separados quando nos encontrarmos em Rouen! Existe entre nós abismos tão vastos de espaço e de terra! Mas nós nos amamos um ao outro. Boa noite, querido.
> Para sempre seu,
> Oscar[11]

Foi no dia 28 ou 29 de agosto de 1897, uma semana antes de ter escrito a Blacker, que Wilde, ainda tão apaixonado apesar de seu rancor, reviu Bosie contra todos os conselhos de seus amigos, conforme o próprio Douglas comentou, mais de trinta anos depois, em sua autobiografia, publicada em 1929:

> O pobre Oscar chorou quando eu o encontrei na estação. Passamos o dia todo a passear a pé nos braços um do outro ou nos dando as mãos. Estávamos perfeitamente felizes.[12]

E foi justamente com Bosie que Wilde planejou partir em seguida para a Itália! Percebe-se como o autor de *De profundis* esquecera bastante rápido as inúmeras reprimendas que lançara a seu amante pouco tempo antes. Bosie mal voltara a sua vida e Wilde já renegava o juramento que fizera a Robert Ross numa carta de 28 de maio de 1897, na qual afirmava que, "sentindo nesse pobre rapaz uma influência nefasta", "esperava nunca mais revê-lo!".[13] Para concluir com estas palavras severas: "Estar com ele seria cair de novo no inferno do qual quero me acreditar livre".[14] De fato, foram as portas do inferno, muito mais que as do paraíso, que se abriram para Wilde com essa enésima porém fatal reconciliação. E de modo definitivo dessa vez. Repetindo sem parar os mesmos deslizes e insistindo incessantemente nos mesmos erros, acabou por reencontrar seus velhos demônios sob o domínio daquele que sabia ser sua alma maldita.

Mas não é esse o paradoxo existencial que percorre toda a sua obra literária? É o que o próprio Wilde, vendo seu destino prestes a se abater sobre ele, tenta explicar na carta que enviou a Carlos Blacker, em 4 de agosto de 1897, logo que soube que Constance fora irremediavelmente vencida por uma poliomeliete. Assim, escreve numa espécie de canto do cisne:

> Meu coração [...] está partido pelo que me conta. Tanto faz que minha vida esteja destruída – estava fadado a ser assim – mas, quando penso na pobre Constance, tenho [...] vontade de me matar. Contudo, tenho que viver e me resignar. Tanto faz. Nêmesis capturou-me em sua rede: seria estúpido lutar. [...] Minha vida está espalhada pela areia – como vinho tinto – e a areia a absorve porque tem sede, por nenhuma outra razão. [...] Os deuses carregam o mundo em seu colo. [...] Em meu berço, foram as Parcas quem me ninaram. Agora só posso encontrar a paz na lama.[15]

Para além de seu aspecto dramático e de sua veia romântica, essa última carta ilustra de maneira exemplar a tese de Robert Merle, na qual dizia perceber o "destino" de Wilde como totalmente fadado, através de uma espécie de "embriaguez da infelicidade", a uma inextinguível "pulsão de autopunição". Contudo, ela revela um homem em total oposição ao Wilde que se confessou a Gide durante seu retiro de Berneval:

> A prisão transformou-me completamente. Eu contava com ela para isso. – X*** é terrível; [...] ele não consegue entender

que eu não queira retomar a mesma vida; acusa os outros de terem me transformado... Mas nunca se deve retomar a mesma existência... Minha vida é como uma obra de arte; um artista não recomeça nunca duas vezes a mesma coisa [...]. Antes da prisão, minha vida foi tão triunfante quanto possível. Agora está acabada.[16]

Renegando a si mesmo por não conseguir manter seus próprios compromissos, a vida de Oscar Wilde, do instante em que reata com Alfred Douglas e durante os três anos que lhe restam a viver, foi tudo menos uma obra de arte, a não ser que se considere esse exílio desolador como uma tragédia.

Foi preciso a Wilde, aliás Melmoth, quase três semanas após seu funesto e clandestino reencontro com Bosie – a quem apelidou com o pitoresco mas ridículo nome de Jonquil du Vallon – para conseguir os fundos necessários para partir, escondido de tudo e de todos, nessa viagem ao sul da Itália, que o levaria até Nápoles com seu amante.

Antes de partir, Wilde passou primeiro por Paris, onde, com um quarto reservado no Hôtel d'Espagne, na Rue Taitbout, reviu, em 15 de setembro de 1897, dois de seus melhores amigos ingleses, também homossexuais: Edward Strangman e Vincent O'Sullivan. Foi esse último que – num almoço para o qual Wilde o convidou logo no dia seguinte, num modesto restaurante do Boulevard Montmartre onde sabia que ninguém o reconheceria –, admirador do grande escritor exilado, arranjou-lhe de bom grado o dinheiro necessário para realizar esse périplo pelo sul da Europa, assim como confirmou em *Aspects of Wilde*, livro que lhe dedicou quarenta anos mais tarde:

> A principal dificuldade era que os amigos e parentes de sua esposa queriam impedi-lo de se encontrar com Lord Alfred Douglas, o qual estava em Nápoles. [...] Na saída do restaurante, passamos no Banque de Paris et des Pays-Bas da Rue d'Antin, onde eu tinha uma conta. Ele ficou na carruagem e eu lhe trouxe a quantia que ele desejava. [...] Acho que deixou Paris na mesma noite.[17]

Foi na noite de 16 de setembro de 1897 que Wilde partiu para Nápoles, onde chegou quatro dias depois. De seu quarto do Hôtel Royal des Étrangers, onde se hospedou cerca de dez dias em companhia de Bosie, ele enviou, logo no dia seguinte de sua chegada, uma carta a Ross, na qual tentava justificar essa atitude problemática e contraditória:

> Voltar para Bosie era-me psicologicamente inevitável [...], o mundo obrigou-me a isso. Não posso viver sem a atmosfera do Amor: preciso amar e ser amado, qualquer que seja o preço que deva pagar. [...] No meu último mês em Berneval, estava tão solitário que estive a ponto de me matar. O mundo fecha as portas para mim, enquanto a porta do Amor me permanece aberta. Se as pessoas me recriminarem por voltar a Bosie, diga-lhes que ele me ofereceu o amor e que, em minha solidão e em minha desgraça, depois de ter lutado três meses contra um desprezível mundo filisteu, é bem natural que eu retorne a ele. Sei bem que serei com frequência infeliz, mas eu o amo ainda: o simples fato de ele ter arruinado a minha vida me faz amá-lo. [...] Procure fazer as pessoas entenderem que minha única esperança de vida ou de atividade literária era retornar ao rapaz que eu amava antes e que provocou um resultado tão trágico para o meu nome.[18]

Embrenhando-se no mais íntimo da alma humana, essas linhas estigmatizavam, com razão, a atitude de toda uma sociedade! Uma segunda carta de Wilde, enviada a Blacker dois dias depois, completa as justificativas enunciadas na precedente através de uma série de reprimendas dirigidas a Constance, entre as quais a de tê-lo injustamente privado de seus filhos:

> É preciso que eu reconstrua minha vida arruinada sobre o que restou de minhas bases. Se Constance me tivesse deixado ver meus filhos, minha vida teria sido [...] diferente. Mas ela não deixará. Nunca me permitiria condená-la por sua ação, mas toda ação tem consequências. Esperei três meses. Ao fim desse longo período, dessa longa solidão, tive que refazer minha vida eu mesmo. [...] Não é em absoluto por pra-

zer que estou aqui [...]: vim para cá para tentar aperfeiçoar meu temperamento de artista e o de minha alma.[19]

Resta saber o que Wilde entendia com esta última expressão sobre "aperfeiçoar [s]eu temperamento de artista", pois sem isso poderia se ver acusado de ter simplesmente procurado um álibi ridículo. Resposta imediata, aqui também, já que está explicitamente contida nas missivas: ele queria pôr-se a escrever o mais rápido possível, inspirado pela presença de Bosie, de modo a voltar a ser, ainda que na dor, o grande escritor que fora antes da queda e assim completar a obra literária à qual se sabia destinado.

Infelizmente para ele – e para a história da literatura –, embora persistisse em se persuadir do contrário, foram apenas palavras ao vento, que permaneceram letra morta, já que ele estava perdido em seus sonhos! Assim, o libreto que se propôs a redigir para uma ópera – *Dafne e Cloé* – a ser composta por Dalhousie Young, o músico pelo qual tomara simpatia em Berneval, não passou do estágio de rascunho.

Além disso, o dinheiro começava, como sempre, a faltar. Wilde e Bosie acabaram então por deixar o hotel onde se hospedavam, cujos preços eram exorbitantes, para se instalar, a partir de 1º de outubro de 1897, na Villa Giudice, casa situada nas colinas de Posillipo, ao norte do golfo de Nápoles. Foi nesse panorama de sonho que Wilde – a quem o jovem Rocco dava aulas de italiano – fez as últimas modificações em "A balada da prisão de Reading", tal como indica a correspondência que mantinha com seu editor, Smithers.

Chegou o fim do verão, e mais um importante acontecimento veio obscurecer os dias ensolarados do início do outono mediterrâneo. Ao saber que o marido reatara sua relação com Bosie – e considerando que violara assim os acordos previstos no contrato de separação –, Constance ameaçava cortar a pensão que lhe concedera: "Eu o proíbo de rever Lord Alfred Douglas. Eu o proíbo de retomar uma vida devassa e insensata. Eu o proíbo de viver em Nápoles"[20], exigia ela, furiosa por ter tido a confiança traída. A reação de Wilde não se fez esperar: "Como ela pode se acreditar autorizada a influenciar ou a controlar minha vida?"[21], indagava, revoltado, a Ross. Para acalmar os nervos e esquecer esses transtornos, Wilde não encontrou nada melhor a fazer do que, em meados de outubro do mesmo ano, visitar a ilha de Capri por três dias em companhia de Bosie, onde entre muitas outras distrações queria depositar flores no túmulo do imperador Tibério, esse notório amador de efebos.

A escapada não caiu nada bem! A partir do mês seguinte, Constance – que alguns membros do *jet-set* inglês informaram acerca do imprudente passeio de seu marido à ilha mundialmente famosa – retirou-lhe então efetivamente sua módica porém preciosa pensão. Pior: o marquês de Queensberry, avisado de que seu filho retomara relações com Wilde, também ameaçava cortar-lhe a mesada!

Assim, a tensão causada por esses incessantes problemas financeiros – quando não eram puras e simples chantagens emocionais – tornava-se cada vez mais concreta e a atmosfera cada vez mais pesada entre Wilde e Bosie. Como as agruras se acumulavam e as dificuldades aumentavam, em desespero de causa esse último acabou por abandonar definitivamente o pobre Wilde, em 3 de dezembro de 1897, o qual, atormentado pela incerteza quanto ao futuro e consumido pela angústia da miséria, permaneceu sozinho em Nápoles.

A partir daquele momento, Wilde e Bosie só se reviram muito raramente, inclusive quando viveram ambos em Paris, mas em residências separadas. A vida de Wilde, enfim livre de Bosie, teria ficado em consequência mais fértil e iluminada? Não! A partir dali – afora a publicação de "A balada da prisão de Reading", pouco mais de dois meses depois – ela foi tão somente uma sequência ininterrupta de pequenos casos destituídos de qualquer interesse, tanto do ponto de vista literário quanto do existencial. Uma vida feita de vagueações, na qual chegou ao ponto de viver às custas de benfeitores ricos, embora sua ruptura com Bosie tenha feito com que Constance consentisse em lhe conceder uma renda mensal de dez libras.

Em dezembro de 1897, Wilde partiu para Taormina, na Sicília, onde um velho mas afortunado homossexual de origem russa – amigo do indolente e duvidoso barão Wilhelm von Gloeden – convidou-o a partilhar de sua igualmente miserável solidão. Então, quando em meados de janeiro de 1898 Wilde retornou a Nápoles para se instalar mais uma vez na Villa Giudice, ele percebeu que o criado desaparecera levando todas as suas roupas: mais um sinal de que o destino parecia persegui-lo sem trégua. Desalentado mas sempre estoico, fingindo indiferença, não teve escolha senão também deixar a casa, abandonando seus livros, que lhe pareciam inúteis agora, para hospedar-se num local mais sóbrio e menos caro: na Via Santa Lucia, 31.

A partir desse momento, com exceção da amabilidade mesclada de piedade que lhe dispensou o jovem e belo Salvatore, uma única coisa o conduzia ainda, senão de cabeça erguida, ao menos adiante: a perspectiva de ver lançada "A balada da prisão de Reading", cuja edição, segundo as inúmeras cartas que continuou a escrever a seu editor Smithers, ele supervisionou nos mínimos detalhes. Publicado em 13 de fevereiro de 1898, em Londres, o poema teve um sucesso imediato tão estrondoso que ganhou, no espaço de apenas um ano, cinco tiragens, às quais se acrescenta a edição americana, de 1899, feita em Nova York.

Contudo, havia um imenso inconveniente. De modo a não chocar a sensibilidade do público, nem na capa nem na folha de rosto do livro figurava seu nome, Oscar Wilde, ou tampouco seu pseudônimo, Sebastian Melmoth. Lia-se apenas o singelo e anônimo número de matrícula referente à sua cela de Reading: C.3.3! Apenas um ano e meio depois, na oitava edição, de 23 de junho de 1899, seu verdadeiro nome foi afinal inscrito com todas as letras, assegurando-lhe a glória eterna que seria efetivamente a sua.

Quanto a esse título hoje conhecido por todos – "A balada da prisão de Reading" –, foi Robert Ross quem o sugeriu a Wilde, com a mesma rara e sutil presença de espírito com que se ocupou da publicação de *De profundis*.

Não surpreende portanto que – ávido por saber um pouco mais sobre a recepção, tanto na imprensa quanto junto a seus leitores, dessa obra que considerava capital – Wilde tenha se decidido a deixar Nápoles, em 10 de fevereiro de 1898, para seguir sem demora a Paris, mais próxima de Londres. Chegando no mesmo dia em que sua obra foi publicada, hospedou-se, sempre incógnito, numa pequena pensão da Rue des Beaux-Arts, o Hôtel de Nice. Por ironia do destino, este ficava situado a dois passos do não menos modesto e antiquado Hôtel d'Alsace, onde, pouco menos de três anos mais tarde, ele morreria praticamente só, em meio a sofrimentos atrozes.

Longe de se acalmar com o sucesso quase inesperado dessa "Balada", o pesadelo de Wilde, ao contrário, apenas se intensificou inexoravelmente. Abandonado por todos e escondendo-se de seus semelhantes – em relação aos quais se sentia coberto de vergonha –, sua vida foi a partir dali uma vertiginosa e interminável descida aos infernos.

A primeira e mais profunda decepção, nessa nova série de agruras, foi-lhe mais uma vez causada por Constance, a quem enviara, esperando enternecer e talvez assim rever os filhos, um exemplar autografado de "A balada da prisão de Reading". Embora ela tenha se mostrado comovida pela gentileza do gesto, chegando inclusive a confessar a seu irmão Otho que se sentia "terrivelmente abalada com esse magnífico poema de Oscar"[22], intransigente, não concordou com o seu desejo, ainda que sincero, de encontrar as crianças. Contentou-se em pedir a Carlos Blacker – que a hospedava com os filhos em sua casa de Bâle – que transmitisse a seu marido, como única resposta, suas felicitações e seus melhores votos para essa "exímia 'Balada'". Além disso, só se preocupou em saber se era verdade que Lady Queensberry dera duzentas libras a seu marido com a condição de que ele rompesse com Bosie: o que, mantendo sua palavra, ela de fato fez.

Mas esse dinheiro que Wilde recebera quando ainda estava em Nápoles já evaporara como água no deserto.

Bosie, por seu lado, que alugava na época um apartamento situado na chiquérrima Avenue Kléber, não o ajudou em nada, preferindo gastar loucas quantias em corridas de cavalo, saltitando sem nenhum constrangimento de um hipódromo a outro. Fica evidente por que, sentindo-se cada vez mais amargurado e misantropo no doloroso percurso de sua existência, Wilde tinha todas as razões para se dizer desapontado, até mesmo revoltado, com seus semelhantes... Sobretudo com Bosie, que já não tinha mais vontade de rever, a tal ponto ele o "enchia de horror"[23], conforme declarou a Ross. No início de primavera de 1898, sentindo falta de atenção e carinho, de simples compreensão e calor humano, desesperado, acabou por se jogar nos braços do primeiro que o aceitou: Maurice Gilbert, marinheiro de profissão, gentil e belo rapaz é verdade, mas com a cabeça mais vazia do que os bolsos de seu amante.

Frente a esse desastre existencial e, em paralelo, de uma total impotência diante da escrita, é particularmente pungente esta carta, permeada de pressentimentos tão funestos quanto fundados, escrita a Frank Harris no fim de fevereiro de 1898, na qual tentava escalar uma vez mais uma rampa cada vez mais deslizante:

> Perdi o alento da arte e da vida, a *joie de vivre**: é terrível. Ainda sinto prazeres e paixões, mas a alegria da vida me abandonou. Estou afundando: a morgue escancara suas portas para mim. Já vejo o leito de zinco que me aguarda. Afinal, tive uma vida maravilhosa, a qual, temo, acabou.[24]

E o que dizer desta outra carta, praticamente calcada na anterior, porém ainda mais sombria, enviada na mesma época a Carlos Blacker, a quem confessa ter pressa em entregar a tradução francesa, a ser lançada em abril no *Le Mercure de France*, de "A balada da prisão de Reading".

> Esse poema [...] é o meu canto do cisne e sinto ter que par-

---

* Alegria de viver. Em francês no original. (N.T.)

tir sobre um grito de dor – um canto de Mársias, não um canto de Apolo. Mas a vida que tanto amei – amei demais – retalhou-me como teria feito um tigre. Assim, quando vier me ver, constatará que me tornei a ruína, os destroços de tudo o que tive em outros tempos de maravilhoso, brilhante e terrivelmente inverossímil. [...] Já não penso que poderei recomeçar a escrever: a alegria de viver desapareceu e, ao lado da vontade, ela é o alicerce da arte.[25]

Todavia, a despeito das chagas quase mortais que a vida lhe infligira, o tigre ferido que Wilde se tornara revelou-se ainda capaz de atacar, e com garras afiadas. Mas isso apenas quando se tratava de defender não sua própria causa, mas a dos outros, e de maneira mais específica desde a sua experiência carcerária a causa dos oprimidos. Assim, numa (terceira) carta dirigida, em 23 de março de 1898, ao diretor do *Daily Chronicle*, mostrou-se encantado de ver enfim abolido – muito graças a seus protestos – o *Criminal Law Amendment Act*, que qualificava a homossexualidade como crime. Também teve grande prazer em conhecer, nesse mesmo período, artistas tão importantes como Diaghilev, Rodin, Jarry, Alphonse Allais e Toulouse-Lautrec.

Seu encontro, naqueles dias, com o infame Esterhazy, o homem que acusou injustamente o capitão Dreyfus de colaboração com o inimigo – por ocasião desse outro caso célebre e escandaloso –, foi menos glorioso. Longe de condená-lo, ele o frequentou por algum tempo, chegando a encontrar, cúmulo da falta de tino, circunstâncias atenuantes.

> Esterhazy confessou-me ser o autor do dossiê. Ele é bem mais interessante do que Dreyfus, que é entretanto inocente. Para ser um criminoso, é preciso coragem e, sobretudo, imaginação. É todavia lamentável que ele nunca tenha ido para a prisão,[26]

teve a imprudência de declarar a Henry Davray e a Rowland Strong. Esse último, correspondente do *New York Times* e do *Observer* em Paris, não perdeu a oportunidade de espalhar pelos quatro cantos – em detrimento de Wilde, que se viu então alfinetado até no *Le Siècle* de 4 de abril de 1898 – essas palavras* indignas de sua inteligência e, principalmente, de sua sensibilidade para com as vítimas da máquina judiciária.

Ao ler esse comentário infeliz de Wilde, efeito de uma provocação puramente gratuita, tem-se uma ideia do estado de perdição no qual se encontrava agora aquele que fora uma das personalidades mais esclarecidas de seu tempo. Seu espírito inebriado de infelicidade estava doravante permanentemente embebido de vapores cada vez mais abundantes de absinto – ou de aguardente adulterada quando lhe faltava dinheiro para conseguir bebidas à altura de sua qualidade. A exemplo do que acontecera com seu amigo Verlaine, com quem dividiu algumas vezes a mesa do Café d'Harcourt e que também morrera na miséria dois anos antes.

Tendo se tornado "uma carcaça à beira de um ataque de nervos", como qualificava a si mesmo, com frequência sem um tostão e faminto, em 28 de março de 1898 teve de sair do modesto Hôtel de Nice para se mudar, com as malas ainda marcadas pelas iniciais S.M., para o Hôtel d'Alsace, bem mais barato apesar de dispor de dois quartos relativamente confortáveis para ele: "um para escrever e o outro para a insônia", gostava de precisar.

O dono do hotel, Jean Dupoirier, relatou cerca de trinta anos depois esse primeiro encontro com aquele que pensava realmente ser, a ver suas iniciais inscritas nas magras bagagens, Sebastian Melmoth. Tarde da noite, viu chegar de súbito um homem cuja corpulência o espantou. Então, depois de ter escrito seu nome no registro, tomou-lhe polidamente suas duas malas e seu guarda-chuva e o conduziu, serpenteando pela estreita escadaria, até o primeiro andar. Melmoth, sem fôlego devido ao peso que ganhara, seguiu-o calado. Dupoirier reconheceu que não achara seu novo cliente muito simpático... Sua conversa limitava-se a questões de ser-

---

* Talvez tenha sentido em Esterhazy uma espécie de vaga personificação de um de seus próprios personagens – Wainewright, o cínico herói de "Pena, lápis e veneno".

viço: precisava imperativamente de tal marca de conhaque (Courvoisier), que consumia à razão de quatro garrafas por semana, e, invariavelmente, do mesmo menu (uma costeleta de carneiro e dois ovos cozidos), sempre servido à mesma hora (duas da tarde). Quanto à sua rotina, não era tampouco suscetível de modificações: ficava na cama até o meio-dia, levantava-se com dificuldade, tomava um café quente e pão com manteiga e tentava rabiscar algumas linhas em seu papel de má qualidade, depois saía sistematicamente no final da tarde, após uma breve sesta. Coisa estranha: perambulando sozinho, à noite, pelas ruas escuras e desertas de Paris, nunca voltava antes das duas horas da manhã, exausto. E por motivos óbvios: era em encontros noturnos duvidosos, geralmente de passagem e ao acaso, às vezes nos braços fortes de rufiões perigosos, que tentava, cheio de melancolia, afogar sua inesgotável tristeza, até a embriaguez.

Logo sobrevieram graves problemas de saúde a essa agonia crescente. Assim, em 28 de março de 1898, ele foi seriamente ferido na boca num acidente de carruagem. Por esse motivo, embora a lesão tenha sido benigna, tiveram que hospitalizá-lo e depois operar até a garganta, mediante fortes doses de cocaína para atenuar seu sofrimento, em razão das infecções contraídas durante os dois anos de prisão. Por não ter condições de pagar essa intervenção cirúrgica, foi Robert Ross quem mais uma vez o ajudou.

Então, na manhã de 12 de abril de 1898, arrasadora e como para lhe dar o golpe de misericórdia, chegou a pior de todas as notícias – ainda que soubesse o que estava por vir pelas cartas alarmantes de Carlos Blacker: a morte de Constance, com apenas quarenta anos, cinco dias antes em Gênova, onde estava tratando sua coluna vertebral.

Apesar dos dissabores passados e de uma pitada de rancor que ficara presa no fundo do coração, o choque foi terrível para Wilde, como testemunha o telegrama – verdadeiro grito de socorro – que enviou no mesmo dia ao precioso Ross: "Constance morreu. Por favor, venha amanhã e fique em meu hotel. Estou aterrado no sofrimento mais profundo".[27]

E, ainda, este outro bilhete, inundado de tristeza e marcado de arrependimento, que escreveu a Blacker em seguida:

> É atroz o que acontece comigo [...]. Não sei o que será de mim. Por que não pudemos nos ver mais uma vez e nos dar um último beijo! Tarde demais. Que horror é a vida! [...] Saí pois não ouso mais ficar só.[28]

Foi sob o efeito dessa emoção que Wilde – cuja amargura com relação à vida alcançou seu ponto culminante – tomou verdadeira consciência do fracasso descomunal, exceto do ponto de vista literário, que representou sua vida familiar e sentimental. Ele perdera tudo para sempre: seu nome, sua reputação e sua honra, havia muito tempo; a glória e o dinheiro que a acompanham igualmente; sua pátria e sua casa, com os tesouros culturais e as pérolas artísticas que continha; seu amante querido, por quem continuava apaixonado em segredo; e agora sua mulher, por quem sentia, além de remorsos insistentes e cruéis, um ainda mais aterrorizante sentimento de culpa; enfim, e principalmente, seus dois filhos adorados, os quais, além de terem sido obrigados a trocar de sobrenome, foram doravante confiados, por decisão judicial, a seu tutor legal, Adrian Hope. Tudo isso era decididamente demais para um único homem, sobretudo quando se acrescenta a isso sua lenta e inevitável deterioração física.

Wilde, cuja alegria de viver e até mesmo cuja arte pareciam tê-lo abandonado em definitivo, estava no fundo do poço. Não conseguindo mais suportar esse fardo, arrasado pela angústia e paralisado de dor, à beira do suicídio e muitas vezes aos prantos, retomou então, como um cachorro sem dono que não sabe mais para onde ir ou o que fazer, as peregrinações pela noite parisiense. Suas belas porém velhas roupas de dândi estavam usadas, e seus preciosos tecidos dos velhos tempos, lustrados. Seus próprios sapatos, que os longos passeios solitários tinham gastado até a sola, pareciam agora cansados e prestes, como ele, a desistir. Certa vez, em que estava sentado sozinho no terraço de um café perto dos Grands Boulevards, ele avistou André Gide, que interpelou então diante de todo mundo em voz alta, gritando seu nome, a fim de convidá-lo a sentar-se a seu lado, sem se dar conta do mal-estar que criava. Eis como Gide relata esse encontro patético:

> Uma noite em que passeava pelos bulevares [...], ouvi alguém me chamando pelo nome. Voltei-me: era Wilde. Ah! Como estava mudado! [...] Estava desnorteado. Em diversas ocasiões, alguns amigos tentaram salvá-lo; faziam planos, levavam-no à Itália... Logo Wilde escapava; tinha uma recaída. Entre os que permaneceram leais por mais tempo, alguns me repetiram várias vezes que "não dava mais para ver Wilde"... Fiquei um pouco constrangido, confesso, de revê-lo, principalmente num lugar onde podia passar tanta gente. Wilde estava sentado no terraço de um café. [...] Sentei-me diante dele, quer dizer, de maneira a ficar de costas para os passantes. Porém, Wilde ofendeu-se com o gesto, que tomou por um impulso absurdo de vergonha (e ele não estava errado, não completamente):
> – Oh! mas venha aqui, ao meu lado – disse, indicando-me uma cadeira perto dele. – Estou tão só ultimamente!
> Wilde continuava bem-vestido, mas seu chapéu não era mais tão brilhante; seu colarinho tinha a mesma forma, mas não era mais tão limpo; as mangas de seu casaco estavam um pouco esgarçadas.
> – Quando me encontrava outrora com Verlaine, eu não me envergonhava dele – retomou com um ímpeto de orgulho.
> – Eu era rico, feliz, coberto de glória, mas sentia que ser visto sentado perto dele me honrava, mesmo quando Verlaine estava bêbado... [...]
> Minhas lembranças tornam-se abominavelmente dolorosas aqui. [...] Estava a ponto de me despedir quando ele me tomou à parte e, confuso, disse-me em voz baixa:
> – Escute, é preciso que saiba... estou absolutamente sem recursos...[29]

Assim o grande Oscar Wilde, escritor outrora tão afortunado e dândi tão vistoso, chegara ao ponto – suprema humilhação – de mendigar para poder, senão suprir suas necessidades imediatas, ao menos comer bem. Não era raro vê-lo pedir a algum passante impaciente um simples cigarro. E o próprio Gide deu-lhe naquele dia uma esmola!

Contudo, apesar dos encorajamentos do punhado de amigos que lhe restava, Wilde não conseguiu recuperar a força necessária para voltar seriamente ao trabalho, sentindo-se por demais abatido. É de novo Gide, que cruzou com ele uma última vez alguns dias depois, quem fornece a explicação mais edificante do ponto de vista psicológico – para além da crueldade do relato – para sua incapacidade de escrever ou de se empenhar no que quer que fosse de sólido:

> Alguns dias depois, eu o revi pela última vez. De nossa conversa, quero citar apenas um trecho. Ele me contou sua tortura, a impossibilidade de continuar, de até começar qualquer trabalho. Tristemente lembrei a ele a promessa que fizera de não voltar a Paris senão com uma peça terminada:
> – Ah! Por que – comecei – ter deixado a cidade de B***, quando poderia ter ficado por lá muito mais tempo? Não posso dizer que tenha agido mal, mas...
> Ele me interrompeu, colocou sua mão em cima da minha, olhou-me com seu olhar mais sofrido:
> – Não se pode criticar – disse – alguém que foi abatido.[30]

Tudo estava dito. De fato, segundo sua própria confissão, não havia mais nada a fazer por Wilde. De tal modo que não é exagero pensar que – sentindo-se próximo do fim ao ver-se tão destituído por completo de qualquer energia intelectual, mais ainda que de força física – ele tenha se abandonado, literalmente, à morte.

Mesmo que, cansado de viver, Wilde não tivesse mais gosto por nada, isso não o impediu de continuar a subsistir por mais dois anos ainda, parcamente e sem nenhum porto seguro, já que perdera todos os seus pontos de referência. Teve de sair do Hôtel d'Alsace, cujas contas não podia mais pagar por ter-se tornado pobre demais. De junho a julho de 1898, graças à ajuda financeira de Frank Harris, alugou então uma casinha discreta mas simpática em Nogent-sur-

Marne, que batizou com o curioso nome de "A ideia". Na incapacidade de honrar o aluguel, foi logo expulso por seu proprietário. Assim, cada vez mais empobrecido, instalou-se, em agosto do mesmo ano, num cortiço situado em Chennevières-sur-Marne, onde – trabalhando para a publicação de *A importância de ser prudente*, que Leonard Smithers editou em fevereiro de 1899 – passou o resto do verão e o outono tendo por única companhia seus inevitáveis namoricos passageiros, entre os quais um com um certo Herbert Pollitt, bailarino profissional medíocre. Em 15 de dezembro, partiu para o Midi da França, onde, convidado por Frank Harris, que pagou suas contas, hospedou-se durante grande parte do inverno no Hôtel des Bains de La Napoule, na Côte d'Azur. Sua instabilidade crônica, ociosa e caótica, não parou por aí. Tendo continuado a ganhar peso, começou também a sofrer de gota. Mas acabou por sentir-se negligenciado por Harris, o qual, apesar das ausências frequentes, havia se mostrado sempre generoso para com ele. Partiu então alguns dias para Nice, onde conheceu Harold Mellor, jovem e rico empresário inglês. Dali, seguiu em sua companhia, e às suas custas, para a estação turística de Gland, nos Alpes suíços, onde seu protetor do momento possuía um chalé. Foi na Suíça, onde passou a primeira metade da primavera dedicando-se sobretudo à leitura de Dante e de Maupassant, que Wilde soube da morte, em 13 de março de 1899, de seu irmão Willie, aos 46 anos. Depois de um casamento fracassado como o de Oscar, Willie também se tornara um alcoólatra inveterado. Contudo, ao contrário do que ocorreu ao saber da morte de Constance, o falecimento de seu irmão deixou-o relativamente indiferente: afinal, eles nunca haviam se entendido muito bem.

Sempre tão volúvel, Wilde não estava muito contente nas alturas alpinas – cuja rudeza do clima apreciava muito pouco – a despeito das atenções que Mellor lhe dispensava. Censurando-lhe injustamente sua falta de hospitalidade, para não dizer sua suposta avareza, conseguiu até mesmo brigar com seu anfitrião. Assim, decidiu que chegara o momento de se recolher diante do túmulo de sua esposa, que estava enterrada no cemitério protestante de Gênova, em Steglieno. Deixou portanto Gland, em 1º de abril de 1899, rumo à Riviera italiana, graças ao dinheiro de seu amigo inglês. Porém, no pequeno cemitério à beira-mar, Wilde, que mal começara a se recuperar da morte de Constance, foi confrontado com uma outra humilhação, ainda mais cruel para seu amor-próprio: acima de um versículo do *Apocalipse*, no mármore da lápide, estava gravado apenas seu nome de solteira – "Constance Mary, filha de Horace Lloyd, Q. C." –, como se ele, seu marido, nunca tivesse existido!

Assolado, deixou Gênova, onde se hospedara por apenas alguns dias no Albergo di Firenze, situado no porto da cidade, cuja má reputação ele próprio reconhecia. Então, acompanhado novamente por um de seus gigolôs, o atlético e folgazão Edoardo Rolla, sem o qual não conseguia mais ficar, ele percorreu boa parte da costa italiana, tomando tempo para visitar algumas de suas cidades mais resplandecentes: Santa Margherita, Rapallo, Portofino. Mas o homem desnorteado que Wilde se tornara, cuja irresolução e a irritabilidade pioravam dia após dia, entediou-se também muito rapidamente na Itália, apesar de suas maravilhas. Ele quis então voltar a todo custo para Paris, onde chegou, com os bolsos vazios, no início de maio de 1899. Robert Ross foi mais uma vez recebê-lo na estação para conduzi-lo em seguida ao Hôtel de la Neva, na Rue Montigny, de onde, alguns dias depois, ele se mudou para o Hôtel Marsollier. Todavia, também foi obrigado a sair desse último muito em breve, deixando para trás a maior parte de suas roupas como garantia, devido à impossibilidade em que se encontrava, como sempre, de pagar a conta.

Não importa: nessa cidade que tanto amava, embora "comesse o pão que o diabo amassou"[31], ele se sentiu reviver um pouco. Reatou com Maurice Gilbert e conheceu outros rapazes, dentre os quais um russo de dezoito anos (Maltchek Perovinski) e um poeta "de uma beleza de tirar o fôlego" (Michael Robas). Mas, sobretudo, reviu alguns de seus amigos escritores, incluindo Jean Moréas. No verão de 1899, de 23 a 26 de junho, Wilde esteve nas praias da Normandia, em Trouville e no Havre. Durante o mês de julho, voltou para o cortiço de Chennevières-sur-Marne – não muito longe das *guinguettes*, os famosos cabarés populares do subúrbio parisiense – antes de voltar para Paris em agosto, já não suportando os ares da província. Na capital, depois que o próprio Dupoirier (o bom proprietário do Hôtel d'Alsace) pagou as dívidas do Hôtel Marsollier, Wilde recuperou suas roupas e retornou a seu miserável quarto do Alsace.

Foi um acontecimento importante que o incitou, naquele período, a retornar à capital francesa, visto que não podia voltar à inglesa: o lançamento, no fim de julho de 1899, pela editora de Smithers, de *Um marido ideal*, seu último texto publicado em vida.

Exausto e cada vez mais doente, coberto de dívidas e abatido por tantos excessos, desmoronando sob o peso da infâmia e do desespero, não sabendo mais a que santo recorrer para salvar sua pele, Wilde estava de fato à beira da morte. Mas quem partiu primeiro foi o marquês de Queensberry, seu pior pesadelo e seu inimigo jurado, falecido, em meio à indiferença geral, em 31 de janeiro de 1900.

Wilde, que apenas uma insuperável dose de orgulho diante desse destino trágico mantinha ainda timidamente vivo, tentou ainda se distrair em curtas viagens para o sul da Europa nessa primavera de 1900. Mas foi apenas uma espécie de adeus às belezas geográficas e artísticas do mundo.

Entre o mês de abril e maio, partiu mais uma vez para a Suíça, onde ficou com Harold Mellor em seu chalé. Seguiu então para sua querida Itália, onde, como num sprint final – já sem fôlego e a despeito de seu estado deplorável – conseguiu alcançar a Sicília, Palermo e os esplendores de Monreale. Lá, como outrora em Ravena, ele se extasiou diante das centenas de mosaicos, antes de ter que voltar repentinamente sobre seus passos, esgotado demais para prosseguir sua louca rota. Parou ainda em Roma, onde encontrou meios de se fazer abençoar uma última vez por Leão XIII – não numa audiência particular, é claro, mas perdido no meio da multidão da Praça de São Pedro.

Foi no início de junho de 1900, em plena Belle Époque e enquanto Paris acolhia a Exposição Universal – em toda a sua efervescência e alegria, ao som das melodias de acordeão e dos bailes populares –, que Wilde voltou definitivamente para a Cidade Luz, sozinho como um animal encurralado ao fim desse dramático exílio. Ele só a deixaria agora seis meses mais tarde, e em seu caixão, quando foi levado para o pequeno e anônimo cemitério de Bagneux, onde o enterraram por não terem conseguido arranjar um lugar para seu corpo no mais romântico e ilustre Père-Lachaise.

Réquiem para um gênio sem nome

> *Acabo de cair muito doente, de cama [...]. Sofro de um mal de nome híbrido, mesclado de grego, que afeta a garganta e a alma.*
>
> Oscar Wilde,
> Carta a Leonard Smithers[1]

A agonia de Oscar Wilde no leito de morte de seu miserável Hôtel d'Alsace, situado no número 13 da Rue des Beaux-Arts, foi terrível: uma das mais horripilantes que a história da literatura mundial tem para contar, ao lado da de Baudelaire.

É verdade que, desde a véspera de sua partida para La Napoule, Wilde já confessara a Robert Ross, na carta que lhe escreveu em 14 de dezembro de 1898 – uma espécie de defesa contra as reprimendas que Frank Harris não cessava de lhe fazer quanto à sua falta de motivação para a escrita –, que estava sofrendo do que chamava, não sem uma dose de humor macabro, de um "amolecimento cerebral":

> Frank insiste para que eu esteja sempre sob alta pressão intelectual. É esgotante. Porém, quando chegarmos a La Napoule, revelarei a ele meu segredo de polichinelo: de que sofro de amolecimento cerebral e não posso ser sempre um gênio.[2]

Mas foi em outra carta – escrita pouco mais de um ano depois, em 28 de fevereiro de 1900, do quarto desse mesmo hotel onde estava acamado havia dois dias – que melhor descreveu, com uma precisão quase clínica, os sintomas dessa doença, à qual se acrescentava na ocasião uma intoxicação alimentar:

> Estou verdadeiramente doente, e o médico está tentando todos os tipos de tratamento. Minha garganta é um foco

> acerbo, meu cérebro um braseiro, meus nervos um ninho de víboras em fúria. [...] Estou vendo que você se tornou neurastênico como eu. Estive assim por quatro meses, praticamente incapaz de me levantar à tarde, de escrever a menor carta. Meu médico tentou me tratar com arsênico e estricnina, mas sem grande sucesso. Para completar, estou com uma intoxicação por ter comido mariscos. Você bem vê que vida dolorosa e trágica tenho levado.[3]

E então, mais cortante e também mais explícito ainda, este trecho da carta que escreveu de Roma, algumas semanas depois, em 16 de abril de 1900, sete meses e meio antes de sua morte:

> Eu simplesmente não consigo mais escrever. É horrível demais, não de mim, mas para mim. É uma espécie de paralisia – um *cacoethes tacendi** – sob a forma como a doença me afeta.[4]

Quanto a Bosie, antes de ajudar seu antigo amante, que fora tão generoso para com ele na época de seu esplendor, continuava a dilapidar sua fortuna apostando em corridas de cavalo. Ao vê-lo de volta da Itália, fez dele um retrato que, por mais cruel que fosse, não deixava de conter um fundo de verdade, a respeito tanto de sua aparência física quanto de seu estado psicológico:

> Oscar não para de mendigar. Ele me enoja. Está mais e mais gordo, inchado, e sempre pedindo dinheiro, dinheiro, dinheiro. Está ficando cada dia mais preguiçoso. E, além disso, bebe demais. Ele me faz pensar numa velha prostituta obesa.[5]

Wilde, a quem um de seus amigos relatou de maneira descuidada essas palavras, ficou terrivelmente magoado. E confessou, devastado pela tristeza, a Frank Harris:

---

* Fúria para se calar. Por oposição à *scribendi cacoethes* (fúria para escrever) de Juvenal, *Sátiras* (VII, 52). Em latim, no original. (N.T.)

> Bosie me xingou de todos os nomes. Disse-me coisas horrendas. Nunca pensei que fosse possível sofrer mais do que sofri na prisão. Mas ele me deixou exangue![6]

Harris foi aliás o primeiro a se espantar, surpreso, ao visitá-lo em seu quarto do Hôtel d'Alsace, com a extrema negligência, mais ainda com a pobreza, na qual Wilde vivia agora:

> Ele tinha dois cômodos: uma saleta minúscula e um quarto adjacente ainda menor. Quando entrei, ele estava deitado seminu em sua cama. Os cômodos me passaram uma impressão bastante desagradável. [...] O que me chocou foi a desordem que reinava por toda parte: livros jogados pela mesa redonda, nas cadeiras e empilhados no chão. Aqui e ali um par de meias, lá um chapéu e uma bengala, e seu casaco largado de qualquer jeito. [...] Ele não vivia ali [...]. Simplesmente existia, sem projetos ou objetivos.[7]

Desse estado de miséria ao qual estava agora reduzido, apenas Wilde, que se sabia transformado nos restos de si mesmo, conhecia a causa profunda e o verdadeiro preço. Relembrando a dureza inumana de seus trabalhos forçados, seu aterrorizante "moinho de disciplina", confessou a Robert Ross:

> Algo morreu, assassinado, em mim. Não sinto mais nenhum desejo, nem mesmo o de escrever. É evidente que o primeiro ano que passei na prisão destruiu meu corpo e minha alma.[8]

A condessa Anna de Brémont, que fora próxima de Lady Wilde, não foi mais clemente para com ele do que Douglas e Harris. Um dia em que cruzou com ele em Paris, onde Oscar perambulava sozinho, a esmo, ao longo do Sena, também fingiu não o reconhecer – assim como Gide o fizera – tamanho seu choque quanto a seu estado de ruína. Vendo-a se esquivar, Wilde mesmo assim a interpelou, mais magoado do que ofendido, sem lhe dar tempo de mudar de calçada. Consternada, mas cumprimentando-o afinal, ela lhe perguntou então por que não escrevia mais. A resposta de Oscar Wilde, desolado, foi cortante e categórica:

> Não escrevo mais porque escrevi tudo o que tinha para escrever. Escrevia quando ainda não conhecia a vida. Mas agora que conheço seu sentido, não tenho mais nada a dizer. A vida não pode ser escrita. Só pode ser vivida. E vivi o suficiente![9]

E de fato, tendo se tornado quase um vagabundo, Wilde não viveria por muito mais tempo. Sua saúde deteriorava-se dia a dia. Suas forças diminuíam. Em 20 de novembro de 1900, dez dias antes de sua morte, fraco demais para pegar a caneta na mão, encheu-se de coragem para ditar ao marinheiro Maurice Gilbert uma última carta para Frank Harris – a derradeira de sua correspondência. Oscar anunciava-lhe, entre outras coisas, que estava "extremamente doente", já fazia "quase dez semanas" que estava "de cama".[10]

Era o tímpano de seu ouvido direito, aquele que machucara ao bater num banco da capela do presídio de Wandsworth, que lhe doía sem piedade. Desprovido de recursos financeiros, ele nunca pudera tratá-lo corretamente. Assim, sofrendo um martírio, sem forças e chegando a gritar de dor, acabou por se deixar operar – porém tarde demais – em 10 de outubro de 1900, cinco anos após o acidente. E, como se não bastasse, a operação foi realizada em seu desconfortável e frio quarto do Hôtel d'Alsace, onde o cirurgião, o dr. Paul Kleiss, não dispunha evidentemente do suporte necessário para proceder ao que chamamos hoje, em linguagem médica, de uma "paracentese".

No dia seguinte, 11 de outubro, sentindo a morte aproximar-se, Wilde mandou um telegrama para Ross pedindo que viesse vê-lo o quanto antes. E seu leal Robbie chegou de fato a Paris em 16 de outubro, data exata do aniversário de 46 anos do escritor. A partir desse momento, Ross praticamente não mais o deixou. Dedicou-lhe todo o seu tempo: tomava suas refeições no quarto com ele, levava sempre amigos para distraí-lo e animá-lo, como Reginald Turner e inclusive seu próprio irmão, Aleck Ross, que também acorrera à capital francesa. Até mesmo o bom Dupoirier, o proprietário do hotel, empenhava-se com energia para ajudá-lo e confortá-lo tanto quanto possível. Então, alertada por Carlos Blacker, chegou também a viúva de seu irmão Willie, Lily, acompanhada de seu novo marido, Alexander Teixeira de Mattos. Foi nessa ocasião que o simpático convalescente que procurava ser a despeito das dores incessantes soltou este chiste a tal ponto espirituoso, para além de sua tragédia, que a posteridade lembra-se dele, gravado ainda hoje numa placa sobre a fachada de sua última residência, como um dos mais famosos desse incomparável criador de aforismos que foi Oscar Wilde: "Estou morrendo acima de meus recursos!".[11]

Wilde, que desde a sua libertação, três anos antes, sobrevivera praticamente apenas graças à ajuda e à esmola de alguns amigos mais próximos, não tinha naquele momento nem um tostão no bolso. Ainda tentara recuperar, às vezes com um tom amargo, o dinheiro que ele mesmo emprestara a algum amigo no passado, mas sem grande sucesso. Tanto que nunca conseguiu pagar seu quarto de hotel, nem seu farmacêutico, nem tampouco seu enfermeiro, um certo Hennion que, todos os dias, vinha fazer um curativo em seu ouvido. Por causa de seu estado de fraqueza, este se infectara e sangrava continuamente e, apesar dos cuidados diários, começava agora a supurar de maneira alarmante.

Por fim, foi também visitá-lo, pela insistência de Ross, sua velha amiga Claire de Pratz, de quem publicara alguns artigos quando era editor da *Woman's World*, em Londres. Foi para ela – enquanto observava o horroroso papel de parede de seu quarto se soltar e cair em pedaços de uma parede decrépita, à maneira de sua própria vida – que Wilde soltou este derradeiro mas igualmente brilhante dito espirituoso, que também passaria à posteridade: "Será ele ou eu: doravante esse papel de parede e eu nos bateremos em um duelo de morte".[12]

Nesses últimos dias de outono, Wilde teve uma curta trégua em seu mal. Ele parecia passar melhor, e seu médico, o dr. Kleiss, constatou, de fato, uma leve melhora em seu estado. Assim, pouco mais de duas semanas após a operação, em 29 de outubro, sentindo um pouco de dificuldade para andar por causa da gota, Wilde pediu para Ross acompanhá-lo, segurando-o pelo braço, até um café próximo, situado entre Saint-Germain-des-Prés e o Quartier Latin. Ali, sem fôlego, ele insistiu em beber absinto, contra as ordens de seu médico: "Você vai se matar, Oscar. Sabe muito bem que o médico disse que absinto é um veneno para você!"[13], sentenciou Ross, cada vez mais preocupado com a saúde do amigo. Ao que Wilde, mais fatalista do que resignado, retorquiu de pronto, os olhos úmidos e a garganta presa: "E por que eu deveria viver?".[14]

Ross também constatou, assustado, o quanto Wilde estava encurvado e envelhecido, tão cansado, tão completamente sem energia. Por isso, não se mostrou surpreso ao encontrá-lo resfriado no dia seguinte, tossindo e tremendo, sentindo de novo uma dor violenta, aguda e lancinante no fundo do ouvido direito. Entretanto, o dr. Maurice Tucker, médico da embaixada da Grã-Bretanha, que foi então examiná-lo a pedido de Ross, sem que este lhe contasse a verdadeira identidade do paciente, insistiu em afirmar que o sr. Sebastian Melmoth, apesar do mal que sofria, podia sair ao ar livre se desejasse para respirar ar puro e arejar os pulmões! Assim, na tarde seguinte, 31 de outubro, Wilde aproveitou o relativo bom tempo para fazer um passeio de carruagem pelo Bois de Boulogne em companhia de Ross. Contudo, o passeio não durou muito, pois, sentindo vertigens e vítima de náuseas, Oscar teve que voltar rapidamente ao hotel.

Alguns dias depois, em 3 de novembro, Ross teve uma conversa com o enfermeiro Hennion. Este lhe perguntou se conhecia bem o sr. Melmoth ou sua família, porque sua doença era muito mais grave do que o dr. Tucker declarara, e a infecção desse ouvido purulento era apenas o sintoma de um mal muito mais pernicioso. Acreditava, portanto, que só lhe restavam uns três ou quatro meses de vida no máximo. Ross colocou então Tucker a par desse diagnóstico. Este, porém, obviamente incompetente, replicou, num tom evasivo e quase desdenhoso, que esse paciente só colocava sua vida em perigo porque bebia demais. É verdade que naquela época, mesmo doente, Wilde apenas bebia absinto, conhaque e champanhe! Quando na tarde seguinte Ross chegou ao quarto de seu amigo para lhe falar mais abertamente sobre seu estado de saúde, Oscar, muito agitado, quase histérico apesar de sua ansiedade, pediu que não lhe revelasse nada do que Tucker lhe confiara, pois sabia perfeitamente, insistiu, que não lhe restava muito a viver e isso, no fundo, pouco importava.

Preferindo mudar de assunto, abordou então uma questão que o vinha atormentando ultimamente: o montante exorbitante de suas dívidas, as quais chegavam, a julgar pela lista que escreveu, a um pouco mais de quatrocentas libras. Foi assim que, de súbito tomado de remorsos em relação a seus vários credores, pediu a Ross – que designara como herdeiro literário e testamenteiro – para pagá-las, tanto quanto possível, após sua morte. Do que seu amigo se encarregou pontualmente, a fim de não macular ainda mais sua memória, no dia seguinte ao seu enterro.

Para grande alívio de Ross, logo que essa conversa entre os dois amigos terminou, Reginald Turner entrou no quarto de Wilde. Este lhes contou então, sempre tão profético, que tivera um pesadelo horrível na noite anterior, no qual tinha "jantado com os mortos"![15] Ao que Turner, cujo humor negro era quase tão lendário quanto os brilhantes aforismos de Wilde, respondeu-lhe de pronto: "Meu caro Oscar, você foi provavelmente a vida e a alma da festa!".[16] O que teve decerto o mérito de relaxar um pouco a atmosfera, já que Wilde explodiu numa gargalhada ao ouvir essa resposta! Em seguida, de maneira igualmente abrupta, Wilde anuviou-se, preocupando-se em saber se Ross tinha ido ao cemitério do Père-Lachaise a fim de escolher um lugar para seu túmulo e, sobretudo, qual epitáfio seria adequado inscrever.

Afinal chegou, em 12 de novembro de 1900, o dia da partida de Robert Ross. Ele tinha que ir imperativamente, na manhã seguinte, para a Côte d'Azur, onde deveria instalar sua velha mãe paralítica na casa de campo. Acompanhado de

Reginald Turner, que o substituía sempre que possível para dar assistência ao moribundo, Ross foi então, tarde da noite, despedir-se de Wilde. Terrivelmente angustiado, porém sem mais nenhuma ligação com a realidade por conta da febre que começava a se apoderar dele, Oscar só conseguiu falar, num início de delírio, de suas enormes dívidas. Depois, de repente, enquanto Wilde se agitava cada vez mais, Dupoirier irrompeu no quarto. Trazia uma carta. Era um bilhete de Bosie, espantosamente afetuoso, ao qual anexara, depois que Ross lhe informou sobre a miséria na qual vivia seu antigo amante, um cheque de dez libras. Comovido pelo gesto, Wilde deixou algumas lágrimas rolarem. Então ergueu-se de pronto, saltando lépido de sua cama, e pôs-se a declamar num tom superexcitado, percorrendo o quarto de um lado para o outro, uma série de versos de seus poetas preferidos.

Enfim, por volta das dez e meia da noite, ele voltou a se deitar, coberto de suor, desidratado, retomou um discurso estranho, incoerente, e começou uma vez mais a se lamentar, a gemer e a chorar. Wilde sentia uma dor terrível no coração, assim como na cabeça! Seus ouvidos zuniam. Seu peito arquejava. Sua boca, cheia de aftas, estava seca. Sua língua, empastada. Seus gânglios, nos quais múltiplos abscessos se tinham formado, dilatavam. Seu pescoço inchava. Suas pálpebras intumesciam. Seus olhos, inflamados, pareciam sair das órbitas. Sua cabeça parecia queimar, como se o crânio fervesse. Ele estava ofegante, sedento, os lábios rachados. O mal crescia inexoravelmente. A infecção – uma septicemia – generalizava-se. As lesões expandiam-se. Sua pele já estava recoberta de pústulas violáceas, de tumores amarronzados e de inchaços roxos, impregnando-se como manchas de tinta num mata-borrão. Ele mordia e contorcia os dedos, com o maxilar enrijecido, os músculos atrofiados e os poros dilatados, para não urrar de dor.

Arrasado, mas sem suspeitar que estava vendo Wilde consciente pela última vez, Ross levantou-se para abraçá-lo e partir. Porém, ao pôr a mão na maçaneta da porta, Wilde, reunindo suas parcas forças, teve ainda a coragem de lhe murmurar estas palavras, mal-articuladas mas pungentes como a morte: "Robbie, procure um cantinho nas montanhas perto de Nice onde eu possa ir convalescer e onde você irá sempre me visitar".[17] Mesmo em seu leito de morte, Wilde sonhava! Essas foram as últimas palavras, pouco audíveis, que Ross o ouviu pronunciar.

Quando, na noite de 13 de novembro, Ross partiu, foi Turner quem assumiu o posto na cabeceira do moribundo. Febril e delirante, agitado por espasmos e respirando num ritmo inconstante, Wilde estava cada vez mais fraco. Tremia, transpirava, suava, arquejava, divagava, gemia, soluçava, sobressaltava-se, debatia-se, tossia, sufocava, vomitava, babava, espumava pela boca, cuspia sangue. Foi nessa hora que o dr. Kleiss, especialista em doenças infecciosas e venéreas, diagnosticou em seu paciente uma otite aguda, a qual, em consequência de uma sífilis que alcançara o terceiro grau de sua evolução, estava degenerando-se de maneira fulminante, como atestou a certidão de óbito, numa meningite combinada com encefalite: uma meningoencefalite, portanto.

Assim, ainda que o paciente viesse a se recuperar, o médico temia que seu cérebro já estivesse irremediavelmente comprometido. Em suma, Wilde estava ficando louco! Os antibióticos não surtiam nenhum efeito. As injeções de morfina e as doses de ópio que o enfermeiro lhe aplicava para acalmar a dor não serviam mais para nada. Era inútil até mesmo a hospitalização. Não se podia mais salvá-lo. Ele estava perdido!

Em 26 de novembro, quatro dias antes de sua morte, os médicos, Kleiss e Tucker, declararam que não havia mais esperança. Pior: ele não tinha mais do que dois dias de vida, no máximo, insistiram, afirmando ao mesmo tempo que o paciente já não compreendia mais nada do que diziam a ele, pois praticamente perdera a consciência. Dupoirier dirigiu-se então a Turner para inquirir sobre as formalidades a realizar em caso de falecimento do sr. Melmoth. Ele tinha mulher? Filhos? Uma família? E, em caso positivo, deveriam ser avisados? Mas onde, em que cidade, em que país? Era católico ou protestante? Deveriam chamar um padre para lhe dar a extrema-unção ou um pastor para ler o Evangelho? Turner, que não conhecia Wilde tão intimamente quanto Ross, não sabia o que responder. Em 27 de novembro, desamparado, acabou por enviar um telegrama urgente para Ross: "estado quase desesperado".[18] Ross, que mais uma vez só seguiu seu coração, tomou o primeiro trem e chegou na manhã seguinte, às dez e meia, em Paris. Entrando precipitado no quarto, ainda no Hôtel d'Alsace, Ross foi tomado de terror à visão do amigo, cujo aspecto exterior, em poucos dias apenas, mudara de maneira impressionante: estava "absolutamente magro, lívido, sem fôlego nenhum".[19] Além de um cataplasma sobre a ferida, haviam-lhe aplicado ventosas de cada lado da cabeça, para ajudar a abaixar a pressão sanguínea, assim como um saco de gelo sobre a fronte para atenuar a dor e fazer a temperatura cair.

Apesar de tudo, Wilde ainda recuperava de tempos em tempos uma relativa consciência. Assim, adivinhando em seu sono que Ross estava ali e sentindo de modo confuso que várias pessoas se atarefavam a sua volta, ele tentou desesperadamente falar. Mas nenhum som saía de sua boca, como se estivesse sufocando, asfixiado. E quando Ross perguntou-lhe se compreendia o que dizia, como resposta ele só conseguiu lhe dar, com os olhos alterados e os lábios azulados, um vago sinal, apertando-lhe a mão. Ross percebeu então que Wilde – encharcado, queimando, extenuado – estava a ponto de entregar a alma.

Desse modo, em 29 de novembro de 1900, vendo que a morte do amigo era iminente, Ross, que era católico, saiu afoito à procura de um padre. Porém, demorou a encontrar, pois todos repugnavam a ideia de dar os últimos sacramentos ao endemoniado Oscar Wilde, mesmo em agonia. De fato, até mesmo entre os homens da Igreja, muitos foram os que – talvez por terem lido mal o bastante cristão Dostoiévski – julgaram seu pretenso castigo na medida de seus supostos crimes!

Com imensas dificuldades e depois de grandes esforços, Ross conseguiu encontrar um voluntário: o padre Cuthbert Dunne, natural de Dublin, assim como Wilde, e ligado à Igreja Passionista de São José, na Avenue Hoche. Foi ele quem ministrou a Wilde – embora o moribundo não pudesse receber a eucaristia – o batismo sob condição e, simultaneamente, a absolvição e a extrema-unção. Após tantas tergiversações ao longo de toda a sua vida, Oscar acabou por morrer, conforme seus desejos de juventude, coroado na fé católica, assim como Baudelaire.

Naquele dia, o penúltimo de Wilde, Ross e Turner decidiram, de modo a poder velá-lo até o final, alugar um quarto no andar de cima do Hôtel d'Alsace. Chamaram então uma enfermeira para ficar continuamente à sua cabeceira – a qual foi acordá-los duas vezes naquela noite, pensando que o sr. Melmoth expirava. Por fim, em 30 de novembro de 1900, por volta das cinco horas da manhã, a agonia propriamente dita começou, quando ele já estava num estado de coma avançado. Ela durou até a tarde, nove horas sofridas ao extremo! Eis como Robert Ross, testemunha ocular dessa morte abominável, a relata, na longa e pungente carta que escreveu duas semanas depois, em 14 de dezembro de 1900, a More Adey:

> [Reggie] e eu passamos a noite no Hôtel d'Alsace num quarto do andar de cima. A enfermeira veio nos chamar duas vezes pensando que Oscar estava morrendo. Às cinco e meia da manhã, ele mudou completamente. Seus traços se alteraram, e creio que começou o que chamamos de estertor da morte. Mas eu nunca ouvira nada igual. Soava como o horrível ronco de uma manivela e não parou até o final. Seus olhos não respondiam mais ao teste de luz. Espuma e sangue escorriam de sua boca, que tinha que ser limpa por alguém perto dele o tempo todo. Ao meio-dia, saí para buscar comida, deixando Reggie montar guarda. Ele saiu ao meio-dia e meia. A partir da uma hora não deixamos mais o quarto. O doloroso ronco da garganta tornou-se cada vez mais forte. [...] Às quinze para as duas, o ritmo de sua respiração mudou. Fui à sua cabeceira e segurei-lhe a mão. Seu pulso estava irregular. Ele soltou um suspiro profundo: o único natural que eu ouvira desde a minha chegada. Seus membros se retesaram como que independentemente de

sua vontade. Seu sopro se enfraqueceu. Ele morreu exatamente às dez para as duas da tarde.[20]

Foi assim que, em 30 de novembro de 1900, o genial e extravagante Oscar Wilde, um dos maiores escritores do século XIX, senão de toda a história da literatura, morreu, aos 46 anos, em meio aos piores sofrimentos, ao anonimato total e à miséria mais absoluta, num quartinho decrépito e gelado de um sórdido hotel parisiense.

Mesmo na morte, o calvário de Wilde não parecia ter acabado: mal expirou, e os humores começaram a jorrar de todos os seus orifícios. Seu corpo, que a podridão começara a invadir, transpirava por toda parte. Era tamanho o fedor insuportável que exalava de suas entranhas, que Ross e Dupoirier tiveram de tapar o nariz para lavar o cadáver e vesti-lo. Como vestimenta mortuária, colocaram nele uma simples camisola branca, já que em seu estado de extrema indigência faltavam-lhe até mesmo roupas. O cúmulo para o impecável dândi sempre nos trinques que fora antes da decadência!

Mas, felizmente, após seu corpo ter sido limpo, perfumado e preparado, Wilde recobrou instantaneamente toda a sua dignidade, beleza e juventude, talvez até mesmo sua graça, à imagem de Dorian Gray quando se suicidou. O personagem de seu romance mais famoso expiou então, de uma só vez e para a eternidade, todos os seus pecados e crimes após ter destruído, atormentado de remorsos e guiado pelo arrependimento, seu próprio retrato. "Fico feliz em dizer que o querido Oscar tinha a aparência calma e digna, assim como quando saiu da prisão, e não havia nada de horrível em seu corpo depois que foi lavado"[21], Ross esclareceu após aquela mórbida porém necessária descrição de sua agonia, na carta que escreveu a Adey.

Então, seguindo o rito funerário católico, Dupoirier, Turner e Ross vestiram o defunto com a mortalha, conforme Robbie relatou um pouco mais adiante a Adey:

Passamos em torno de seu pescoço o rosário benzido que você me deu. Sobre o peito, uma medalha de São Francisco de Assis, oferecida por uma das freiras, e algumas flores colocadas por mim e por um amigo anônimo que as depositou em nome dos filhos, embora não creio que eles saibam da morte do pai. É claro que também havia as tradicionais velas, o crucifixo e a água benta.[22]

O padre Dunne colocou um rosário entre seus dedos, cruzados sobre o peito, ungiu com óleo sagrado, símbolo de perdão para os pecados do morto, suas mãos e seus pés, e então, recitando uma última Ave-Maria e um último Pai-Nosso, jogou sobre o corpo, que fora coberto com um lençol branco, ramos simbolizando a paz e a virgindade.

Chegou em seguida o momento mais doloroso de todos: o de colocar o cadáver no caixão, o que, segundo Gesling, o encarregado pelos funerais da embaixada da Grã-Bretanha, não deveria demorar muito considerando seu estado de decomposição precoce. Na mesma noite, às oito e meia, dois coveiros chegaram para fechar o ataúde. Maurice Gilbert, tomado de emoção, teve ainda tempo de tirar um último retrato de Wilde, a pedido de Ross, o qual ficou desfocado e escuro. Nem mesmo o flash, repentinamente em pane no ápice dessa sombria tragédia, conseguiu iluminar uma última vez aquele que, tão luminoso em outros tempos sob o clarão dos holofotes e o incessante clique dos fotógrafos, fulgurava "de ouro e púrpura" – como ele mesmo se descreveu um dia – quando era cercado de glória, brilho e esplendor.

Quando Ross e Dupoirier chegaram à prefeitura para realizar a sinistra tarefa de fazer a declaração de óbito, esta se revelou mais delicada do que o previsto. Colocou-se então a desconcertante questão a respeito da verdadeira identidade desse personagem! Iriam declará-lo, no registro de estado civil, com o nome falso de Sebastian Melmoth, o único que Dupoirier conhecia, ou com o nome oficial de Oscar Wilde, o único que Ross reconhecia? Optaram é claro, por evidentes razões de ordem biográfica, senão ainda históricas, pelo de Oscar Wilde. Entretanto, quando os funcionários administrativos ouviram pronunciar esse nome ainda pestífero do antigo condenado, a Brigada Criminal achou por bem, suspeitando de um suicídio ou até mesmo de um assassinato, realizar uma autópsia no cadáver. O que Ross evitou por pouco, conseguindo convencer os inspetores de polícia do contrário após intermináveis conversas e negociações de toda espécie, regadas a bebida.

Assim, foi apenas na segunda-feira, 3 de dezembro de 1900, numa manhã acinzentada e melancólica de outono, que o funeral de Wilde enfim aconteceu: um enterro de "sexta classe", o último antes da vala comum na hierarquia social dessa espécie de evento no mínimo lúgubre.

O magro cortejo fúnebre partiu da Rue des Beaux-Arts às nove horas, percorrendo um curto trajeto em direção à igreja de Saint-Germain-des-Prés. Um cortejo que apenas nove pessoas seguiram lentamente a pé e sob uma leve garoa: Ross, Turner, Dupoirier, um certo Jules Patuel (o único criado do Hôtel d'Alsace), dois enfermeiros (um deles Hennion), Maurice Gilbert e mais dois desconhecidos. Na igreja, cujo público era escasso, esperavam, no total, 46 pessoas (incluindo padres, vigários e sacristãos), dentre as quais Alfred Douglas, que reapareceu finalmente, a esposa de Stuart Merrill, Henry Davray, Léonard Sarluis e, para a grande surpresa de Ross, Paul Fort, o único representante do mundo literário francês. Somente uma missa calada, pronunciada diante do altar do abside com a leitura breve de uma passagem da Bíblia pelo padre Cuthbert, foi realizada no que parecia apenas de modo vago um ofício religioso.

Depois de meia hora, o cortejo seguiu sob a bruma e o vento para o cemitério de Bagneux, no qual Ross – que não conseguira lhe oferecer as honras do Père-Lachaise – alugara em seu nome, na espera de algo melhor, uma concessão temporária onde inumá-lo. Demorou uma hora e meia desde Paris para que chegassem ao cemitério o coche e os três carros que Ross reservara para isso. No primeiro, estavam o padre Cuthbert e seu acólito; no segundo, Ross, Turner, Dupoirier e Douglas; no terceiro, a sra. Merrill, Davray, Sarluis e Paul Fort. Um quarto carro, no qual se acomodaram alguns desconhecidos, os seguiu. Por fim, o cortejo alcançou o local da sepultura de Wilde, onde os coveiros esperavam, e foram depositadas 22 coroas de flores naturais, trazidas ou enviadas pelos amigos mais próximos, das quais uma em nome de seus dois filhos, Cyril e Vyvyan, uma em nome do *Le Mercure de France* e uma no de Douglas. Dupoirier, que se dedicou de corpo e alma a satisfazer as últimas vontades de Wilde, sem nunca receber nada por isso, ofereceu uma horrenda porém comovente coroa de falsas pérolas de plástico na qual inscreveu as simples palavras: "A meu locatário".[23] Ross colocou sobre o caixão uma coroa de louros – em memória do amor que o jovem Wilde devotava à Grécia antiga –, a qual exibia, além do nome daqueles que lhe testemunharam amizade por ocasião de seu encarceramento, a seguinte inscrição: "Em homenagem a suas conquistas e seus sucessos literários".[24]

Quando o ataúde desceu para dentro da cova, os coveiros cobriram a sepultura com uma modesta lápide vertical em cuja pedra Ross mandara gravar este versículo extraído do capítulo XXIX do *Livro de Jó*, que Wilde aprendera de cor quando estava em Reading: "*Verbis meis addere nihil audebant et super illos stillabat eloquium meum*".*

Pronto, Oscar Wilde se fora! Contudo, desse modesto mas abissal descanso dos mortos, parecia ainda retumbar sobre a terra ingrata, mais forte do que o Nada, sua bela e profunda voz, tal qual a de Cristo na cruz. O mesmo Cristo com quem se identificou em *De profundis* e que passou a venerar quando compreendeu o indizível preço do sofrimento, o insondável sentido do sacrifício.

---

* "Havendo eu falado, não replicavam/ as minhas palavras caíam sobre eles como orvalho." Em português, na versão revista e atualizada de João Ferreira de Almeida. (N.T.)

Post-mortem

A Morte não é um deus. É apenas a serva dos deuses.

Oscar Wilde,
A santa cortesã[1]

Oscar Wilde estava, portanto, morto e enterrado. Fora fulminado por uma meningoencefalite provocada por uma infecção do ouvido a tal ponto aguda, em consequência da devastação da sífilis, que – nova ironia do destino – seu próprio pai, Sir William Wilde, o maior cirurgião do aparelho auditivo de seu tempo, não teria podido fazer nada para salvá-lo caso estivesse vivo. E, contudo, se conquistara por fim a paz da alma, Oscar não encontrou, mesmo em seu túmulo, o repouso eterno!

Ainda era preciso arranjar para ele, a fim de realizar seu desejo durante a agonia, um lugar mais adequado à sua grandeza do que o modesto cemitério de Bagneux e, sobretudo, um monumento funerário mais digno de seu gênio.

Oito anos após sua morte, em 1º de dezembro de 1908, nos belos salões do Hôtel Ritz em Londres, onde mais de duzentos convidados afluíram para celebrar o lançamento das *Obras completas* editadas por Robert Ross, esse último anunciou que o corpo de Oscar Wilde seria logo transferido para o cemitério do Père-Lachaise, em Paris, assim que estivesse concluída a construção de seu novo túmulo.

Um rico doador anônimo – cuja identidade só veio a ser conhecida muito mais tarde: Helen Carew – era o responsável por financiar essa operação, declarou ainda Ross. E, de fato, pouco tempo antes esse generoso mecenas lhe dera para esse fim um cheque de duas mil libras: quantia realmente considerável para a época.

Alguns meses depois, Will Rothenstein pensou no escultor Jacob Epstein para a criação de um mausoléu que deveria ser também uma obra de arte. Sensibilizado com a honra que lhe faziam, Epstein aceitou a proposta. Por conhecer bastante bem a poesia de Wilde – podia recitar alguns versos de "A esfinge" – e por ser ele próprio um entusiasta da egiptologia, imaginou um grande túmulo ornado com essa figura mítica. Assim, em setembro de 1911, o escultor foi para uma cantaria de mármore do Derbyshire, e mandou talharem um monólito de vinte toneladas que enviou para seu ateliê de Londres. Nove meses mais tarde, em junho de 1912, a obra estava pronta. Ela representava uma esfinge alada cujo rosto lembrava os traços de Wilde, com seus lábios grossos, sua boca carnuda porém cinzelada com perfeição, suas pálpebras pesadas e seu ar infinitamente pensativo. Mais do que isso: o escultor acrescentou a ela, nu e perfeitamente visível, um sexo masculino – como para lembrar a homossexualidade do escritor, pela qual fora condenado!

Quando esse monumento funerário chegou ao Père-Lachaise em julho de 1912, ele fez gravar, como epitáfio, estes quatro versos da última obra do autor, "A balada da prisão de Reading", que ilustram de maneira exemplar a vida de Wilde em seus últimos anos:

> Por ele se encherá de alheia lágrima
> A urna partida da compaixão,
> Porque por ele chorarão os réprobos,
> Os réprobos que sempre choram.[2]

O corpo de Wilde fora exumado da pequena sepultura do cemitério de Bagneux de modo a ser transferido, em 20 de julho de 1909, após muitas outras peripécias ainda, para o Père-Lachaise, dessa vez para um túmulo bem mais significativo.

Porém, como se o destino já não o tivesse perseguido o suficiente quando vivo, uma última desventura, particularmente macabra, ocorreu durante essa exumação. Chovia e ventava forte naquele dia: uma dessas tempestades súbitas e violentas, na qual raios cortavam o céu escuro e trovões pareciam querer explodir a paisagem, como apenas os verões mais tórridos conhecem às vezes. Quando os coveiros descobriram a sepultura, após terem aberto a cova, um pedaço encharcado da terra escavada despencou, fazendo a lápide desmoronar pesadamente sobre o caixão, que se fragilizara com o tempo, visto que desde a origem já não era de boa qualidade, dada a pobreza de seu dono. Em seguida, a madeira da tampa despedaçou-se sob o peso da pedra e o caixão quebrou-se com o choque, de modo que, antes que a terra recaísse sobre ele, o rosto decomposto de Wilde apareceu por um breve momento, como um fantasma, à vista das pessoas que foram assistir, diante do buraco aberto, a esse evento. Solenidade que em princípio deveria representar sua transferência para o Père-Lachaise, se o destino não tivesse persistido em se enfurecer contra o poeta até mesmo depois de sua morte. Isso foi interpretado, pelo padre que benzia o corpo semidesfeito, cujos ossos se deslocaram e cuja carne se desmantelou então irremediavelmente, como o último gesto de contrição, para não dizer o derradeiro ato de penitência, da parte desse incorrigível ímpio diante do Eterno! Enfim, como o miserável caixão foi destruído por completo, os restos mortais de Wilde, que foram envolvidos então numa mortalha, tiveram que ser colocados num outro ataúde, mais resistente!

Outro desastre, agora referente ao mausoléu de Epstein. Como as formalidades tomaram mais tempo do que o previsto, foi preciso esperar o mês de setembro de 1912, ou seja, dois meses após sua chegada a Paris, para que ele pudesse enfim ser instalado acima do novo e definitivo túmulo de Wilde. E isso depois que um comitê de censura tivesse mandado que o cobrissem com uma lona a fim de esconder esse sexo impudico da esfinge.

É nesse túmulo – no qual Robert Ross exigiu por testamento que depositassem, num nicho especialmente construído para esse fim, suas próprias cinzas quando morresse, o que aconteceu em 5 de outubro de 1918 – que repousa desde então, finalmente em paz e para toda a eternidade, Oscar Wilde, cujo derradeiro desejo terá sido realizado.

No entanto, a consagração propriamente dita de Wilde aconteceu em 1905, pois esse ano foi marcado por três grandes acontecimentos: a publicação, em fevereiro, embora numa edição expurgada, de *De profundis*; a estreia em Londres, no dia 10 de maio, da versão inglesa de *Salomé*; e a montagem em Dresden, no dia 9 de dezembro, da ópera epônima de Richard Strauss. A grande atriz Eleonora Duse, inspiradora de Gabriele D'Annunzio, também pensou em interpretar esse papel feminino nos palcos italianos nessa época, mas o projeto nunca chegou a se concretizar.

Já a reabilitação definitiva de Wilde só veio a acontecer verdadeiramente, em seu país natal, em 14 de fevereiro de 1995, ou noventa anos após sua morte, e um século, dia após dia, depois da estreia de *A importância de ser prudente*. Nessa data, foi inaugurado com grande pompa, ao som da voz de Sir John Gielgud recitando trechos de *De profundis*, no transepto sul desse santuário sagrado entre todos que é a abadia de Westminster, ali mesmo onde acontece o coroamento dos reis e das rainhas da Inglaterra, um vitral à sua efígie: uma maneira de honrar para sempre, como os mais ilustres escritores do reino, sua memória.

Uma memória de que o douto Jorge Luis Borges soube saudar, melhor do que ninguém, o justo valor quando escreveu em *Enquêtes*: "Wilde, um homem que, apesar do hábito do mal e do infortúnio, guarda uma invulnerável inocência".[3] Conclui em sua homenagem:

> Wilde é um desses seres afortunados que não precisam ser aprovados pela crítica nem mesmo às vezes pelo leitor: o prazer que suas obras nos fornecem é irresistível e constante.[4]

Certa vez, Oscar Wilde disse que "deveríamos viver como se a morte não existisse e morrer como se nunca tivéssemos vivido"[5]. Que ele possa ser finalmente feliz, por séculos e séculos, onde repousa agora ao lado de seus semelhantes!

ANEXOS

Cronologia

1854. *16 de outubro*: nasce em Dublin, na Westland Row, 21, na burguesia irlandesa protestante, Oscar Fingal O'Flahertie Wills Wilde, segundo filho de William Robert Wilde, eminente cirurgião, e de Jane Frances Elgee, poetisa nacionalista.

1855. A família muda-se para o Merrion Square, 1. Wilde conhece Shaw e Yeats nessa casa.

1864-1871. Estuda na Portora Royal School de Enniskillen.

1867. *Agosto*: temporada em Paris. Férias escolares na residência familiar de Moytura.

1871-1874. Realiza seus estudos secundários no Trinity College, em Dublin. Segue as aulas de letras clássicas do reverendo Mahaffy. Lê Byron, Shelley, Keats e Swinburne.

1874. *Outubro*: ingressa no Magdalen College, Oxford. Frequenta os cursos de Walter Pater e John Ruskin.

1875. *23 de fevereiro*: entra para a franco-maçonaria (loja maçônica de Apolo da Universidade de Oxford).

15 a 24 de junho: viaja pela Itália.

1876. *19 de abril*: morte de Sir William Wilde, pai de Oscar.

1877. *Março e abril*: temporada na Itália. Viagem para a Grécia. Volta por Roma, onde, seduzido pelo catolicismo, é recebido pelo papa Pio IX.

1878. *Fevereiro ou março*: contrai sífilis de uma prostituta londrina.

28 de novembro: com o diploma de Bacharel em Artes, completa brilhantemente seus estudos em Oxford.

1879. *Outono*: instala-se em Londres, na Salisbury Street, 13. Dândi, frequenta grandes escritores e artistas, dentre os quais Whistler. Descobre os pré-rafaelitas.

1880. *2 de junho*: conhece Sarah Bernhardt em Londres.

Agosto: muda-se para a Tite Street, 1, onde escreve sua primeira peça: *Vera ou os niilistas*.

1881. *30 de junho*: publicação de sua coletânea intitulada *Poemas*.

1882. *Janeiro a dezembro*: faz uma turnê de conferências nos Estados Unidos sobre o estetismo. Encontra-se com Walt Whitman.

1883. *Janeiro a maio*: temporada em Paris, onde redige *A duquesa de Pádua*. Encontra-se com diversos escritores "decadentes", entre os quais Verlaine e Proust. Vai à casa de Victor Hugo; frequenta os impressionistas.
Julho: muda-se para a Charles Street, 9.
20 de agosto: estreia de *Vera ou os niilistas* em Nova York. Fracasso completo.
24 de setembro: começa uma turnê de conferências pela Grã-Bretanha.

1884. *29 de maio*: casamento, em Londres, com Constance Lloyd.
Maio a junho: viagem de núpcias a Paris. Descobre *Às avessas*, de Huysmans; lê Baudelaire, Gautier, Flaubert, Balzac, Stendhal e Barbey d'Aurevilly.

1885. *1º de janeiro*: Oscar e Constance mudam-se para a Tite Street, 16, em Chelsea.
5 de junho: nasce seu primeiro filho, Cyril.

1886. Conhece Robert Ross, sua primeira relação verdadeiramente homossexual e seu futuro herdeiro literário.
3 de novembro: nasce seu segundo filho, Vyvyan.

1887. *18 de maio*: assume a direção da revista feminina *Woman's World*.

1888. *Maio*: publicação de *O príncipe feliz e outros contos*.

1889. *Julho*: publicação da novela *O retrato de Mr. W.H.*
Outubro: pede demissão do cargo de editor da *Woman's World*.

1890. *20 de junho*: publicação, na *Lippincott's Monthly Magazine*, da primeira versão de *O retrato de Dorian Gray*.

1891. *26 de janeiro*: estreia, em Nova York, com o título de *Guido Ferranti*, de *A duquesa de Pádua*. Novo fracasso.
Fevereiro: publicação de *A alma do homem sob o socialismo*. Conhece Mallarmé em Paris.
24 de abril: publicação, em sua versão definitiva e em livro, de *O retrato de Dorian Gray*.

2 de maio: publicação de *Intenções*, coletânea de quatro ensaios: "A decadência da mentira", "Pena, lápis e veneno", "O crítico como artista", "A verdade das máscaras".
Junho: conhece o jovem Lord Alfred Douglas, Bosie, por quem se apaixona.
Julho: publicação de *O crime de lorde Artur Savile e outras histórias*.
Julho a setembro: escreve, no Lake District, *O leque de Lady Windermere*.
Novembro: publicação da coletânea de contos *Uma casa de romãs*.
Novembro e dezembro: temporada em Paris, onde escreve, em francês, *Salomé*.
27 de novembro: conhece André Gide.

1892. *20 de fevereiro*: estreia triunfante, em Londres, de *O leque de Lady Windermere*. Wilde torna-se rico e famoso.
Junho: *Salomé* é censurada, na Inglaterra, pelo Lorde Chanceler.
Agosto e setembro: redige, na costa de Norfolk, *Uma mulher sem importância*.
Novembro: conhece, no Café Royal de Londres, o marquês de Queensberry, pai de Bosie. Instala-se em Babbacombe Cliff. Bosie reúne-se a ele.

1893. *22 de fevereiro*: publicação, em francês, de *Salomé*.
5 de março: deixa Babbacombe Cliff. Aventuras com jovens prostitutos num bordel clandestino da Little College Street, 13.
19 de abril: estreia, em Londres, de *Uma mulher sem importância*. Sucesso retumbante.
Junho a outubro: instala-se em Goring-on-Thames, onde começa a redação de *Um marido ideal*. Após uma ruptura provisória com Bosie, mora na St. James's Place, 10 e 11, em Londres, onde acaba de escrever a peça.

1894. *9 de fevereiro*: publicação da tradução inglesa de *Salomé*.
Março: temporada em Paris, onde reata com Bosie no dia 30.
1º de abril: almoço dos dois amantes no Café Royal, em Londres. Queensberry, furioso, profere ameaças contra Wilde, a quem assedia e manda espionar.
11 de junho: publicação de "A Esfinge".

Agosto e setembro: instala-se em Worthing, onde escreve *A importância de ser prudente*.
Outubro: temporada em Brighton, onde Bosie, após uma briga violenta, esteve a ponto de matar Wilde.
Novembro: publicação de "A Few Maxims For The Instruction Of The Over-Educated".
Dezembro: publicação de "Frases e filosofias para uso da juventude". Wilde e Bosie instalam-se no Savoy Hotel de Londres. Wilde recusa-se a voltar ao domicílio conjugal.

1895. *3 de janeiro*: montagem, em Londres, de *Um marido ideal*.
Janeiro e fevereiro: Viagem, acompanhado de Bosie, a Argel e Blida, onde encontra Gide.
14 de fevereiro: estreia triunfante, em Londres, de *A importância de ser prudente*.
28 de fevereiro: encontra em seu clube, o Albemarle, um cartão de visitas de Queensberry acusando-o de "passar por somdomita" (sic).
1º de março: denuncia Queensberry por difamação.
9 de março: Queensberry comparece diante do tribunal de Old Bailey, em Londres.
5 de abril: Queensberry é absolvido. As custas do processo recaem sobre Wilde, que está inadimplente. Queensberry denuncia Wilde, o qual é levado à prisão de Holloway, onde permanecerá detido por um mês.
6 de abril: abertura, diante do tribunal de Bow Street, do primeiro processo de Wilde.
24 de abril: os credores exigem sua falência; leilão de todos os seus bens.
26 de abril: abertura, diante da Corte Criminal de Old Bailey, de seu segundo processo.
1º de maio: o júri não consegue entrar em acordo quanto à sua culpa. O processo é anulado e terá que começar novamente.
7 de maio: liberdade provisória de Wilde após pagamento de fiança.
20 de maio: abertura, no Old Bailey, de seu terceiro e último processo.
25 de maio: condenação, por atentado ao pudor, a dois anos de prisão com trabalhos forçados; ele é transferido para a prisão de Newgate.

28 de maio: encarceramento no presídio de Pentonville, onde é submetido ao regime do "moinho de disciplina".

Junho: Constance e seus filhos, Cyril e Vyvyan, partem para a Suíça, onde, após sentirem o peso do nome "Wilde", devido a constantes afrontas, eles são obrigados a mudar de patrônimo. Adotam o de "Holland", segundo nome de Otho Lloyd, irmão de Constance.

4 de julho: Wilde é transferido para a prisão de Wandsworth.

25 de setembro: o tribunal de falências declara a liquidação de seus bens.

13 de outubro: Wilde, cuja saúde está muito deteriorada, desmaia e cai na capela de Wandsworth, ferindo seu ouvido direito.

12 de novembro: é encaminhado ao tribunal para ouvir a notificação de sua ruína. Sua tragédia acentua-se.

20 de novembro: transferência à prisão de Reading, onde recebe o número de matrícula C.3.3.

1896. *3 de fevereiro*: morte de Lady Wilde, mãe de Oscar.

11 de fevereiro: montagem, em Paris, de *Salomé*.

7 de julho: enforcamento, na prisão de Reading, de Charles Thomas Woolridge. Esse episódio inspira "A balada da prisão de Reading" a Wilde.

Lê a *Vida de Jesus*, de Renan, e *A divina comédia*, de Dante. Conversão ao cristianismo.

1897. *Janeiro a março*: escreve *Epistola: in carcere et vinculis*, confissão epistolar dirigida a Bosie, mais bem conhecida sob o título *De profundis*.

Fevereiro: Constance desiste do divórcio, mas obtém a tutela, compartilhada com seu primo Adrian Hope, de seus filhos. Isso equivale, para seu marido, à destituição de seus direitos paternos.

17 de maio: assina o ato de separação de Constance.

19 de maio: libertação de Wilde. Ele deixa a Inglaterra, para onde nunca mais voltará. Destituído de todos os seus diretos e bens, banido e exilado, sua miséria é total.

20 de maio: chega a Dieppe. Passa a usar o nome de Sebastian Melmoth, personagem de um romance, *Melmoth, o viandante*, de Charles Maturin, marido de sua tia-avó.

26 de maio: deixa Dieppe para se instalar em Berneval-sur-Mer.

Julho a setembro: escreve, em Berneval, "A balada da prisão de Reading", sua última obra.

28 ou 29 de agosto: encontro com Bosie, que está de partida para Nápoles, em Rouen.

15 de setembro: Wilde deixa Berneval para Paris e depois segue para a Itália.

20 de setembro: chegada em Nápoles, onde se encontra com Bosie.

27 de setembro: Wilde e Bosie instalam-se na Villa Giudice. Wilde dá os últimos retoques em "A balada da prisão de Reading".

Fim de outubro, início de novembro: Bosie abandona Wilde definitivamente, e este permanece sozinho em Nápoles.

1898. *Fevereiro*: retorna, exaurido, a Paris.

1º de fevereiro: publicação de "A balada da prisão de Reading", cujo autor, anônimo, é identificado pela matrícula C.3.3.: a de Wilde em Reading.

28 de março: instala-se no modesto Hôtel d'Alsace. Tomado pela depressão, não escreve mais.

7 de abril: morte de sua esposa, que voltara a se chamar Constance Lloyd, em Gênova.

1899. *Abril*: temporada na Riviera italiana, onde visita o túmulo de Constance.

Maio: retorno a Paris, onde passa a viver, novamente instalado no Hôtel d'Alsace, sem rumo e torna-se alcoólatra. Conhece Toulouse-Lautrec, Diaghilev, Rodin e Alfred Jarry.

1900. *10 de outubro*: pobre e doente, é submetido, em seu quarto de hotel, a uma operação no tímpano, sequela de sua queda na capela de Wandsworth.

Outubro e novembro: a ferida de seu ouvido infecciona; ele sofre de uma otite aguda. Sentindo a proximidade da morte, ele solta este derradeiro aforismo: "Estou morrendo acima de meus recursos!".

30 de novembro: Oscar Wilde, cuja otite degenerou numa meningoencefalite em razão de uma recrudescência da sífilis que contraíra em sua juventude, morre na miséria, aos 46 anos, após uma longa agonia, durante a qual recebe a extrema-unção, no Hôtel d'Alsace.

3 de dezembro: é sepultado, num enterro de "sexta classe", no cemitério de Bagneux.

1905. *Fevereiro*: publicação, em versão expurgada, de *De profundis*.
10 de maio: estreia, em Londres, da versão inglesa de *Salomé*.

1909. *20 de julho*: os restos de Wilde são transferidos para o cemitério parisiense do Père-Lachaise.

1912. *Setembro*: o monumento funerário do escultor Jacob Epstein é instalado sobre o seu túmulo.

Referências

OBRAS DE OSCAR WILDE

EM PORTUGUÊS

Obra completa. Trad. Oscar Mendes. Rio de Janeiro: Nova Aguilar, 1995. (1ª ed.1961)

DA L&PM EDITORES

O retrato de Dorian Gray. Trad. José Eduardo Ribeiro Moretzsohn. Porto Alegre: L&PM, 2009.

De profundis. Trad. Júlia Tettamanzy e Maria Angela Saldanha Vieira de Aguiar. Porto Alegre: L&PM, 2009.

A alma do homem sob o socialismo. Trad. Heitor Ferreira da Costa. Porto Alegre: L&PM, 2009.

O fantasma de Canterville e outras histórias. Trad. Beatriz Viégas-Faria e outros. Porto Alegre: L&PM, 2008.

EM INGLÊS

Complete Works of Oscar Wilde. Org. Merlin Holland. Londres-Glasgow: Harper Collins, 1970, 1994 e 1999.

The Complete Letters of Oscar Wilde. Org. Merlin Holland e Rupert Hart-Davis. Nova York: Holt, New York, 2000.

EM FRANCÊS

Œuvres. Org. Jean Gattégno; intr. Pascal Aquien. Paris: Gallimard, 1996. (Col. Bibliothèque de la Pléiade)

Lettres. Paris: Gallimard, 1994.

La Critique créatrice. Bruxelas: Complexe, 1989.

DA EDITORA GALLIMARD, NAS COLEÇÕES FOLIO

La Ballade de la geôle de Reading précédé de Poèmes. Trad. Paul Bensimon e Bernard Delvaille. Paris: Gallimard, 2005. Col. Folio 2 euros. (Textos extraídos de *Œuvres*. Paris: Gallimard, 1996)

Le Crime de Lord Arthur Savile et autres contes. Trad. Léo Lack. Paris: Gallimard, 1975. Col. Folio.

Le Crime de Lord Arthur Savile/Lord Arthur Savile's Crime. Trad., prefácio e notas François Dupuigrenet Desroussilles. Paris: Gallimard, 1994. Col. Folio bilingue.

L'Éventail de Lady Windermere. Trad. Jean-Michel Déprats; org. Gisèle Venet. Paris: Gallimard, 2001. Col. Folio théâtre.

De profundis seguido de *Lettres sur la prison*. Trad., introdução e notas Jean Gattégno. Paris: Gallimard, 1992. Col. Folio essais.

Le Fantôme de Canterville. Trad. Henri Robillot; ed. Magali Wiener; ico. Valérie Lagier. Paris: Gallimard, 2004. Col. Folioplus classiques.

Le Fantôme des Canterville et autres contes/The Canterville Chost and Other Short Fictions. Trad., prefácio e notas François Dupuigrenet Desroussilles. Paris: Gallimard, 1998. Col. Folio bilingue.

Le Portrait de Dorian Gray. Trad., prefácio e notas Jean Gattégno. Paris: Gallimard, 1992. Col. Folio classique.

Le Portrait de Mr W. H./The Portrait of Mr W. H. Trad. e notas Jean Gattégno; prefácio Julie Pujos. Paris: Gallimard, 2000. Col. Folio bilingue.

Une maison de grenades/A House of Pomegranates. Trad., prefácio e notas François Dupuigrenet Desroussilles. Paris: Gallimard, 2004. Col. Folio bilingue.

Biografias e testemunhos sobre a vida de Oscar Wilde

Em português

ELLMANN, Richard. *Oscar Wilde*. Trad. José Antonio Arantes. São Paulo: Cia. das Letras, 1988.

HARRIS, Frank. *Oscar Wilde: sua vida e confissões*. Trad. Godofredo Rangel. São Paulo: Cia. Ed. Nacional, 1939, 1956.

HOLLAND, Vyvyan. *Oscar Wilde*. Trad. Sergio Flaksman. Rio de Janeiro: Jorge Zahar, 1991.

Em francês

AQUIEN, Pascal. *Oscar Wilde. Les mots et les songes*. Croissy-Beaubourg: Éd. Aden, 2006.

ELLMANN, Richard. *Oscar Wilde*. Paris: Gallimard, 1994.

GIDE, André. *Journal (1889-1939)*. Paris: Gallimard, 1940. Col. Bibliothèque de la Pléiade.

_____. Oscar Wilde. In: *Essais critiques*. Paris: Gallimard, 1999. Col. Bibliothèque de la Pléiade

_____. Si le grain ne meurt. In: *Souvenirs et voyages*. Paris: Gallimard, 2001. Col. Bibliothèque de la Pléiade.

FERNEY, Frédéric. *Oscar Wilde ou les cendres de la gloire*. Paris : Mengès, 2007.

JULLIAN, Philippe. *Oscar Wilde*. Paris: Bartillat, 2000.

LANGLADE, Jacques de. *Oscar Wilde*. Paris: Mazarine, 1987.

LOTTMAN, Herbert. *Oscar Wilde à Paris*. Paris: Fayard, 2007.

MERLE, Robert. *Oscar Wilde*. Paris: Éd. de Fallois, 1995. (1ª ed. 1948)

SAINT-PIERRE. Isaure de. *Bosie and Wilde*. Paris: Éd. du Rocher, 2005.

VALLET, Odon. *L'Affaire Oscar Wilde*. Paris: Albin Michel, 1995.

EM INGLÊS

DOUGLAS, Alfred. *My Friendship with Oscar Wilde*. Nova York: Coventry, 1932.

_____. *Oscar Wilde and Myself*. Nova York: AMS Press, 1977.

HARRIS, Frank. *Oscar Wilde: His Life and Confessions*. Nova York: Dell,1960.

HOLLAND, Merlin. *The Real Trial of Oscar Wilde*. Nova York: Fourth Estate, 2003.

HOLLAND, Vyvyan. *Son of Oscar Wilde*. Oxford: Oxford University Press, 1988.

MCKENNA, Neil. *The Secret Life of Oscar Wilde*. Londres: Century, 2003.

RICKETTS, Charles. *Recollections of Oscar Wilde*. Londres: Nonesuch, 1932.

SHERARD, Robert. *The Life of Oscar Wilde*. Londres: T. Werner Laurie, 1906.

_____. *The Real Oscar Wilde*. Londres: T. Werner Laurie, 1917.

Butler Yeats, William. *Autobiography*. Nova York, 1965.

Ensaios e estudos sobre a obra de Oscar Wilde

Em francês

Aquien, Pascal. Préface. In: Wilde, Oscar. *Salomé*. Paris: Garnier-Flammarion, 1993.

_____. Introduction. In: Wilde, Oscar. *Le Portrait de Dorian Gray*. Paris: Garnier-Flammarion, 1995.

_____. Introduction. In: Wilde, Oscar. *Portrait de Mr. W.H. et à La Plume, le Crayon, le Poison*. Paris: Garnier-Flammarion, 1999.

_____. Introduction. In: Wilde, Oscar. *L'Importance d'être constant*. Paris: Garnier-Flammarion, 2000.

_____. Présentation. In: Wilde, Oscar. *Un mari idéal*. Paris: Garnier-Flammarion, 2004.

Borges, Jorge Luis. Sur Oscar Wilde. In: *Enquêtes*. Paris: Gallimard, 1957 e 1986.

Dantzig, Charles. *Oscar Wilde: Aristote à l'heure du thé*. Paris: Les Belles Lettres, 1994.

Franck, Jacques. *Oscar Wilde ou le festin avec les panthères*. Tournai: La Renaissance du Livre, 2001.

Gattégno, Jean. Préface. In: Wilde, Oscar. *Le Portrait de Dorian Gray*. Paris : Gallimard, 1992. Col. Folio classique.

Joyce, James. Oscar Wilde, le poète de Salomé (1909). In: *Essais critiques*. Paris: Gallimard, 1966.

Todorov, Tzvetan. *Les Aventuriers de l'Absolu*. Paris: Robert Laffont, 2006.

Venet, Gisèle. Préface. In: Wilde, Oscar. *L'Éventail de Lady Windermere*. Paris: Gallimard, 2001. Col. Folio théâtre.

Em inglês

Beckson, Karl. *The Oscar Wilde Encyclopedia*. Nova York: AMS Press, 1998.

Kohl, Norbert. *Oscar Wilde. The Works of a Conformist Rebel.* Cambridge: Cambridge University Press, 1989.

ICONOGRAFIA

Em português

Holland, Merlin. *O álbum de Oscar Wilde.* Trad. Marcello Rollemberg. Rio de Janeiro: Civilização Brasileira, 2001.

Em francês

Holland, Merlin. *L'Album Wilde.* Paris-Mônaco: Anatolia-Éditions du Rocher, 2000.

Gattégno, Jean. *Album Wilde.* Paris: Gallimard, 1996. Col. Bibliothèque de la Pléiade.

Notas

EPÍGRAFE

1. WILDE, Oscar. *De profundis*. Trad. Júlia Tettamanzy e Maria Angela Saldanha Vieira de Aguiar. Porto Alegre: L&PM, 2009, p. 78.
2. GIDE, André. *Oscar Wilde*. In: *Essais critiques*. Paris: Gallimard, 1999, p. 837. (Col. Bibliothèque de la Pléiade).
3. WILDE, Oscar. A balada da prisão de Reading. In: *Obra completa*. Trad. Oscar Mendes. Rio de Janeiro: Nova Aguilar, 1995, p. 969.

EM NOME DO PAI OU A HISTÓRIA DE UM PATRÔNIMO

1. WILDE, Oscar. *De profundis*, *op. cit.*, p. 77.
2. JOYCE, James. Oscar Wilde: Le poète de Salomé. (1909). In: *Essais critiques*. Paris: Gallimard, 1966.
3. WILDE, Oscar. *O retrato de Dorian Gray*. Trad. José Eduardo Ribeiro Moretzsohn. Porto Alegre: L&PM, 2009, p. 50.
4. WILDE, Oscar. O Renascimento inglês da arte. In: *Obra completa*, *op. cit.*, p. 1005.
5. AQUIEN, Pascal. *Oscar Wilde: Les mots et les songes*. Croissy-Beaubourg: Éd. Aden, 2006.
6. ELLMANN, Richard. *Oscar Wilde*. Trad. José Antonio Arantes. São Paulo: Cia. das Letras, 1988.
7. WILDE, Oscar. Um marido ideal. In: *Obra completa*, *op. cit.*, p. 772.
8. WILDE, Oscar. A importância de ser prudente. In: *Obra completa*, *op. cit.*
9. *Ibid.*
10. WILDE, Oscar. *De profundis*, *op. cit.*, p. 77.
11. *Ibid.*, p. 66.

MÃE CORAGEM E SEU FILHO OSCAR

1. WILDE, Oscar. A importância de ser prudente. In: *Obra completa*, *op. cit.*, p. 805.
2. DUFFY, Charles Gavan. *Four Years of Irish History*. Dublin, 1883.

3. WILDE, Oscar. *De profundis*, *op. cit.*, p. 124.
4. WILDE, Oscar. *Lettres*. Paris: Gallimard, 1994.
5. HARRIS, Frank. *Oscar Wilde: sua vida e confissões*. Trad. Godofredo Rangels. São Paulo: Cia. Ed. Nacional, 1956, capítulo 5.
6. AQUIEN, Pascal. *Oscar Wilde, op. cit.*
7. HOLLAND, Vyvyan. *Son of Oscar Wilde*. Oxford: Oxford University Press, 1988.
8. WILDE, Oscar. A balada da prisão de Reading. In: *Obra completa*, *op. cit.*, p. 969.
9. WILDE, Oscar. *O retrato de Dorian Gray*, *op. cit.*, p. 15.
10. WILDE, Oscar. *The Complete Letters of Oscar Wilde*. Org. Merlin Holland e Rupert Hart-Davis. Nova York: Holt, 2000.
11. WILDE, Oscar. *O retrato de Dorian Gray*, *op. cit.*, p. 15.

A ARQUEOLOGIA DO SABER: PORTORA SCHOOL E TRINITY COLLEGE

1. WILDE, Oscar. *De profundis*, *op. cit.*, p. 82.
2. *Ibid.*, p. 23.
3. WILDE, Oscar. *De profundis*, *op. cit.*, p. 82.
4. HOLLAND, Merlin. *O álbum de Oscar Wilde*. Trad. Marcello Rollemberg. Rio de Janeiro: Civilização Brasileira, 2001, p. 23-24.
5. ELLMANN, Richard. *Oscar Wilde, op. cit.*
6. HOLLAND, Merlin. *O álbum de Oscar Wilde*, *op. cit.*, p. 27.
7. WILDE, Oscar. *Lettres*, *op. cit.*
8. LADY WILDE. *Lettre à Oscar Wilde*. Paris: Éd. Clark, 1882.
9. WILDE, Oscar. O crítico como artista. In: *Obra completa*, *op. cit.*, p. 1121.
10. ELLMANN, Richard. *Oscar Wilde, op. cit.*
11. *Ibid.*
12. AQUIEN, Pascal. *Oscar Wilde: Les mots et les songes, op. cit.*
13. WILDE, Oscar. *De profundis*, *op. cit.*, p. 90.
14. *Ibid.*, p. 89.
15. LEMAIRE, Gérard-Georges. *Les Préraphaélites*. Paris: Christian Bourgois, 1989.

OXFORD: OS LOUROS DO HUMANISMO

1. WILDE, Oscar. *De profundis*, *op. cit.*, p. 82.
2. HICKS, Seymour. *Between Ourselves*, 1930.

3. YEATS, William Butler. *Autobiography*. Nova York: Scribner, 1965.
4. GIDE, André. Oscar Wilde. In: *Essais critiques, op. cit.*, p.838.
5. HARRIS, Frank. *Oscar Wilde. op. cit.*, capítulo 3.
6. *Ibid.*
7. WILDE, Oscar. *The Complete Letters of Oscar Wilde, op. cit.*
8. WILDE, Oscar. *De profundis, op. cit.*, p. 82.
9. *Ibid.*, p. 86.
10. ELLMANN, Richard. *Oscar Wilde, op. cit.*
10a. WILDE, Oscar. *O retrato de Dorian Gray, op. cit.*, p. 141.
11. PATER, Walter. *The Renaissance: Studies in Art and Poetry*. Londres, 1910.
12. *Ibid.*
13. *Ibid.*
14. WILDE, Oscar. *O retrato de Dorian Gray, op. cit.*, p. 29.
15. *Ibid.*, p. 24.
16. WILDE, Oscar. *A alma do homem sob o socialismo*. Trad. Heitor Ferreira da Costa. Porto Alegre: L&PM, 2009, p.18, 31, 38.
17. *Ibid.*, p. 82-83.
18. WILDE, Oscar. *De profundis, op. cit.*, p. 99.
19. *Ibid.*, p. 94.
20 WILDE, Oscar. *Lettres, op. cit.*
21. ATKINSON, G.T. Oscar Wilde at Oxford. *Cornhill Magazine*, v. LXVI, maio de 1929.
22. WILDE, Oscar. *A alma do homem sob o socialismo, op. cit.*, p. 72.
23. WILDE, Oscar. *O retrato de Dorian Gray, op. cit.*, p. 25.
24. *Ibid.*
25. BODLEY, John. Oscar Wilde at Oxford. *New York Times*, 20 de janeiro de 1882.
26. *Ibid.*
27. *Ibid.*
28. HUNTER-BLAIR, David. *In Victorian Days and other Papers*. Londres: Longmans, Green, 1939. Citado por HOLLAND, Merlin. *O álbum de Oscar Wilde, op. cit.*, p. 40-42.
29. WILDE, Oscar. *O retrato de Dorian Gray, op. cit.*, p. 161.
30. WILDE, Oscar. *A alma do homem sob o socialismo, op. cit.*, p. 53-54.
31. JAMES, Henry. *Persons and Places*, 1883.

ANOS DE PEREGRINAÇÃO: ITÁLIA, GRÉCIA E VATICANO

1. WILDE, Oscar. Soneto ao aproximar-se da Itália. In: *Obra completa, op. cit.*, p. 873.
2. *Ibid.*
3. GOWER, Ronald. *My Reminiscences*, vol. II, 1883.
4. WILDE, Oscar. *O retrato de Dorian Gray, op. cit.*, p. 142-143.
5. WILDE, Oscar. *Lettres, op. cit.*
6. WILDE, Oscar. *O retrato de Dorian Gray, op. cit.*, p. 66.
7. *Ibid.*, p. 140-144.
8. *Ibid.*, p. 195.
9. WILDE, Oscar. *Lettres, op. cit.*
10. WILDE, Oscar. Roma não visitada. In: *Obra completa, op. cit.*, p. 876.
11. WILDE, Oscar. *Lettres, op. cit.*
12. *Ibid.*
13. Citado por Richard Ellmann. In: *Oscar Wilde, op. cit.*
14. WILDE, Oscar. O túmulo de Keats. In: *Obra completa, op. cit.*, p. 1280-1282.
15. WILDE, Oscar. O túmulo de Keats. In: *Obra completa, op. cit.*, p. 911.
16. WILDE, Oscar. Dias perdidos. In: *Obra completa, op. cit.*, p. 966.
17. FLEMING, Georges. *Mirage*, II, Londres.
18. *Ibid.*
19. *Ibid.*
20. WILDE, Oscar. *Taedium vitae*. In: *Obra completa, op. cit.*, p. 930.

DE LONDRES A NOVA YORK: UMA ESTÉTICA EM MOVIMENTO

1. WILDE, Oscar. O Renascimento inglês da arte. In: *Obra completa, op. cit.*, p. 1022.
2. BAUDELAIRE, Charles. O pintor da vida moderna. In: *Obras estéticas, filosofia da imaginação criadora*. Petrópolis: Vozes, 1993.
3. *Ibid.*
4. MCKEENA, Neil. *The Secret Life of Oscar Wilde*. Londres: Century, 2003.
5. BECKSON, Karl. *The Oscar Wilde Encyclopedia*. Nova York: AMS Press, 1998.

6. *Ibid.*
7. WILDE, Oscar. O Renascimento inglês da arte. In: *Obra completa, op. cit.*, p. 1016.
8. *Ibid.*
9. WILDE, Oscar. *O retrato de Dorian Gray, op. cit.*, p. 5.
10. NIETZSCHE, Friedrich. *Além do bem e do mal*. Trad. e notas de Renato Zwick. Porto Alegre: L&PM, 2008.
11. WILDE, Oscar. O Renascimento inglês da arte. In: *Obra completa, op. cit.*, p. 1005.
12. *Ibid.*
13. BROWNING, Oscar. *The Academy*, XX, 30 de julho de 1881.
14. ELLMANN, Richard. *Oscar Wilde, op. cit.*
15. WILDE, Oscar. *Lettres.* Paris: Gallimard, 1966, t. 1.
16. WHISTLER, James. *The Gentle Art of Making Enemies*. Londres, 1904.
17. ELLMANN, Richard. *Oscar Wilde, op. cit.*
18. *Ibid.*
19. *Ibid.*
20. *Ibid.*
21. *Ibid.*
22. WILDE, Oscar. A duquesa de Pádua. In: *Obra completa, op. cit.*, p. 511.
23. POTTER, Helen. *Impersonations*. Nova York, 1891.
24. WILDE, Oscar. O Renascimento inglês da arte. In: *Obra completa, op. cit.*, p. 1021.
25. AQUIEN, Pascal. *Oscar Wilde, op. cit.*
26. ELLMANN, Richard. *Oscar Wilde, op. cit.*
27. AQUIEN, Pascal. *Oscar Wilde, op. cit.*
28. IVES, George. *Diaries* (6 de janeiro de 1901), Texas.
29. BECKSON, Karl. *The Oscar Wilde Encyclopedia, op. cit.*
30. WILDE, Oscar. A decadência da mentira. In: *Obra completa, op. cit.*, p. 1073.
31. ELLMANN, Richard. *Oscar Wilde, op. cit.*
32. WILDE, Oscar. *Lettres, op. cit.*

UM ESTETA EM PARIS: DANÇA, CADÊNCIA E DECADÊNCIA

1. WILDE, Oscar. *O retrato de Dorian Gray, op. cit.*, p. 137.
2. BECKSON, Karl. *The Oscar Wilde Encyclopedia, op. cit.*

3. McKeena, Neil. *The Secret Life of Oscar Wilde, op. cit.*
4. *Ibid.*
5. Wilde, Oscar. *Complete Letters, op. cit.*
6. McKeena, Neil. *The Secret Life of Oscar Wilde, op. cit.*
7. *Ibid.*
8. Sherard, Robert. *The Real Oscar Wilde.* Nova York, 1917.
9. *Ibid.*
10. Merle, Robert. *Oscar Wilde.* Paris: Éd. de Fallois, 1995.
11. Wilde, Oscar. A esfinge. In: *Obra completa, op. cit.*, p. 965.
12. Wilde, Oscar. Frases e filosofias para uso da juventude. In: *Obra completa, op. cit.*, p. 1307.
13. Wilde, Oscar. *Lettres, op. cit.*
14. *Ibid.*
15. McKeena, Neil. *The Secret Life of Oscar Wilde, op. cit.*
16. *Ibid.*
17. Wilde, Oscar. *O retrato de Dorian Gray, op. cit.*, p. 135.
18. *Ibid.*, p. 137.
19. *Ibid.*, p. 136.
20. *Ibid.*, p. 135.
21. *Ibid.*, p. 135-136.
22. *Ibid.*, p. 137.
23. Citado por Richard Ellmann, *op. cit.*
24. Lorrain, Jean. Paris d'aujourd'hui: Joris-Karl Huysmans. *L'Événement.* Paris, 19 de maio de 1887.
25. Huysmans, J.-K. *Às avessas.* Trad. José Paulo Paes. São Paulo: Companhia das Letras, 1987, p. 86.

Um marido não ideal

1. Wilde, Oscar. A importância de ser prudente. In: *Obra completa, op. cit.*, p. 797.
2. Wilde, Oscar. *Lettres, op. cit.*
3. Wilde, Oscar. *Complete Letters, op. cit.*
4. Wilde, Oscar. Le Ten O'Clock de M. Whistler. In: *La Critique créatrice.* Bruxelas: Complexe, 1989.
5. *Ibid.*
6. Whistler, James. Wilde v. Whistler: An Acronimous Correspondance on Art. Londres, 1906. In: *La Critique créatrice, op. cit.*
7. Wilde, Oscar. Le Boswell du papillon. In: *La Critique créatrice, op. cit.*
8. Harris, Frank. *Oscar Wilde. op. cit.*, capítulo 23.

9. *Ibid.*, capítulo 6.
10. WILDE, Oscar. *Complete Letters, op. cit.*
11. *Ibid.*
12. WILDE, Oscar. *Lettres, op. cit.*
13. *Ibid.*
14. WILDE, Oscar. *Complete Letters, op. cit.*
15. BECKSON, Karl. *The Oscar Wilde Encyclopedia, op. cit.*
16. WILDE, Oscar. *Lettres, op. cit.*
17. WILDE, Oscar. Notas sobre Whistler. In: *Obra completa, op. cit.*, p. 1263.
18. AQUIEN, Pascal. Présentation. In: WILDE, Oscar. *Un mari idéal*. Paris: Garnier-Flammarion, 2004.
19. *Ibid.*
20. WILDE, Oscar. Um marido ideal. In: *Obra completa, op. cit.*, p. 721.
21. WILDE, Oscar. *Complete Letters, op. cit.*
22. GIDE, André. Oscar Wilde. In: *Essais critiques, op. cit.*, p. 839.
23. VENET, Gisèle. Préface. In: WILDE, Oscar. *L'Éventail de Lady Windermere*. Paris: Gallimard, 2000. (Col. Folio)
24. *Ibid.*
25. AQUIEN, Pascal. Présentation, *op. cit.*, p. 325.
26. *Ibid.*
27. WILDE, Oscar. *De profundis, op. cit.*, p. 77.

DE DORIAN A BOSIE: ESPLENDOR E MISÉRIA DE UM DÂNDI

1. WILDE, Oscar. *O retrato de Dorian Gray, op. cit.*, p. 12.
2. WILDE, Oscar. O crítico como artista, p. 1131.
3. *Ibid.*, p. 1160.
4. *Ibid.*
5. WILDE, Oscar. *O retrato de Dorian Gray, op. cit.*, p. 6.
6. *The Scots Observer*. Londres, junho de 1890.
7. *The St. James's Gazette*. Londres, 24 de junho de 1890.
8. *The Daily Chronicle*. Londres, 30 de junho de 1890.
9. MALLARMÉ, Stéphane. *Correspondance*, IV. Paris: Gallimard, 1973.
10. GATTÉGNO, Jean. Préface. In: WILDE, Oscar. *Le portrait de Dorian Gray*. Paris: Gallimard, 1992. (Col. Folio).
11. *Ibid.*

12. WILDE, Oscar. *Lettres*, *op. cit.*
13. *Ibid.*
14. *Ibid.*
15. WILDE, Oscar. *O crítico como artista*, *op. cit.*, p. 1142.
16. *Ibid.*, p. 1163.
17. WILDE, Oscar. *O retrato de Dorian Gray*, *op. cit.*, p. 32-33.
18. *Ibid.*, p. 100-101.
19. *Ibid.*, p. 236-237.
20. *Ibid.*, p. 237.
21. WILDE, Oscar. *Lettres*, *op. cit.*
22. GATTÉGNO, Jean. Préface, *op. cit.*
23. *Ibid.*
24. DOUGLAS, Alfred. *Oscar Wilde and Myself*. New York: AMS Press, 1977.
25. WILDE, Oscar. *De profundis*, *op. cit.*, p. 22-23.
26. *Ibid.*, p. 135.
27. GATTÉGNO, Jean. Préface, *op. cit.*
28. *Ibid.*
29. *Ibid.*
30. *Ibid.*
31. GIDE, André. *Oscar Wilde*, *op. cit.*
32. WILDE, Oscar. *Complete Letters*, *op. cit.*
33. *Ibid.*
34. WILDE, Oscar. *Lettres*, *op. cit.*
35. *Ibid.*
36. WILDE, Oscar. *Complete Letters*, *op. cit.*
37. WILDE, Oscar. *Lettres*, *op. cit.*
38. GIDE, André. *Journal*. Paris: Gallimard, 1940, p. 28. (Col. Bibliothèque de la Pléiade)
39. WILDE, Oscar. *O retrato de Dorian Gray*, *op. cit.*, p. 231.
40. WILDE, Oscar. *De profundis*, *op. cit.*, p. 62-63.
40a. WILDE, Oscar. O leque de Lady Windermere. In: *Obra completa*, *op. cit.*, p. 568.
41. BECKSON, Karl. *The Oscar Wilde Encyclopedia*, *op. cit.*
42. WILDE, Oscar. *De profundis*, *op. cit.*, p. 18.
43. WILDE, Oscar. *De profundis*, *op. cit.*, p. 13-19.
44. DANTZIG, Charles. *Oscar Wilde: Aristote à l'heure du thé*. Paris: Les Belles Lettres, 1994.
45. *Ibid.*
46. WILDE, Oscar. *Lettres*, *op. cit.*

47. *Ibid.*
48. WILDE, Oscar. A Few Maxims For The Instruction Of The Over-Educated. In: *Complete Works of Oscar Wilde*. Org. Merlin Holland. Londres-Glasgow: Harper Collins, 1970, 1994 e 1999.
49. WILDE, Oscar. O crítico como artista. In: *Obra completa*, *op. cit.*, p. 1111.

UMA LIGAÇÃO PERIGOSA

1. WILDE, Oscar. *De profundis*, *op. cit.*, p. 119.
2. *Ibid.*, p. 19-20.
3. *Ibid.,* p. 26.
4. *Ibid.*, p. 143.
5. *Ibid.*, p. 78.
6. *Ibid.*, p. 93.
7. WILDE, Oscar. *Lettres*, *op. cit.*
8. WILDE, Oscar. *De profundis*, *op. cit.*, p. 119.
9. VALLET, Odon. *L'Affaire Oscar Wilde*. Paris: Gallimard, 1997. (Col. Folio)
10. BECKSON, Karl. *The Oscar Wilde Encyclopedia*, *op. cit.*
11. WILDE, Oscar. *Lettres*, *op. cit.*
12. GIDE, André. *Se o grão não morre*. Trad. Hamilcar de Garcia. Rio de Janeiro: Nova Fronteira, 1992.
13. WILDE, Oscar. *De profundis*, *op. cit.*, p. 24.
14. Citado por Richard Ellmann, *op. cit.*
15. WILDE, Oscar. *De profundis*, *op. cit.*, p. 30.
16. *Ibid.*
17. Citado por Richard Ellmann, *op. cit.*
18. *Ibid.*
19. WILDE, Oscar. *Lettres*, *op. cit.*
20. GIDE, André. Lettre à sa mère (28 de maio de 1894). In: Oscar Wilde, *Lettres*, *op. cit.*
21. *Ibid.*
22. WILDE, Oscar. *De profundis*, *op. cit.*, p. 36.
23. Citado por Richard Ellmann, *op. cit.*
24. WILDE, Oscar. *De profundis*, *op. cit.*, p. 47-48.
25. WILDE, Oscar. *Complete Letters*, *op. cit.*
26. WILDE, Oscar. *Lettres*, *op. cit.*
27. *Ibid.*
28. WILDE, Oscar. *De profundis*, *op. cit.*, p. 32.
29. *Ibid.*, p. 36.

30. *Ibid.*, p. 33-36.
31. WILDE, Oscar. *Complete Letters*, *op. cit.*
32. WILDE, Oscar. Frases e filosofias para o uso dos jovens. In: *Obra completa*, *op. cit.*, p. 1307-1308.
33. WILDE, Oscar. A Few Maxims for the Instruction of the Over-Educated. In: *Complete Works of Oscar Wilde*, *op. cit.*
34. WILDE, Oscar. *Complete Letters*, *op. cit.*
35. GIDE, André. Oscar Wilde. In: *Essais critiques*, *op. cit.*, p. 845.
36. *Ibid.*
37. *Ibid.*, p. 846.
38. GIDE, André. *Se o grão não morre*. Trad. Hamilcar de Garcia. Rio de Janeiro: Nova Fronteira, 1992.
39. *Ibid.*, p. 307-309.
40. WILDE, Oscar. *Lettres*, *op. cit.*

O PROCESSO

1. WILDE, Oscar. *De profundis*, *op. cit.*, p. 85.
2. WILDE, Oscar. *Lettres*, *op. cit.*
3. WILDE, Oscar. *De profundis*, *op. cit.*, p. 21.
4. ELLMANN, Richard. *Oscar Wilde*, *op. cit.*
5. HOLLAND, Merlin. *Le procès d'Oscar Wilde*. Paris: Stock, 2005.
6. VALLET, Odon. *L'Affaire Oscar Wilde*, *op. cit.*, p. 31.
7. WILDE, Oscar. *De profundis*, *op. cit.*, p. 22.
8. HARRIS, Frank. *Oscar Wilde*, *op. cit.*
9. *Ibid.*
10. *Ibid.*
11. WILDE, Oscar. *De profundis*, *op. cit.*, p. 22.
12. HOLLAND, Merlin. *Le procès d'Oscar Wilde*, *op. cit.*, p. 131.
13. WILDE, Oscar. *O retrato de Dorian Gray*, *op. cit.*, p. 5.
14. HOLLAND, Merlin. *Le procès d'Oscar Wilde*, *op. cit.*, p. 132.
15. *Ibid.*
16. *Ibid.*, p. 147-148.
17. *Ibid.*, p. 148
18. *Ibid.*, p. 148-149.
19. *Ibid.*, p. 161.
20. *Ibid.*, p. 162.
21. *Ibid.*, p. 319.
22. WILDE, Oscar. *De profundis*, *op. cit.*, p. 41-42.
23. WILDE, Oscar. *Lettres*, *op. cit.*
24. BECKSON, Karl. *The Oscar Wilde Encyclopedia*, *op. cit.*, p. 416.

25. HARRIS, Frank. *Oscar Wilde. op. cit.*, p. 140.
26. *Ibid.*, p. 141.
27. WILDE, Oscar. *Lettres, op. cit.*, p. 211.
28. MCKEENA, Neil. *The Secret Life of Oscar Wilde, op. cit.*, p. 515.
29. *Ibid.*
30. *Ibid.*
31. *Ibid.*
32. BECKSON, Karl. *The Oscar Wilde Encyclopedia, op. cit.*, p. 171.
33. WILDE, Oscar. *Lettres, op. cit.*, p. 215-216.
34. *Ibid.*, p. 216.
35. WILDE, Oscar. *Complete Letters, op. cit.*, p. 644.
36. WILDE, Oscar. *Lettres, op. cit.*, p. 218.
37. BECKSON, Karl. *The Oscar Wilde Encyclopedia, op. cit.*, p. 383-384.
38. WILDE, Oscar. *Lettres, op. cit.*, p. 219.
39. *Ibid.*, p. 222.
40. *Ibid.*
41. BECKSON, Karl. *The Oscar Wilde Encyclopedia, op. cit.*, p. 384.
42. ADAM, Paul *et al. Pour Oscar Wilde. Des écrivains français au secours du condamné.* Rouen: Brunet, 1994.
43. *Ibid.*
44. *Ibid.*
45. *Ibid.*
46. BECKSON, Karl. *The Oscar Wilde Encyclopedia, op. cit.*

A PRISÃO DE READING: *DE PROFUNDIS CLAMAVI*

1. WILDE, Oscar. A balada da prisão de Reading. In: *Obra completa, op. cit.*, p. 969.
2. WILDE, Oscar. *De profundis, op. cit.*, p. 57.
3. ADAM, Paul *et al. Pour Oscar Wilde, op. cit.*
4. *Ibid.*
5. *Ibid.*
6. HARRIS, Frank. *Oscar Wilde, op. cit.*
7. BECKSON, Karl. *The Oscar Wilde Encyclopedia, op. cit.*
8. *Ibid.*
9. WILDE, Oscar. *De profundis, op. cit.*, p. 58.
10. BECKSON, Karl. *The Oscar Wilde Encyclopedia, op. cit.*
11. WILDE, Oscar. *De profundis, op. cit.*, p. 65-66.

12. WILDE, Oscar. *Lettres, op. cit.*
13. WILDE, Oscar. Quatro cartas escritas a Robert Ross da prisão de Reading. In: *Obra completa, op. cit.*, p. 1335.
14. *Ibid.*
15. WILDE, Oscar. *Lettres, op. cit.*
16. *Ibid.*
17. ELLMANN, Richard. *Oscar Wilde, op. cit.*
18. WILDE, Oscar. *De profundis, op. cit.*, p. 98-100.
19. *Ibid.*, p. 94-95.
20. WILDE, Oscar. Quatro cartas escritas a Robert Ross da prisão de Reading, *op. cit.*, p. 1339.
21. WILDE, Oscar. *De profundis, op. cit.*, p. 60.
22. WILDE, Oscar. *Lettres, op. cit.*
23. *Ibid.*
24. *Ibid.*

FIM DE JOGO: O EXÍLIO DE SEBASTIAN MELMOTH

1. WILDE, Oscar. Quatro cartas escritas a Robert Ross da prisão de Reading, *op. cit.*, p. 1339.
2. WILDE, Oscar. *Lettres, op. cit.*
3. *Ibid.*
4. WILDE, Oscar. A reforma das prisões. In: *Obra completa, op. cit.*, p. 1448.
5. WILDE, Oscar. *Lettres, op. cit.*
6. GIDE, André. Oscar Wilde, *op. cit.*, p. 846-848.
7. *Ibid.*, p. 852.
8. *Ibid.*
9. WILDE, Oscar. *Lettres, op. cit.*
10. *Ibid.*
11. *Ibid.*
12. *Ibid.*
13. *Ibid.*
14. *Ibid.*
15. *Ibid.*
16. GIDE, André. Oscar Wilde, *op. cit.*, p. 848.
17. WILDE, Oscar. *Lettres, op. cit.*
18. *Ibid.*
19. *Ibid.*
20. *Ibid.*
21. WILDE, Oscar. *Complete Letters, op. cit.*

22. *Ibid.*
23. WILDE, Oscar. *Lettres, op. cit.*
24. *Ibid.*
25. *Ibid.*
26. WILDE, Oscar. *Complete Letters, op. cit.*
27. WILDE, Oscar. *Lettres, op. cit.*
28. *Ibid.*
29. GIDE, André. Oscar Wilde, *op. cit.*, p. 853-854.
30. *Ibid.*
31. WILDE, Oscar. *Complete Letters, op. cit.*

RÉQUIEM PARA UM GÊNIO SEM NOME

1. WILDE, Oscar. Lettre à Leonard Smithers. *Lettres, op. cit.*
2. WILDE, Oscar. *Lettres, op. cit.*
3. *Ibid.*
4. *Ibid.*
5. HARRIS, Frank. *Oscar Wilde. op. cit.*, capítulo 25.
6. *Ibid.*
7. *Ibid.*
8. WILDE, Oscar. *Complete Letters, op. cit.*
9. RICKETTS, Charles. *Interviews and Recollections of Oscar Wilde.* Londres: Nonesuch, 1932.
10. WILDE, Oscar. *Lettres, op. cit.*
11. *Ibid.*
12. *Ibid.*
13. HARRIS, Frank. *Oscar Wilde. op. cit.*
14. *Ibid.*
15. WILDE, Oscar. *Lettres, op. cit.*
16. *Ibid.*
17. *Ibid.*
18. *Ibid.*
19. *Ibid.*
20. *Ibid.*
21. *Ibid.*
22. *Ibid.*
23. *Ibid.*
24. *Ibid.*

POST-MORTEM

1. WILDE, Oscar. A santa cortesã. In: *Obra completa*, *op. cit.*, p. 846.
2. WILDE, Oscar. A balada da prisão de Reading, *op. cit.*, p. 981.
3. BORGES, Jorge Luis. Sur Oscar Wilde. In: *Enquêtes*. Paris: Gallimard, 1967. (Col. Folio Essais)
4. *Ibid.*
5. ELLMANN, Richard. *Oscar Wilde*, *op. cit.*

Agradecimentos

Devo minha gratidão a Merlin Holland, neto de Oscar Wilde.

Devo reconhecimento também a Gérard de Cortanze, meu editor nas Éditions Gallimard.

Obrigado, enfim, a Nadine, minha esposa.

Sobre o autor

Daniel Salvatore Schiffer, formado em Filosofia, tem um diploma de estudos avançados em Estética e Filosofia da Arte. É autor de mais de quinze livros, entre os quais *Umberto Eco: o labirinto do mundo* (Globo, 2000, trad. Ana Montoia, seu único livro editado no Brasil), *Grandeur et misère des intellectuels: Histoire critique de l'intelligentsia du XXe siècle* (Éd. du Rocher, 1998), *La Philosophie d'Emmanuel Levinas: Métaphysique, esthétique, éthique* (PUF, 2007), *Philosophie du dandysme: une esthétique de l'âme et du corps* (PUF, 2008), *Manifeste du dandysme contemporain* (Plon, 2009). Especializado na publicação de entrevistas com grandes intelectuais da atualidade, é também autor de uma obra intitulada *Bibliothèque du temps présent: 70 entretiens littéraires et philosophiques* (Éd. Le Phare, 2005), volume acompanhado de retratos realizados pela fotógrafa Nadine Dewit. Ex-professor de Literatura Contemporânea e de Civilização Moderna pela Universidade de Grenoble no Centro Cultural Francês de Milão (Itália), é atualmente docente da cátedra de Filosofia da Arte na Escola Superior da Academia Real de Belas-Artes de Liège (Bélgica).

Coleção L&PM POCKET (LANÇAMENTOS MAIS RECENTES)

10. **A ninfomania** – D. T. Bienville
11. **As aventuras de Robinson Crusoé** – D. Defoe
12. **Histórias de amor** – A. Bioy Casares
13. **Armadilha mortal** – Roberto Arlt
14. **Contos de fantasmas** – Daniel Defoe
15. **Os pintores cubistas** – G. Apollinaire
16. **A morte de Ivan Ilitch** – L.Tolstói
17. **A desobediência civil** – D. H. Thoreau
18. **Liberdade, liberdade** – F. Rangel e M. Fernandes
19. **Cem sonetos de amor** – Pablo Neruda
20. **Mulheres** – Eduardo Galeano
21. **Cartas a Théo** – Van Gogh
22. **Don Juan** – Molière / Trad. Millôr Fernandes
24. **Horla** – Guy de Maupassant
25. **O caso de Charles Dexter Ward** – Lovecraft
26. **Vathek** – William Beckford
27. **Hai-Kais** – Millôr Fernandes
28. **Adeus, minha adorada** – Raymond Chandler
29. **Cartas portuguesas** – Mariana Alcoforado
30. **A mensageira das violetas** – Florbela Espanca
31. **Espumas flutuantes** – Castro Alves
32. **Dom Casmurro** – Machado de Assis
34. **Alves & Cia.** – Eça de Queiroz
35. **Uma temporada no inferno** – A. Rimbaud
37. **A corresp. de Fradique Mendes** – Eça de Queiroz
38. **Antologia poética** – Olavo Bilac
39. **O rei Lear** – Shakespeare
40. **Memórias póstumas de Brás Cubas** – Machado de Assis
41. **Que loucura!** – Woody Allen
42. **O duelo** – Casanova
44. **Gentidades** – Darcy Ribeiro
45. **Memórias de um Sargento de Milícias** – Manuel Antônio de Almeida
46. **Os escravos** – Castro Alves
47. **O desejo pego pelo rabo** – Pablo Picasso
48. **Os inimigos** – Máximo Gorki
49. **O colar de veludo** – Alexandre Dumas
50. **Livro dos bichos** – Vários
51. **Quincas Borba** – Machado de Assis
53. **O exército de um homem só** – Moacyr Scliar
54. **Frankenstein** – Mary Shelley
55. **Dom Segundo Sombra** – Ricardo Güiraldes
56. **De vagões e vagabundos** – Jack London
57. **O homem bicentenário** – Isaac Asimov
58. **A viuvinha** – José de Alencar
59. **Livro das cortesãs** – org. de Sergio Faraco
60. **Últimos poemas** – Pablo Neruda
61. **A moreninha** – Joaquim Manuel de Macedo
62. **Cinco minutos** – José de Alencar
63. **Saber envelhecer e a amizade** – Cícero
64. **Enquanto a noite não chega** – J. Guimarães
65. **Tufão** – Joseph Conrad
66. **Aurélia** – Gérard de Nerval
67. **I-Juca-Pirama** – Gonçalves Dias
68. **Fábulas** – Esopo
69. **Teresa Filósofa** – Anônimo do Séc. XVIII
70. **Avent. inéditas de Sherlock Holmes** – Arthur Conan Doyle
71. **Quintana de bolso** – Mario Quintana
72. **Antes e depois** – Paul Gauguin
73. **A morte de Olivier Bécaille** – Émile Zola
74. **Iracema** – José de Alencar
75. **Iaiá Garcia** – Machado de Assis
76. **Utopia** – Tomás Morus
77. **Sonetos para amar o amor** – Camões
78. **Carmem** – Prosper Mérimée
79. **Senhora** – José de Alencar
80. **Hagar, o horrível 1** – Dik Browne
81. **O coração das trevas** – Joseph Conrad
82. **Um estudo em vermelho** – Arthur Conan Doyle
83. **Todos os sonetos** – Augusto dos Anjos
84. **A propriedade é um roubo** – P.-J. Proudhon
85. **Drácula** – Bram Stoker
86. **O marido complacente** – Sade
87. **De profundis** – Oscar Wilde
88. **Sem plumas** – Woody Allen
89. **Os bruzundangas** – Lima Barreto
90. **O cão dos Baskervilles** – Arthur Conan Doyle
91. **Paraísos artificiais** – Charles Baudelaire
92. **Cândido, ou o otimismo** – Voltaire
93. **Triste fim de Policarpo Quaresma** – Lima Barreto
94. **Amor de perdição** – Camilo Castelo Branco
95. **A megera domada** – Shakespeare / trad. Millôr
96. **O mulato** – Aluísio Azevedo
97. **O alienista** – Machado de Assis
98. **O livro dos sonhos** – Jack Kerouac
99. **Noite na taverna** – Álvares de Azevedo
100. **Aura** – Carlos Fuentes
102. **Contos gauchescos e Lendas do sul** – Simões Lopes Neto
103. **O cortiço** – Aluísio Azevedo
104. **Marília de Dirceu** – T. A. Gonzaga
105. **O Primo Basílio** – Eça de Queiroz
106. **O ateneu** – Raul Pompéia
107. **Um escândalo na Boêmia** – Arthur Conan Doyle
108. **Contos** – Machado de Assis
109. **200 Sonetos** – Luis Vaz de Camões
110. **O príncipe** – Maquiavel
111. **A escrava Isaura** – Bernardo Guimarães
112. **O solteirão nobre** – Conan Doyle
114. **Shakespeare de A a Z** – Shakespeare
115. **A relíquia** – Eça de Queiroz
117. **Livro do corpo** – Vários
118. **Lira dos 20 anos** – Álvares de Azevedo
119. **Esaú e Jacó** – Machado de Assis
120. **A barcarola** – Pablo Neruda
121. **Os conquistadores** – Júlio Verne
122. **Contos breves** – G. Apollinaire
123. **Taipi** – Herman Melville
124. **Livro dos desaforos** – org. de Sergio Faraco
125. **A mão e a luva** – Machado de Assis
126. **Doutor Miragem** – Moacyr Scliar
127. **O penitente** – Isaac B. Singer
128. **Diários da descoberta da América** – Cristóvão Colombo
129. **Édipo Rei** – Sófocles

130. **Romeu e Julieta** – Shakespeare
131. **Hollywood** – Bukowski
132. **Billy the Kid** – Pat Garrett
133. **Cuca fundida** – Woody Allen
134. **O jogador** – Dostoiévski
135. **O livro da selva** – Rudyard Kipling
136. **O vale do terror** – Arthur Conan Doyle
137. **Dançar tango em Porto Alegre** – S. Faraco
138. **O gaúcho** – Carlos Reverbel
139. **A volta ao mundo em oitenta dias** – J. Verne
140. **O livro dos esnobes** – W. M. Thackeray
141. **Amor & morte em Poodle Springs** – Raymond Chandler & R. Parker
142. **As aventuras de David Balfour** – Stevenson
143. **Alice no país das maravilhas** – Lewis Carroll
144. **A ressurreição** – Machado de Assis
145. **Inimigos, uma história de amor** – I. Singer
146. **O Guarani** – José de Alencar
147. **A cidade e as serras** – Eça de Queiroz
148. **Eu e outras poesias** – Augusto dos Anjos
149. **A mulher de trinta anos** – Balzac
150. **Pomba enamorada** – Lygia F. Telles
151. **Contos fluminenses** – Machado de Assis
152. **Antes de Adão** – Jack London
153. **Intervalo amoroso** – A.Romano de Sant'Anna
154. **Memorial de Aires** – Machado de Assis
155. **Naufrágios e comentários** – Cabeza de Vaca
156. **Ubirajara** – José de Alencar
157. **Textos anarquistas** – Bakunin
159. **Amor de salvação** – Camilo Castelo Branco
160. **O gaúcho** – José de Alencar
161. **O livro das maravilhas** – Marco Polo
162. **Inocência** – Visconde de Taunay
163. **Helena** – Machado de Assis
164. **Uma estação de amor** – Horácio Quiroga
165. **Poesia reunida** – Martha Medeiros
166. **Memórias de Sherlock Holmes** – Conan Doyle
167. **A vida de Mozart** – Stendhal
168. **O primeiro terço** – Neal Cassady
169. **O mandarim** – Eça de Queiroz
170. **Um espinho de marfim** – Marina Colasanti
171. **A ilustre Casa de Ramires** – Eça de Queiroz
172. **Lucíola** – José de Alencar
173. **Antígona** – Sófocles – trad. Donaldo Schüler
174. **Otelo** – William Shakespeare
175. **Antologia** – Gregório de Matos
176. **A liberdade de imprensa** – Karl Marx
177. **Casa de pensão** – Aluísio Azevedo
178. **São Manuel Bueno, Mártir** – Unamuno
179. **Primaveras** – Casimiro de Abreu
180. **O noviço** – Martins Pena
181. **O sertanejo** – José de Alencar
182. **Eurico, o presbítero** – Alexandre Herculano
183. **O signo dos quatro** – Conan Doyle
184. **Sete anos no Tibet** – Heinrich Harrer
185. **Vagamundo** – Eduardo Galeano
186. **De repente acidentes** – Carl Solomon
187. **As minas de Salomão** – Rider Haggard
188. **Uivo** – Allen Ginsberg
189. **A ciclista solitária** – Conan Doyle
190. **Os seis bustos de Napoleão** – Conan Doyle
191. **Cortejo do divino** – Nelida Piñon
194. **Os crimes do amor** – Marquês de Sade
195. **Besame Mucho** – Mário Prata
196. **Tuareg** – Alberto Vázquez-Figueroa
197. **O longo adeus** – Raymond Chandler
199. **Notas de um velho safado** – Bukowski
200. **111 ais** – Dalton Trevisan
201. **O nariz** – Nicolai Gogol
202. **O capote** – Nicolai Gogol
203. **Macbeth** – William Shakespeare
204. **Heráclito** – Donaldo Schüler
205. **Você deve desistir, Osvaldo** – Cyro Martins
206. **Memórias de Garibaldi** – A. Dumas
207. **A arte da guerra** – Sun Tzu
208. **Fragmentos** – Caio Fernando Abreu
209. **Festa no castelo** – Moacyr Scliar
210. **O grande deflorador** – Dalton Trevisan
212. **Homem do princípio ao fim** – Millôr Fernandes
213. **Aline e seus dois namorados (1)** – A. Iturrusgarai
214. **A juba do leão** – Sir Arthur Conan Doyle
215. **Assassino metido a esperto** – R. Chandler
216. **Confissões de um comedor de ópio** – Thomas De Quincey
217. **Os sofrimentos do jovem Werther** – Goethe
218. **Fedra** – Racine / Trad. Millôr Fernandes
219. **O vampiro de Sussex** – Conan Doyle
220. **Sonho de uma noite de verão** – Shakespeare
221. **Dias e noites de amor e de guerra** – Galeano
222. **O Profeta** – Khalil Gibran
223. **Flávia, cabeça, tronco e membros** – M. Fernandes
224. **Guia da ópera** – Jeanne Suhamy
225. **Macário** – Álvares de Azevedo
226. **Etiqueta na prática** – Celia Ribeiro
227. **Manifesto do partido comunista** – Marx & Engels
228. **Poemas** – Millôr Fernandes
229. **Um inimigo do povo** – Henrik Ibsen
230. **O paraíso destruído** – Frei B. de las Casas
231. **O gato no escuro** – Josué Guimarães
232. **O mágico de Oz** – L. Frank Baum
233. **Armas no Cyrano's** – Raymond Chandler
234. **Max e os felinos** – Moacyr Scliar
235. **Nos céus de Paris** – Alcy Cheuiche
236. **Os bandoleiros** – Schiller
237. **A primeira coisa que eu botei na boca** – Deonísio da Silva
238. **As aventuras de Simbad, o marújo**
239. **O retrato de Dorian Gray** – Oscar Wilde
240. **A carteira de meu tio** – J. Manuel de Macedo
241. **A luneta mágica** – J. Manuel de Macedo
242. **A metamorfose** – Kafka
243. **A flecha de ouro** – Joseph Conrad
244. **A ilha do tesouro** – R. L. Stevenson
245. **Marx - Vida & Obra** – José A. Giannotti
246. **Gênesis**
247. **Unidos para sempre** – Ruth Rendell
248. **A arte de amar** – Ovídio
249. **O sono eterno** – Raymond Chandler
250. **Novas receitas do Anonymus Gourmet** – J.A.P.M.
251. **A nova catacumba** – Arthur Conan Doyle
252. **Dr. Negro** – Arthur Conan Doyle
253. **Os voluntários** – Moacyr Scliar
254. **A bela adormecida** – Irmãos Grimm
255. **O príncipe sapo** – Irmãos Grimm
256. **Confissões *e* Memórias** – H. Heine
257. **Viva o Alegrete** – Sergio Faraco
258. **Vou estar esperando** – R. Chandler

259. **A senhora Beate e seu filho** – Schnitzler
260. **O ovo apunhalado** – Caio Fernando Abreu
261. **O ciclo das águas** – Moacyr Scliar
262. **Millôr Definitivo** – Millôr Fernandes
264. **Viagem ao centro da Terra** – Júlio Verne
265. **A dama do lago** – Raymond Chandler
266. **Caninos brancos** – Jack London
267. **O médico e o monstro** – R. L. Stevenson
268. **A tempestade** – William Shakespeare
269. **Assassinatos na rua Morgue** – E. Allan Poe
270. **99 corruíras nanicas** – Dalton Trevisan
271. **Broquéis** – Cruz e Sousa
272. **Mês de cães danados** – Moacyr Scliar
273. **Anarquistas – vol. 1 – A idéia** – G. Woodcock
274. **Anarquistas – vol. 2 – O movimento** – G. Woodcock
275. **Pai e filho, filho e pai** – Moacyr Scliar
276. **As aventuras de Tom Sawyer** – Mark Twain
277. **Muito barulho por nada** – W. Shakespeare
278. **Elogio da loucura** – Erasmo
279. **Autobiografia de Alice B. Toklas** – G. Stein
280. **O chamado da floresta** – J. London
281. **Uma agulha para o diabo** – Ruth Rendell
282. **Verdes vales do fim do mundo** – A. Bivar
283. **Ovelhas negras** – Caio Fernando Abreu
284. **O fantasma de Canterville** – O. Wilde
285. **Receitas de Yayá Ribeiro** – Celia Ribeiro
286. **A galinha degolada** – H. Quiroga
287. **O último adeus de Sherlock Holmes** – A. Conan Doyle
288. **A. Gourmet *em* Histórias de cama & mesa** – J. A. Pinheiro Machado
289. **Topless** – Martha Medeiros
290. **Mais receitas do Anonymus Gourmet** – J. A. Pinheiro Machado
291. **Origens do discurso democrático** – D. Schüler
292. **Humor politicamente incorreto** – Nani
293. **O teatro do bem e do mal** – E. Galeano
294. **Garibaldi & Manoela** – J. Guimarães
295. **10 dias que abalaram o mundo** – John Reed
296. **Numa fria** – Bukowski
297. **Poesia de Florbela Espanca** vol. 1
298. **Poesia de Florbela Espanca** vol. 2
299. **Escreva certo** – E. Oliveira e M. E. Bernd
300. **O vermelho e o negro** – Stendhal
301. **Ecce homo** – Friedrich Nietzsche
302. (7).**Comer bem, sem culpa** – Dr. Fernando Lucchese, A. Gourmet e Iotti
303. **O livro de Cesário Verde** – Cesário Verde
305. **100 receitas de macarrão** – S. Lancellotti
306. **160 receitas de molhos** – S. Lancellotti
307. **100 receitas light** – H. e Â. Tonetto
308. **100 receitas de sobremesas** – Celia Ribeiro
309. **Mais de 100 dicas de churrasco** – Leon Diziekaniak
310. **100 receitas de acompanhamentos** – C. Cabeda
311. **Honra ou vendetta** – S. Lancellotti
312. **A alma do homem sob o socialismo** – Oscar Wilde
313. **Tudo sobre Yôga** – Mestre De Rose
314. **Os varões assinalados** – Tabajara Ruas
315. **Édipo em Colono** – Sófocles
316. **Lisístrata** – Aristófanes / trad. Millôr
317. **Sonhos de Bunker Hill** – John Fante
318. **Os deuses de Raquel** – Moacyr Scliar
319. **O colosso de Marússia** – Henry Miller
320. **As eruditas** – Molière / trad. Millôr
321. **Radicci 1** – Iotti
322. **Os Sete contra Tebas** – Ésquilo
323. **Brasil Terra à vista** – Eduardo Bueno
324. **Radicci 2** – Iotti
325. **Júlio César** – William Shakespeare
326. **A carta de Pero Vaz de Caminha**
327. **Cozinha Clássica** – Sílvio Lancellotti
328. **Madame Bovary** – Gustave Flaubert
329. **Dicionário do viajante insólito** – M. Scliar
330. **O capitão saiu para o almoço...** – Bukowski
331. **A carta roubada** – Edgar Allan Poe
332. **É tarde para saber** – Josué Guimarães
333. **O livro de bolso da Astrologia** – Maggy Harrisonx e Mellina Li
334. **1933 foi um ano ruim** – John Fante
335. **100 receitas de arroz** – Aninha Comas
336. **Guia prático do Português correto – vol. 1** – Cláudio Moreno
337. **Bartleby, o escriturário** – H. Melville
338. **Enterrem meu coração na curva do rio** – Dee Brown
339. **Um conto de Natal** – Charles Dickens
340. **Cozinha sem segredos** – J. A. P. Machado
341. **A dama das Camélias** – A. Dumas Filho
342. **Alimentação saudável** – H. e Â. Tonetto
343. **Continhos galantes** – Dalton Trevisan
344. **A Divina Comédia** – Dante Alighieri
345. **A Dupla Sertanojo** – Santiago
346. **Cavalos do amanhecer** – Mario Arregui
347. **Biografia de Vincent van Gogh por sua cunhada** – Jo van Gogh-Bonger
348. **Radicci 3** – Iotti
349. **Nada de novo no front** – E. M. Remarque
350. **A hora dos assassinos** – Henry Miller
351. **Flush – Memórias de um cão** – Virginia Woolf
352. **A guerra no Bom Fim** – M. Scliar
353. (1).**O caso Saint-Fiacre** – Simenon
354. (2).**Morte na alta sociedade** – Simenon
355. (3).**O cão amarelo** – Simenon
356. (4).**Maigret e o homem do banco** – Simenon
357. **As uvas e o vento** – Pablo Neruda
358. **On the road** – Jack Kerouac
359. **O coração amarelo** – Pablo Neruda
360. **Livro das perguntas** – Pablo Neruda
361. **Noite de Reis** – William Shakespeare
362. **Manual de Ecologia** – vol.1 – J. Lutzenberger
363. **O mais longo dos dias** – Cornelius Ryan
364. **Foi bom prá você?** – Nani
365. **Crepusculário** – Pablo Neruda
366. **A comédia dos erros** – Shakespeare
367. (5).**A primeira investigação de Maigret** – Simenon
368. (6).**As férias de Maigret** – Simenon
369. **Mate-me por favor (vol.1)** – L. McNeil
370. **Mate-me por favor (vol.2)** – L. McNeil
371. **Carta ao pai** – Kafka
372. **Os vagabundos iluminados** – J. Kerouac
373. (7).**O enforcado** – Simenon
374. (8).**A fúria de Maigret** – Simenon
375. **Vargas, uma biografia política** – H. Silva
376. **Poesia reunida (vol.1)** – A. R. de Sant'Anna

377. **Poesia reunida (vol.2)** – A. R. de Sant'Anna
378. **Alice no país do espelho** – Lewis Carroll
379. **Residência na Terra 1** – Pablo Neruda
380. **Residência na Terra 2** – Pablo Neruda
381. **Terceira Residência** – Pablo Neruda
382. **O delírio amoroso** – Bocage
383. **Futebol ao sol e à sombra** – E. Galeano
384(9). **O porto das brumas** – Simenon
385(10). **Maigret e seu morto** – Simenon
386. **Radicci 4** – Iotti
387. **Boas maneiras & sucesso nos negócios** – Celia Ribeiro
388. **Uma história Farroupilha** – M. Sclair
389. **Na mesa ninguém envelhece** – J. A. Pinheiro Machado
390. **200 receitas inéditas do Anonymus Gourmet** – J. A. Pinheiro Machado
391. **Guia prático do Português correto – vol.2** – Cláudio Moreno
392. **Breviário das terras do Brasil** – Assis Brasil
393. **Cantos Cerimoniais** – Pablo Neruda
394. **Jardim de Inverno** – Pablo Neruda
395. **Antonio e Cleópatra** – William Shakespeare
396. **Tróia** – Cláudio Moreno
397. **Meu tio matou um cara** – Jorge Furtado
398. **O anatomista** – Federico Andahazi
399. **As viagens de Gulliver** – Jonathan Swift
400. **Dom Quixote** – (v. 1) – Miguel de Cervantes
401. **Dom Quixote** – (v. 2) – Miguel de Cervantes
402. **Sozinho no Pólo Norte** – Thomaz Brandolin
403. **Matadouro 5** – Kurt Vonnegut
404. **Delta de Vênus** – Anaïs Nin
405. **O melhor de Hagar 2** – Dik Browne
406. **É grave Doutor?** – Nani
407. **Orai pornô** – Nani
408(11). **Maigret em Nova York** – Simenon
409(12). **O assassino nem rosto** – Simenon
410(13). **O mistério das jóias roubadas** – Simenon
411. **A irmãzinha** – Raymond Chandler
412. **Três contos** – Gustave Flaubert
413. **De ratos e homens** – John Steinbeck
414. **Lazarilho de Tormes** – Anônimo do séc. XVI
415. **Triângulo das águas** – Caio Fernando Abreu
416. **100 receitas de carnes** – Sílvio Lancellotti
417. **Histórias de robôs**: vol. 1 – org. Isaac Asimov
418. **Histórias de robôs**: vol. 2 – org. Isaac Asimov
419. **Histórias de robôs**: vol. 3 – org. Isaac Asimov
420. **O país dos centauros** – Tabajara Ruas
421. **A república de Anita** – Tabajara Ruas
422. **A carga dos lanceiros** – Tabajara Ruas
423. **Um amigo de Kafka** – Isaac Singer
424. **As alegres matronas de Windsor** – Shakespeare
425. **Amor e exílio** – Isaac Bashevis Singer
426. **Use & abuse do seu signo** – Marília Fiorillo e Marylou Simonsen
427. **Pigmaleão** – Bernard Shaw
428. **As fenícias** – Eurípides
429. **Everest** – Thomaz Brandolin
430. **A arte de furtar** – Anônimo do séc. XVI
431. **Billy Bud** – Herman Melville
432. **A rosa separada** – Pablo Neruda
433. **Elegia** – Pablo Neruda
434. **A garota de Cassidy** – David Goodis
435. **Como fazer a guerra: máximas de Napoleão** – Balzac
436. **Poemas escolhidos** – Emily Dickinson
437. **Gracias por el fuego** – Mario Benedetti
438. **O sofá** – Crébillon Fils
439. **O "Martín Fierro"** – Jorge Luis Borges
440. **Trabalhos de amor perdidos** – W. Shakespeare
441. **O melhor de Hagar 3** – Dik Browne
442. **Os Maias (volume1)** – Eça de Queiroz
443. **Os Maias (volume2)** – Eça de Queiroz
444. **Anti-Justine** – Restif de La Bretonne
445. **Juventude** – Joseph Conrad
446. **Contos** – Eça de Queiroz
447. **Janela para a morte** – Raymond Chandler
448. **Um amor de Swann** – Marcel Proust
449. **À paz perpétua** – Immanuel Kant
450. **A conquista do México** – Hernan Cortez
451. **Defeitos escolhidos e 2000** – Pablo Neruda
452. **O casamento do céu e do inferno** – William Blake
453. **A primeira viagem ao redor do mundo** – Antonio Pigafetta
454(14). **Uma sombra na janela** – Simenon
455(15). **A noite da encruzilhada** – Simenon
456(16). **A velha senhora** – Simenon
457. **Sartre** – Annie Cohen-Solal
458. **Discurso do método** – René Descartes
459. **Garfield em grande forma (1)** – Jim Davis
460. **Garfield está de dieta** (2) – Jim Davis
461. **O livro das feras** – Patricia Highsmith
462. **Viajante solitário** – Jack Kerouac
463. **Auto da barca do inferno** – Gil Vicente
464. **O livro vermelho dos pensamentos de Millôr** – Millôr Fernandes
465. **O livro dos abraços** – Eduardo Galeano
466. **Voltaremos!** – José Antonio Pinheiro Machado
467. **Rango** – Edgar Vasques
468(8). **Dieta mediterrânea** – Dr. Fernando Lucchese e José Antonio Pinheiro Machado
469. **Radicci 5** – Iotti
470. **Pequenos pássaros** – Anaïs Nin
471. **Guia prático do Português correto – vol.3** – Cláudio Moreno
472. **Atire no pianista** – David Goodis
473. **Antologia Poética** – García Lorca
474. **Alexandre e César** – Plutarco
475. **Uma espiã na casa do amor** – Anaïs Nin
476. **A gorda do Tiki Bar** – Dalton Trevisan
477. **Garfield um gato de peso (3)** – Jim Davis
478. **Canibais** – David Coimbra
479. **A arte de escrever** – Arthur Schopenhauer
480. **Pinóquio** – Carlo Collodi
481. **Misto-quente** – Bukowski
482. **A lua na sarjeta** – David Goodis
483. **O melhor do Recruta Zero (1)** – Mort Walker
484. **Aline: TPM – tensão pré-monstrual** (2) – Adão Iturrusgarai
485. **Sermões do Padre Antonio Vieira**
486. **Garfield numa boa (4)** – Jim Davis
487. **Mensagem** – Fernando Pessoa
488. **Vendeta** *seguido de* **A paz conjugal** – Balzac
489. **Poemas de Alberto Caeiro** – Fernando Pessoa
490. **Ferragus** – Honoré de Balzac

491. **A duquesa de Langeais** – Honoré de Balzac
492. **A menina dos olhos de ouro** – Honoré de Balzac
493. **O lírio do vale** – Honoré de Balzac
494.(17).**A barcaça da morte** – Simenon
495.(18).**As testemunhas rebeldes** – Simenon
496.(19).**Um engano de Maigret** – Simenon
497.(1).**A noite das bruxas** – Agatha Christie
498.(2).**Um passe de mágica** – Agatha Christie
499.(3).**Nêmesis** – Agatha Christie
500. **Esboço para uma teoria das emoções** – Sartre
501. **Renda básica de cidadania** – Eduardo Suplicy
502.(1).**Pílulas para viver melhor** – Dr. Lucchese
503.(2).**Pílulas para prolongar a juventude** – Dr. Lucchese
504.(3).**Desembarcando o diabetes** – Dr. Lucchese
505.(4).**Desembarcando o sedentarismo** – Dr. Fernando Lucchese e Cláudio Castro
506.(5).**Desembarcando a hipertensão** – Dr. Lucchese
507.(6).**Desembarcando o colesterol** – Dr. Fernando Lucchese e Fernanda Lucchese
508. **Estudos de mulher** – Balzac
509. **O terceiro tira** – John O'Brien
510. **100 receitas de aves e ovos** – J. A. P. Machado
511. **Garfield em toneladas de diversão** (5) – Jim Davis
512. **Trem-bala** – Martha Medeiros
513. **Os cães ladram** – Truman Capote
514. **O Kama Sutra de Vatsyayana**
515. **O crime do Padre Amaro** – Eça de Queiroz
516. **Odes de Ricardo Reis** – Fernando Pessoa
517. **O inverno da nossa desesperança** – Steinbeck
518. **Piratas do Tietê (1)** – Laerte
519. **Rê Bordosa: do começo ao fim** – Angeli
520. **O Harlem é escuro** – Chester Himes
521. **Café-da-manhã dos campeões** – Kurt Vonnegut
522. **Eugénie Grandet** – Balzac
523. **O último magnata** – F. Scott Fitzgerald
524. **Carol** – Patricia Highsmith
525. **100 receitas de patisseria** – Sílvio Lancellotti
526. **O fator humano** – Graham Greene
527. **Tristessa** – Jack Kerouac
528. **O diamante do tamanho do Ritz** – Scott Fitzgerald
529. **As melhores histórias de Sherlock Holmes** – Arthur Conan Doyle
530. **Cartas a um jovem poeta** – Rilke
531.(20).**Memórias de Maigret** – Simenon
532. **O misterioso sr. Quin** – Agatha Christie
533. **Os analectos** – Confúcio
534.(21).**Maigret e os homens de bem** – Simenon
535.(22).**O medo de Maigret** – Simenon
536. **Ascensão e queda de César Birotteau** – Balzac
537. **Sexta-feira negra** – David Goodis
538. **Ora bolas – O humor de Mario Quintana** – Juarez Fonseca
539. **Longe daqui aqui mesmo** – Antonio Bivar
540.(5).**É fácil matar** – Agatha Christie
541. **O pai Goriot** – Balzac
542. **Brasil, um país do futuro** – Stefan Zweig
543. **O processo** – Kafka
544. **O melhor de Hagar 4** – Dik Browne
545.(6).**Por que não pediram a Evans?** – Agatha Christie
546. **Fanny Hill** – John Cleland
547. **O gato por dentro** – William S. Burroughs
548. **Sobre a brevidade da vida** – Sêneca
549. **Geraldão (1)** – Glauco
550. **Piratas do Tietê (2)** – Laerte
551. **Pagando o pato** – Ciça
552. **Garfield de bom humor (6)** – Jim Davis
553. **Conhece o Mário?** vol.1 – Santiago
554. **Radicci 6** – Iotti
555. **Os subterrâneos** – Jack Kerouac
556.(1).**Balzac** – François Taillandier
557.(2).**Modigliani** – Christian Parisot
558.(3).**Kafka** – Gérard-Georges Lemaire
559.(4).**Júlio César** – Joël Schmidt
560. **Receitas da família** – J. A. Pinheiro Machado
561. **Boas maneiras à mesa** – Celia Ribeiro
562.(9).**Filhos sadios, pais felizes** – R. Pagnoncelli
563.(10).**Fatos & mitos** – Dr. Fernando Lucchese
564. **Ménage à trois** – Paula Taitelbaum
565. **Mulheres!** – David Coimbra
566. **Poemas de Álvaro de Campos** – Fernando Pessoa
567. **Medo e outras histórias** – Stefan Zweig
568. **Snoopy e sua turma (1)** – Schulz
569. **Piadas para sempre (1)** – Visconde da Casa Verde
570. **O alvo móvel** – Ross Macdonald
571. **O melhor do Recruta Zero (2)** – Mort Walker
572. **Um sonho americano** – Norman Mailer
573. **Os broncos também amam** – Angeli
574. **Crônica de um amor louco** – Bukowski
575.(5).**Freud** – René Major e Chantal Talagrand
576.(6).**Picasso** – Gilles Plazy
577.(7).**Gandhi** – Christine Jordis
578. **A tumba** – H. P. Lovecraft
579. **O príncipe e o mendigo** – Mark Twain
580. **Garfield, um charme de gato (7)** – Jim Davis
581. **Ilusões perdidas** – Balzac
582. **Esplendores e misérias das cortesãs** – Balzac
583. **Walter Ego** – Angeli
584. **Striptiras (1)** – Laerte
585. **Fagundes: um puxa-saco de mão cheia** – Laerte
586. **Depois do último trem** – Josué Guimarães
587. **Ricardo III** – Shakespeare
588. **Dona Anja** – Josué Guimarães
589. **24 horas na vida de uma mulher** – Stefan Zweig
590. **O terceiro homem** – Graham Greene
591. **Mulher no escuro** – Dashiell Hammett
592. **No que acredito** – Bertrand Russell
593. **Odisséia (1): Telemaquia** – Homero
594. **O cavalo cego** – Josué Guimarães
595. **Henrique V** – Shakespeare
596. **Fabulário geral do delírio cotidiano** – Bukowski
597. **Tiros na noite 1: A mulher do bandido** – Dashiell Hammett
598. **Snoopy em Feliz Dia dos Namorados! (2)** – Schulz
599. **Mas não se matam cavalos?** – Horace McCoy
600. **Crime e castigo** – Dostoiévski

601(7). **Mistério no Caribe** – Agatha Christie
602. **Odisséia (2): Regresso** – Homero
603. **Piadas para sempre (2)** – Visconde da Casa Verde
604. **À sombra do vulcão** – Malcolm Lowry
605(8). **Kerouac** – Yves Buin
606. **E agora são cinzas** – Angeli
607. **As mil e uma noites** – Paulo Caruso
608. **Um assassino entre nós** – Ruth Rendell
609. **Crack-up** – F. Scott Fitzgerald
610. **Do amor** – Stendhal
611. **Cartas do Yage** – William Burroughs e Allen Ginsberg
612. **Striptiras (2)** – Laerte
613. **Henry & June** – Anaïs Nin
614. **A piscina mortal** – Ross Macdonald
615. **Geraldão (2)** – Glauco
616. **Tempo de delicadeza** – A. R. de Sant'Anna
617. **Tiros na noite 2: Medo de tiro** – Dashiell Hammett
618. **Snoopy em Assim é a vida, Charlie Brown! (3)** – Schulz
619. **1954 – Um tiro no coração** – Hélio Silva
620. **Sobre a inspiração poética (Íon)** e ... – Platão
621. **Garfield e seus amigos (8)** – Jim Davis
622. **Odisséia (3): Ítaca** – Homero
623. **A louca matança** – Chester Himes
624. **Factótum** – Bukowski
625. **Guerra e Paz: volume 1** – Tolstói
626. **Guerra e Paz: volume 2** – Tolstói
627. **Guerra e Paz: volume 3** – Tolstói
628. **Guerra e Paz: volume 4** – Tolstói
629(9). **Shakespeare** – Claude Mourthé
630. **Bem está o que bem acaba** – Shakespeare
631. **O contrato social** – Rousseau
632. **Geração Beat** – Jack Kerouac
633. **Snoopy: É Natal! (4)** – Charles Schulz
634(8). **Testemunha da acusação** – Agatha Christie
635. **Um elefante no caos** – Millôr Fernandes
636. **Guia de leitura (100 autores que você precisa ler)** – Organização de Léa Masina
637. **Pistoleiros também mandam flores** – David Coimbra
638. **O prazer das palavras** – vol. 1 – Cláudio Moreno
639. **O prazer das palavras** – vol. 2 – Cláudio Moreno
640. **Novíssimo testamento: com Deus e o diabo, a dupla da criação** – Iotti
641. **Literatura Brasileira: modos de usar** – Luís Augusto Fischer
642. **Dicionário de Porto-Alegrês** – Luís A. Fischer
643. **Clô Dias & Noites** – Sérgio Jockymann
644. **Memorial de Isla Negra** – Pablo Neruda
645. **Um homem extraordinário e outras histórias** – Tchékhov
646. **Ana sem terra** – Alcy Cheuiche
647. **Adultérios** – Woody Allen
648. **Para sempre ou nunca mais** – R. Chandler
649. **Nosso homem em Havana** – Graham Greene
650. **Dicionário Caldas Aulete de Bolso**
651. **Snoopy: Posso fazer uma pergunta, professora? (5)** – Charles Schulz
652(10). **Luís XVI** – Bernard Vincent
653. **O mercador de Veneza** – Shakespeare
654. **Cancioneiro** – Fernando Pessoa
655. **Non-Stop** – Martha Medeiros
656. **Carpinteiros, levantem bem alto a cumeeira & Seymour, uma apresentação** – J.D.Salinger
657. **Ensaios céticos** – Bertrand Russell
658. **O melhor de Hagar 5** – Dik e Chris Browne
659. **Primeiro amor** – Ivan Turguêniev
660. **A trégua** – Mario Benedetti
661. **Um parque de diversões da cabeça** – Lawrence Ferlinghetti
662. **Aprendendo a viver** – Sêneca
663. **Garfield, um gato em apuros (9)** – Jim Davis
664. **Dilbert 1** – Scott Adams
665. **Dicionário de dificuldades** – Domingos Paschoal Cegalla
666. **A imaginação** – Jean-Paul Sartre
667. **O ladrão e os cães** – Naguib Mahfuz
668. **Gramática do português contemporâneo** – Celso Cunha
669. **A volta do parafuso** *seguido de* **Daisy Miller** – Henry James
670. **Notas do subsolo** – Dostoiévski
671. **Abobrinhas da Brasilônia** – Glauco
672. **Geraldão (3)** – Glauco
673. **Piadas para sempre (3)** – Visconde da Casa Verde
674. **Duas viagens ao Brasil** – Hans Staden
675. **Bandeira de bolso** – Manuel Bandeira
676. **A arte da guerra** – Maquiavel
677. **Além do bem e do mal** – Nietzsche
678. **O coronel Chabert** *seguido de* **A mulher abandonada** – Balzac
679. **O sorriso de marfim** – Ross Macdonald
680. **100 receitas de pescados** – Sílvio Lancellotti
681. **O juiz e seu carrasco** – Friedrich Dürrenmatt
682. **Noites brancas** – Dostoiévski
683. **Quadras ao gosto popular** – Fernando Pessoa
684. **Romanceiro da Inconfidência** – Cecília Meireles
685. **Kaos** – Millôr Fernandes
686. **A pele de onagro** – Balzac
687. **As ligações perigosas** – Choderlos de Laclos
688. **Dicionário de matemática** – Luiz Fernandes Cardoso
689. **Os Lusíadas** – Luís Vaz de Camões
690(11). **Átila** – Éric Deschodt
691. **Um jeito tranqüilo de matar** – Chester Himes
692. **A felicidade conjugal** *seguido de* **O diabo** – Tolstói
693. **Viagem de um naturalista ao redor do mundo** – vol. 1 – Charles Darwin
694. **Viagem de um naturalista ao redor do mundo** – vol. 2 – Charles Darwin
695. **Memórias da casa dos mortos** – Dostoiévski
696. **A Celestina** – Fernando de Rojas
697. **Snoopy: Como você é azarado, Charlie Brown! (6)** – Charles Schulz
698. **Dez (quase) amores** – Claudia Tajes
699(9). **Poirot sempre espera** – Agatha Christie
700. **Cecília de bolso** – Cecilia Meireles
701. **Apologia de Sócrates** *precedido de* **Êutifron e** *seguido de* **Críton** – Platão
702. **Wood & Stock** – Angeli

703. **Striptiras (3)** – Laerte
704. **Discurso sobre a origem e os fundamentos da desigualdade entre os homens** – Rousseau
705. **Os duelistas** – Joseph Conrad
706. **Dilbert (2)** – Scott Adams
707. **Viver e escrever** (vol. 1) – Edla van Steen
708. **Viver e escrever** (vol. 2) – Edla van Steen
709. **Viver e escrever** (vol. 3) – Edla van Steen
710(10). **A teia da aranha** – Agatha Christie
711. **O banquete** – Platão
712. **Os belos e malditos** – F. Scott Fitzgerald
713. **Libelo contra a arte moderna** – Salvador Dalí
714. **Akropolis** – Valerio Massimo Manfredi
715. **Devoradores de mortos** – Michael Crichton
716. **Sob o sol da Toscana** – Frances Mayes
717. **Batom na cueca** – Nani
718. **Vida dura** – Claudia Tajes
719. **Carne trêmula** – Ruth Rendell
720. **Cris, a fera** – David Coimbra
721. **O anticristo** – Nietzsche
722. **Como um romance** – Daniel Pennac
723. **Emboscada no Forte Bragg** – Tom Wolfe
724. **Assédio sexual** – Michael Crichton
725. **O espírito do Zen** – Alan W. Watts
726. **Um bonde chamado desejo** – Tennessee Williams
727. **Como gostais** *seguido de* **Conto de inverno** – Shakespeare
728. **Tratado sobre a tolerância** – Voltaire
729. **Snoopy: Doces ou travessuras? (7)** – Charles Schulz
730. **Cardápios do Anonymus Gourmet** – J.A. Pinheiro Machado
731. **100 receitas com lata** – J.A. Pinheiro Machado
732. **Conhece o Mário?** vol.2 – Santiago
733. **Dilbert (3)** – Scott Adams
734. **História de um louco amor** *seguido de* **Passado amor** – Horacio Quiroga
735(11). **Sexo: muito prazer** – Laura Meyer da Silva
736(12). **Para entender o adolescente** – Dr. Ronald Pagnoncelli
737(13). **Desembarcando a tristeza** – Dr. Fernando Lucchese
738. **Poirot e o mistério da arca espanhola & outras histórias** – Agatha Christie
739. **A última legião** – Valerio Massimo Manfredi
740. **As virgens suicidas** – Jeffrey Eugenides
741. **Sol nascente** – Michael Crichton
742. **Duzentos ladrões** – Dalton Trevisan
743. **Os devaneios do caminhante solitário** – Rousseau
744. **Garfield, o rei da preguiça (10)** – Jim Davis
745. **Os magnatas** – Charles R. Morris
746. **Pulp** – Charles Bukowski
747. **Enquanto agonizo** – William Faulkner
748. **Aline: viciada em sexo (3)** – Adão Iturrusgarai
749. **A dama do cachorrinho** – Anton Tchékhov
750. **Tito Andrônico** – Shakespeare
751. **Antologia poética** – Anna Akhmátova
752. **O melhor de Hagar 6** – Dik e Chris Browne
753(12). **Michelangelo** – Nadine Sautel
754. **Dilbert (4)** – Scott Adams
755. **O jardim das cerejeiras** *seguido de* **Tio Vânia** – Tchékhov
756. **Geração Beat** – Claudio Willer
757. **Santos Dumont** – Alcy Cheuiche
758. **Budismo** – Claude B. Levenson
759. **Cleópatra** – Christian-Georges Schwentzel
760. **Revolução Francesa** – Frédéric Bluche, Stéphane Rials e Jean Tulard
761. **A crise de 1929** – Bernard Gazier
762. **Sigmund Freud** – Edson Sousa e Paulo Endo
763. **Império Romano** – Patrick Le Roux
764. **Cruzadas** – Cécile Morrisson
765. **O mistério do Trem Azul** – Agatha Christie
766. **Os escrúpulos de Maigret** – Simenon
767. **Maigret se diverte** – Simenon
768. **Senso comum** – Thomas Paine
769. **O parque dos dinossauros** – Michael Crichton
770. **Trilogia da paixão** – Goethe
771. **A simples arte de matar** (vol.1) – R. Chandler
772. **A simples arte de matar** (vol.2) – R. Chandler
773. **Snoopy: No mundo da lua! (8)** – Charles Schulz
774. **Os Quatro Grandes** – Agatha Christie
775. **Um brinde de cianureto** – Agatha Christie
776. **Súplicas atendidas** – Truman Capote
777. **Ainda restam aveleiras** – Simenon
778. **Maigret e o ladrão preguiçoso** – Simenon
779. **A viúva imortal** – Millôr Fernandes
780. **Cabala** – Roland Goetschel
781. **Capitalismo** – Claude Jessua
782. **Mitologia grega** – Pierre Grimal
783. **Economia: 100 palavras-chave** – Jean-Paul Betbèze
784. **Marxismo** – Henri Lefebvre
785. **Punição para a inocência** – Agatha Christie
786. **A extravagância do morto** – Agatha Christie
787(13). **Cézanne** – Bernard Fauconnier
788. **A identidade Bourne** – Robert Ludlum
789. **Da tranquilidade da alma** – Sêneca
790. **Um artista da fome** *seguido de* **Na colônia penal e outras histórias** – Kafka
791. **Histórias de fantasmas** – Charles Dickens
792. **A louca de Maigret** – Simenon
793. **O amigo de infância de Maigret** – Simenon
794. **O revólver de Maigret** – Simenon
795. **A fuga do sr. Monde** – Simenon
796. **O Uruguai** – Basílio da Gama
797. **A mão misteriosa** – Agatha Christie
798. **Testemunha ocular do crime** – Agatha Christie
799. **Crepúsculo dos ídolos** – Friedrich Nietzsche
800. **Maigret e o negociante de vinhos** – Simemon
801. **Maigret e o mendigo** – Simenon
802. **O grande golpe** – Dashiell Hammett
803. **Humor barra pesada** – Nani
804. **Vinho** – Jean-François Gautier
805. **Egito Antigo** – Sophie Desplancques
806(14). **Baudelaire** – Jean-Baptiste Baronian
807. **Caminho da sabedoria, caminho da paz** – Dalai Lama e Felizitas von Schönborn
808. **Senhor e servo e outras histórias** – Tolstói
809. **Os cadernos de Malte Laurids Brigge** – Rilke
810. **Dilbert (5)** – Scott Adams
811. **Big Sur** – Jack Kerouac
812. **Seguindo a correnteza** – Agatha Christie
813. **O álibi** – Sandra Brown

814. **Montanha-russa** – Martha Medeiros
815. **Coisas da vida** – Martha Medeiros
816. **A cantada infalível** seguido de **A mulher do centroavante** – David Coimbra
817. **Maigret e os crimes do cais** – Simenon
818. **Sinal vermelho** – Simenon
819. **Snoopy: Pausa para a soneca (9)** – Charles Schulz
820. **De pernas pro ar** – Eduardo Galeano
821. **Tragédias gregas** – Pascal Thiercy
822. **Existencialismo** – Jacques Colette
823. **Nietzsche** – Jean Granier
824. **Amar ou depender?** – Walter Riso
825. **Darmapada: A doutrina budista em versos**
826. **J'Accuse...!** – **a verdade em marcha** – Zola
827. **Os crimes ABC** – Agatha Christie
828. **Um gato entre os pombos** – Agatha Christie
829. **Maigret e o sumiço do sr. Charles** – Simenon
830. **Maigret e a morte do jogador** – Simenon
831. **Dicionário de teatro** – Luiz Paulo Vasconcellos
832. **Cartas extraviadas** – Martha Medeiros
833. **A longa viagem de prazer** – J. J. Morosoli
834. **Receitas fáceis** – J. A. Pinheiro Machado
835. (14).**Mais fatos & mitos** – Dr. Fernando Lucchese
836. (15).**Boa viagem!** – Dr. Fernando Lucchese
837. **Aline: Finalmente nua!!!** (4) – Adão Iturrusgarai
838. **Mônica tem uma novidade!** – Mauricio de Sousa
839. **Cebolinha em apuros!** – Mauricio de Sousa
840. **Sócios no crime** – Agatha Christie
841. **Bocas do tempo** – Eduardo Galeano
842. **Orgulho e preconceito** – Jane Austen
843. **Impressionismo** – Dominique Lobstein
844. **Escrita chinesa** – Viviane Alleton
845. **Paris: uma história** – Yvan Combeau
846. (15).**Van Gogh** – David Haziot
847. **Maigret e o corpo sem cabeça** – Simenon
848. **Portal do destino** – Agatha Christie
849. **O futuro de uma ilusão** – Freud
850. **O mal-estar na cultura** – Freud
851. **Maigret e o matador** – Simenon
852. **Maigret e o fantasma** – Simenon
853. **Um crime adormecido** – Agatha Christie
854. **Satori em Paris** – Jack Kerouac
855. **Medo e delírio em Las Vegas** – Hunter Thompson
856. **Um negócio fracassado e outros contos de humor** – Tchékhov
857. **Mônica está de férias!** – Mauricio de Sousa
858. **De quem é esse coelho?** – Mauricio de Sousa
859. **O burgomestre de Furnes** – Simenon
860. **O mistério Sittaford** – Agatha Christie
861. **Manhã transfigurada** – Luiz Antonio de Assis Brasil
862. **Alexandre, o Grande** – Pierre Briant
863. **Jesus** – Charles Perrot
864. **Islã** – Paul Balta
865. **Guerra da Secessão** – Farid Ameur
866. **Um rio que vem da Grécia** – Cláudio Moreno
867. **Maigret e os colegas americanos** – Simenon
868. **Assassinato na casa do pastor** – Agatha Christie
869. **Manual do líder** – Napoleão Bonaparte
870. (16).**Billie Holiday** – Sylvia Fol
871. **Bidu arrasando!** – Mauricio de Sousa
872. **Desventuras em família** – Mauricio de Sousa
873. **Liberty Bar** – Simenon
874. **E no final a morte** – Agatha Christie
875. **Guia prático do Português correto – vol. 4** – Cláudio Moreno
876. **Dilbert (6)** – Scott Adams
877. (17).**Leonardo da Vinci** – Sophie Chauveau
878. **Bella Toscana** – Frances Mayes
879. **A arte da ficção** – David Lodge
880. **Striptiras (4)** – Laerte
881. **Skrotinhos** – Angeli
882. **Depois do funeral** – Agatha Christie
883. **Radicci 7** – Iotti
884. **Walden** – H. D. Thoreau
885. **Lincoln** – Allen C. Guelzo
886. **Primeira Guerra Mundial** – Michael Howard
887. **A linha de sombra** – Joseph Conrad
888. **O amor é um cão dos diabos** – Bukowski
889. **Maigret sai em viagem** – Simenon
890. **Despertar: uma vida de Buda** – Jack Kerouac
891. (18).**Albert Einstein** – Laurent Seksik
892. **Hell's Angels** – Hunter Thompson
893. **Ausência na primavera** – Agatha Christie
894. **Dilbert (7)** – Scott Adams
895. **Ao sul de lugar nenhum** – Bukowski
896. **Maquiavel** – Quentin Skinner
897. **Sócrates** – C.C.W. Taylor
898. **A casa do canal** – Simenon
899. **O Natal de Poirot** – Agatha Christie
900. **As veias abertas da América Latina** – Eduardo Galeano
901. **Snoopy: Sempre alerta! (10)** – Charles Schulz
902. **Chico Bento: Plantando confusão** – Mauricio de Sousa
903. **Penadinho: Quem é morto sempre aparece** – Mauricio de Sousa
904. **A vida sexual da mulher feia** – Claudia Tajes
905. **100 segredos de liquidificador** – José Antonio Pinheiro Machado
906. **Sexo muito prazer 2** – Laura Meyer da Silva
907. **Os nascimentos** – Eduardo Galeano
908. **As caras e as máscaras** – Eduardo Galeano
909. **O século do vento** – Eduardo Galeano
910. **Poirot perde uma cliente** – Agatha Christie
911. **Cérebro** – Michael O'Shea
912. **O escaravelho de ouro e outras histórias** – Edgar Allan Poe
913. **Piadas para sempre (4)** – Visconde da Casa Verde
914. **100 receitas de massas light** – Helena Tonetto
915. (19).**Oscar Wilde** – Daniel Salvatore Schiffer
916. **Uma breve história do mundo** – H. G. Wells
917. **A Casa do Penhasco** – Agatha Christie
918. **Maigret e o finado sr. Gallet** – Simenon
919. **John M. Keynes** – Bernard Gazier
920. (20).**Virginia Woolf** – Alexandra Lemasson
921. **Peter e Wendy** seguido de **Peter Pan em Kensington Gardens** – J. M. Barrie
922. **Aline: numas de colegial (5)** – Adão Iturrusgarai
923. **Uma dose mortal** – Agatha Christie
924. **Os trabalhos de Hércules** – Agatha Christie
925. **Maigret na escola** – Simenon
926. **Kant** – Roger Scruton
927. **A inocência do Padre Brown** – G.K. Chesterton
928. **Casa Velha** – Machado de Assis
929. **Marcas de nascença** – Nancy Huston

UMA SÉRIE COM MUITA
HISTÓRIA PRA CONTAR

Geração Beat | Santos Dumont | Paris: uma história | Nietzsche
Jesus | Revolução Francesa | A crise de 1929 | Sigmund Freud
Império Romano | Cruzadas | Cabala | Capitalismo | Cleópatra
Mitologia grega | Marxismo | Vinho | Egito Antigo | Islã | Lincoln
Tragédias gregas | Primeira Guerra Mundial | Existencialismo
Escrita chinesa | Alexandre, o Grande | Guerra da Secessão
Economia: 100 palavras-chave | Budismo | Impressionismo

Próximos lançamentos:
Cérebro | Sócrates
China moderna | Keynes
Maquiavel | Rousseau | Kant
Teoria quântica | Relatividade
Jung | Dinossauros | Memória
História da medicina
História da vida

L&PM POCKET ENCYCLOPAEDIA
Conhecimento na medida certa

IMPRESSÃO:

Pallotti
GRÁFICA EDITORA
IMAGEM DE QUALIDADE

Santa Maria - RS - Fone/Fax: (55) 3220.4500
www.pallotti.com.br